國立中央圖書館出版品預行編目資料

熊十力／景海峰著 .--初版 .--臺北市
；東大，民80
　　面；　　　公分 . --（世界哲學
家叢書）
參考書目：面
含索引
ISBN 957-19-1300-6（精裝）
ISBN 957-19-1301-4（平裝）

　　1.熊十力—學識—哲學
128　　　　　　　　　　　80001042

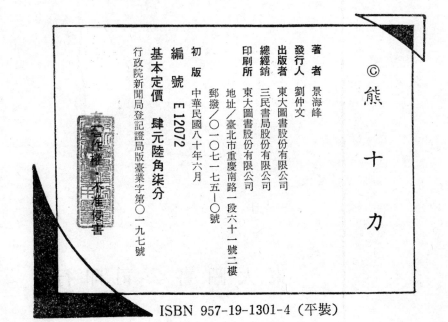

© 熊　十　力

著　者　景海峰
發行人　劉仲文
出版者　東大圖書股份有限公司
總經銷　三民書局股份有限公司
印刷所　東大圖書股份有限公司
　　　　地址／臺北市重慶南路一段六十一號二樓
　　　　郵撥／〇一〇七一七五─〇號
初　版　中華民國八十年六月
編　號　E 12072
基本定價　肆元陸角柒分
行政院新聞局登記證局版臺業字第〇一九七號

ISBN 957-19-1301-4（平裝）

世界哲學家叢書

熊 十 力

景 海 峰 著

1991

東 大 圖 書 公 司 印 行

《世界哲學家叢書》總序

　　本叢書的出版計劃原先出於三民書局董事長劉振強先生多年來的構想，曾先向政通提出，並希望我們兩人共同負責主編工作。一九八四年二月底，偉勳應邀訪問香港中文大學哲學系，三月中旬順道來臺，即與政通拜訪劉先生，在三民書局二樓辦公室商談有關叢書出版的初步計劃。我們十分贊同劉先生的構想，認為此套叢書（預計百冊以上）如能順利完成，當是學術文化出版事業的一大創舉與突破，也就當場答應劉先生的誠懇邀請，共同擔任叢書主編。兩人私下也為叢書的計劃討論多次，擬定了「撰稿細則」，以求各書可循的統一規格，尤其在內容上特別要求各書必須包括 (1) 原哲學思想家的生平； (2) 時代背景與社會環境； (3) 思想傳承與改造； (4) 思想特徵及其獨創性； (5) 歷史地位； (6) 對後世的影響（包括歷代對他的評價），以及 (7) 思想的現代意義。

　　作為叢書主編，我們都了解到，以目前極有限的財源、人力與時間，要去完成多達三、四百冊的大規模而齊全的叢書，根本是不可能的事。光就人力一點來說，少數教授學者由於個人的某些困難（如筆債太多之類），不克參加；因此我們曾對較有餘力的簽約作者，暗示過繼續邀請他們多撰一兩本書的可能性。遺憾

的是，此刻在政治上整個中國仍然處於「一分為二」的艱苦狀態，加上馬列教條的種種限制，我們不可能邀請大陸學者參與撰寫工作。不過到目前為止，我們已經獲得八十位以上海內外的學者精英全力支持，包括臺灣、香港、新加坡、澳洲、美國、西德與加拿大七個地區；難得的是，更包括了日本與大韓民國好多位名流學者加入叢書作者的陣容，增加不少叢書的國際光彩。韓國的國際退溪學會也在定期月刊《退溪學界消息》鄭重推薦叢書兩次，我們藉此機會表示謝意。

　　原則上，本叢書應該包括古今中外所有著名的哲學思想家，但是除了財源問題之外也有人才不足的實際困難。就西方哲學來說，一大半作者的專長與興趣都集中在現代哲學部門，反映着我們在近代哲學的專門人才不太充足。再就東方哲學而言，印度哲學部門很難找到適當的專家與作者；至於貫穿整個亞洲思想文化的佛教部門，在中、韓兩國的佛教思想家方面雖有十位左右的作者參加，日本佛教與印度佛教方面却仍近乎空白。人才與作者最多的是在儒家思想家這個部門，包括中、韓、日三國的儒學發展在內，最能令人滿意。總之，我們尋找叢書作者所遭遇到的這些困難，對於我們有一學術研究的重要啓示（或不如說是警號）：我們在印度思想、日本佛教以及西方哲學方面至今仍無高度的研究成果，我們必須早日設法彌補這些方面的人才缺失，以便提高我們的學術水平。相比之下，鄰邦日本一百多年來已造就了東西方哲學幾乎每一部門的專家學者，足資借鏡，有待我們迎頭趕上。

　　以儒、道、佛三家為主的中國哲學，可以說是傳統中國思想與文化的本有根基，有待我們經過一番批判的繼承與創造的發

展，重新提高它在世界哲學應有的地位。為了解決此一時代課題，我們實有必要重新比較中國哲學與（包括西方與日、韓、印等東方國家在內的）外國哲學的優劣長短，從中設法開闢一條合乎未來中國所需求的哲學理路。我們衷心盼望，本叢書將有助於讀者對此時代課題的深切關注與反思，且有助於中外哲學之間更進一步的交流與會通。

　　最後，我們應該強調，中國目前雖仍處於「一分為二」的政治局面，但是海峽兩岸的每一知識份子都應具有「文化中國」的共識共認，為了祖國傳統思想與文化的繼往開來承擔一份責任，這也是我們主編《世界哲學家叢書》的一大旨趣。

　　　　　　　　　　　　　　　傅偉勳　韋政通
　　　　　　　　　　　　　　　　　一九八六年五月四日

熊 十 力 目次

第一章　熊十力與中國現代哲學

在中國現代哲學史上，熊十力（1885-1968）無疑是最富有思辨性和形而上氣味的原創型哲學家，他的「新唯識論」體系在紛繁複雜但又貧弱交加的現代哲壇獨樹一幟，留下了不可磨滅的哲思印跡。其深沉的困境意識和如泣如訴的情感投注體現了一個有眞情實感的哲人對眞理的痛苦追尋，其動心忍性的甘於泊寞和大雄無畏的「掉背孤行」又表現出一個深刻的思想者不追俗沉浮的自主自立；他的「規模宏闊、神解卓特」、平章華梵、融貫東西的哲學創制是時代精神的凝聚，他的汲汲遑遑、飽浸憂患而自賞自憐的本體建構又是時代痛苦的映照。

按年齡來講，熊十力應屬五四的一輩；論個人氣質，其卓爾不羈、從不規行矩步「爲他人作概論或歷史」的博大才情，也足以能使他成爲獨步那一時代思想文化界的風雲人物。但由於坎坷而獨特的經歷，致使他向學甚晚，遲落爲後五四時代的一員。儘管早在 1922 年，他就受聘到北大任教，趕上了新文化運動的尾聲，並有一定的論學參與；但作爲一個現代哲學家，他的生命光彩的顯露，他的學術地位的奠定，無疑是在三、四十年代。這

樣，在同一時期具有思想原創的哲人羣體中❶，熊十力便成爲他
們當中最爲年長而頗受尊敬的一位。

熊十力一生著述三百餘萬言，有二十多本專著，從始作(1918
的《心書》)到封筆（1963 的《存齋隨筆》)，前後達四、五十
年。在近半個世紀的哲學生涯中，人文精神的探求和本體論的建
構始終是他的學術關切所在，其著書立說、窮索顯揭，無一不以
中國傳統哲學的現代轉換爲輻輳，這在混亂浮淺、雜無町畦的現
代哲圃中，顯得格外精當純正。因此，他被稱爲「是五四以後最
有成就的職業哲學家之一」(馮契語)。透過熊十力氣魄宏大、直
泄心懷的筆觸和滿紙的懇切語、策勉語、提記語、警戒語，我們
不難把握他的哲學體系的核心內容，其行思運作的心路歷程，理
論框架的邏輯結構，以及汲汲以求的價值取向和學問關注，也是
明白如許的。困難的是如何在這強烈的政治意願瀰漫和普遍的政
治因子楔入的現代思想界， 給這位遠離政治，「孤冷到極度，不
堪與世諧和」的哲學家找到一個恰當的位置。

一、傳統與反傳統

1902 年， 年僅十七歲的熊十力「卽與王漢、 何自新諸先烈
圖革命， 旋入武昌兵營當一小卒」， 開始了他的戎馬生涯。他滿
腔熱情地投入反清革命，奔走呼號，聯合有志之士，發起成立黃
岡軍學界講習社， 參加日知會， 親歷了辛亥風雲。 武昌首義成
功， 熊十力歡欣鼓舞， 意氣激昂。 這年多天， 他與吳昆、 劉子

---

❶ 這裏的哲人群體是指三、四十年代自創體系並有所建樹的一批哲
學家，除熊十力外，還有金岳霖 (1895-1984)、馮友蘭 (1895—
1990)、賀麟 (1902—) 等。

通、李四光等黃岡四友同聚武昌楚雄樓，共出一紙，各言所志，寫下了「天上地下，唯我獨尊」八個字，表現出英勇無畏的氣概和昂揚的革命激情❷。但時過不久，袁世凱大權在握，排擠革命黨人，在武昌大肆捕殺辛亥志士，熊十力亦亡命江西德安。「忽起念云，哀哉！人生乃如是耶？愴然欲泣」，一下從希望的高峰跌入失望的深淵。護法運動失敗後，熊十力「念黨人競權爭利，革命終無善果」，自始「欲專力於學術，導人羣以正見」。他正是以「茫茫前路無歸處，暮風秋雨江上舟」的失落和迷惘脫離政界而轉向理論上的苦苦探尋。

辛亥革命的果實被封建餘孽攫取，洪憲改元，張勳復辟，幾幕醜劇，山河依舊，「貪吏展牙於都邑，盜賊接踵於國中，法令從心，冤獄山積，交通梗塞，水旱仍天」❸，「自三五以降，吾國之不道而至於無是非，未有如今日」❹。熊十力「憂世之思深，憤世之情急」，陷入了鉅大的苦悶和徬徨，遂遠離現實，苟求於學術一途。這種淒淒慘慘、苦尋無路、逃避難局，是辛亥後相當長的一段時間內知識分子的普遍心態，從一個側面表現出了時代的絕症。中國自閉關自守、抱殘守缺而沉溺於天國的夢幻被西方列強的堅船利砲打破後，經歷了一個痛苦而艱難的轉折過程。「師夷之長技以制夷」的洋務運動沒有達到富國強兵的目的，堅船利砲的企望也在甲午一役冰消瓦解、化作輕煙；隨之而來的百日維新試圖效法西洋，革除弊政，對老大帝國的岌岌可危有所扶

---

❷　參閱燕大明之〈熊十力大師傳〉，載《中報》月刊（香港），1980年11月號。

❸　陳獨秀：《愛國心與自覺心》。

❹　熊十力：《心書》，1918 年自印本，頁 15（下引熊著，不再注作者名）。

助，不期很快就被強大的封建頑固勢力所撲滅；以種族革命爲
幟，有摧廓之功的辛亥首義推翻了滿清王朝，卻又因爲未愼緖
始，乃致鮮克厥終，導致了封建復辟和軍閥割據。半個多世紀的
艱苦努力和被動適應，儘管也帶來了一些變化，但籠罩在全國上
下的被列強瓜分的陰影卻始終揮之不去。共和政體仍然無救於古
老中國的蹇運，她所面臨的是更爲艱難的選擇。同時，徬徨無計
的近代知識分子被進一步推向心態破裂的邊緣，這就是從根本上
拋棄傳統文化、與「至聖先師」徹底絕決時刻的來臨。

　　熊十力步入學界，迎面而來的便是這全面反傳統的「當頭棒
喝」。

　　五四時代激烈的反傳統主義的出現是必然的。近代中國左右
不逢源的長久困局和橫也不是、豎也不是的難堪境遇，使相當一
部分知識分子逐漸萌發了一種自卑自棄的心理，總覺得自己萬事
不如人，一出娘胎就錯了。這種自怨自哀的羣體意識導致了對傳
統的徹底否定和對全盤西化的深切嚮往。如傅斯年在一篇答讀者
的信中說道：對西方「極端的崇拜，卻未嘗不可。……因爲中國
文化後一步，所以一百件事，就有九十九件比較的不如人，於是
乎中西的問題，常常變成是非的問題了」❺。新的就是好的，西
方的就是先進的，幾乎成爲全盤西化論者天經地義、不容置辭的
觀念。這種不加任何理性分析的極端主張，一方面是在鉅大的創
痛所造成的痲木之後所萌生的一夜之間脫胎換骨的天眞願望，另
一方面又是一種極度虛弱的自卑心理的深層反照。

　　從文化史上看，五四時期這種極端的反傳統思想，不但在中

---

❺　＜通信＞，《新潮》卷1，期3，1919 年 3 月 1 日。

國是史無前例，就世界範圍來講也是一個極爲特殊的現象。這一方面是由於儒家文化經過兩千年的演變發展，其本身的格局所附麗的種種弱點已全部顯露出來，頗有捉襟見肘、窮途末路之感。到了近代，在西方列強咄咄逼人的氣勢夾裹下，更是衰象畢露，難以喘息。另一方面，近代中國千廻百折的重重苦難和刀逼喉頭的沉沉危機，必然促發一種過分期待的心理，總想着急於找到一條一舉擺脫苦難、走出危機的出路。這種心理期待往往帶有強烈的情感色彩和濃重的賭注意識，普遍的尋求和嘗試約簡化爲專一的厚望和押寄，只要認準了一個，便不顧一切，趨向極端，隨之而來的失敗在破滅的廢墟上更加劇了下一個期待情感色彩的強度。洋務運動是一個期待，變法維新是一個期待，推翻帝制建立共和是又一個期待。同樣，脫胎換骨、全盤西化的意願也是這種過分期待心理的必然導出。激情容易產生極端，急切難免出現偏執，這也許是能夠用五四時期的激烈反傳統主義來驗證的一個心理通則。

林毓生在分析中國近代意識的危機時，引入了希爾斯（E. Shils）的「奇理斯瑪」（Charisma）理論，指出「在中國，『奇理斯瑪』的中心所在是王權，所以清朝覆亡以後，在中國社會中的『奇理斯瑪』便破裂了」❻。儒家入世精神的人文理想和現實關切是通過出仕的途徑來實現的，科舉考試的紐帶將知識分子和王權政治緊緊地拴縛在一起，傳統文化必然依附於王權政治，普遍王權成爲中國文化一切價值層面的綱維。1905 年科舉考試的廢除，1911 年帝制的被推翻，使傳統文化成爲皮之不存毛將焉

---

❻ 《中國意識的危機》，貴州人民出版社，1986 年 12 月版，頁 28。

附的落葉飄萍。傳統文化與王權政治的深深融合所形成的不可分割的連帶關係和鮮明的一體化，使傳統文化在普遍王權崩潰後，不可避免地招致覆滅性的打擊。這種一體化同時也造成了無限張力的極端兩極，一極是全盤西化論者對傳統的徹底棄絕，另一極則是封建餘孽和反動軍閥對傳統的頑固維護，南轅北轍，勢如水火。而半個多世紀處處被動挨打的驚痛和傳統不濟世用的一次次驗證，使懷抱救亡圖存願望的五四知識分子對傳統文化漸起一種失望感和厭離感，很容易激發普遍懷疑和徹底批判的精神；反傳統便成爲順應那個時代發展趨勢的主流。相反，一些徒知抱殘守缺，徒知「六藝之傳必無可廢之理」卻不知其所以然的反對者（如林紓等人），只能緘口斂手，採用影射加謾罵的方法一洩胸中的憤懑❼。

危機的痛感——血性的激情——極端的張力，到五四運動達到了高潮。五四以後，隨着國內外形勢的劇烈變化和迅猛發展，一個熱血沸騰、情緒激盪的時代逐漸轉入冷靜的思考和踏實的着手，這就是對東西方文化進行全面而較爲客觀深入的比較和從純粹以知識分子爲主體的文化層面反省向以工農大衆爲主體的社會革命運動的過渡。同時，全盤西化的理想主義和反傳統的浪漫色彩也逐漸暗淡下來。極端的張力開始鬆弛，由水火不相容的兩極對峙演變爲多元化取向的價值探求。

熊十力二十年代初到北大，儘管與鼓吹東方文化的梁漱溟過從甚密，但並沒有立卽捲入東西文化之爭的漩渦。當時他完全沉

---

❼ 當時林紓在上海《申報》上連續發表了＜荆生＞、＜妖夢＞等小說，採用影射的手法詆毀新文化運動。

浸在對佛教唯識學的哲學思考中，而浮泛不實的東西文化競長論短似乎沒有引起他的多大興趣。在其早期著作中，既沒有對傳統文化危機的挽救意願，也看不到對激烈反傳統主義的任何回應。直到三十年代中期，對傳統的全面檢視和對反傳統的深刻反省才開始成爲他以後長久關注的理論課題。所以從時間上講，熊十力的東西方文化觀不屬於五四的激情時代，同劉師培、林紓、辜鴻銘等人的「國粹」立場有根本的區別；同樣也不屬於科玄論戰的文化分離時代，同梁漱溟、張君勱、梁啓超等人的東方文化派觀點也有很大不同。

毫無疑問，熊十力哲學是以中國傳統文化爲基石的，他本人也是以傳統文化維護者的面貌出現於現代思想界的。近代中國文化千瘡百孔的頹勢和五四時期激烈反傳統主義所引起的震驚，長久縈繞在他的心頭，難以排解。如何「調整並發揚」中國傳統文化，去粗取精，批判地繼承，「以應新時代」的需要，是他三十年代中期以後探玄論學的重大關注。熊十力認爲，傳統文化經過兩千年封建專制的毒害和歷代「奴儒」苟且利祿之心的腐蝕，已經失去了原有的生命體驗和超越意識；特別是經過近代西潮的衝擊和激烈反傳統主義的無情打擊，更是氣息奄奄，垂垂待斃。知識分子對傳統文化所具有的自尊自信也差不多喪失殆盡。面對這種衰局，如何樹立民族自信心和重建中國本位的文化就成爲刻不容緩的當務之急。他不滿於資產階級改良派「一方言大同，一方又謀復辟」的輓歌情調，對資產階級革命派「東塗西抹，膚淺混亂」的無本無根亦深感不安❽。他認爲新的中國文化只能以經過

---

❽　《原儒》，上海龍門聯合書局，1956 年 12 月版，上卷，頁 51。

批判改造後的傳統中國文化爲根底，然後融合西方文化，創建植
基深厚而有中國特色的體系。對傳統文化，他反對全盤棄絕，認
爲中國社會經兩千年停滯不進，如「久病之夫」，只有「掘發其
固有寶藏，涵養其自尊自信之毅力」，如良醫「謹其攻伐而善護
其元氣」，才能「消其鬱滯，則錮疾自除，而生命力乃日益充沛」。
「若遇醫師缺經驗者，將橫施攻泄，大傷根底，病夫立斃，可哀
孰甚」❾。所以他對「清末以來，國人恒自卑，視固有學術都不
成爲學術」，「五四運動以後，菲薄固有，完全西化之傾向，竊有
所未安焉」❿。他認爲，東西文化各有所長，亦各有所短，應
「觀其會通，而不容偏廢」。所以對「中學精意隨其末流之弊以
俱被摧殘，如蒜精之美不幸隨其臭氣而爲人唾棄，因是惶懼」⓫。

　　熊十力對傳統文化所抱的「好自護持，毋令斷絕」的心情，
並非完全出自文化守成的意願和欣賞歷史傳統的懷舊，更不僅僅
是基於對激烈反傳統主義極端主張的意氣之憤，而是出於對近代
資產階級革命因理論根基薄弱而不能挺立自主，最後歸於失敗的
切膚之痛，以及對殘敗不堪的中國傳統文化如何適應世界思潮、
完成現代轉型的深深憂慮。他認爲「清季革命思潮從外方輸入，
自己沒有根芽。當時革命黨人，其潛意識還是從君主制度下所養
成之一套思想，與其外面所吸收之新理論，猶不相應」⓬。所以
造成膚淺混亂，「士習學風江河日下」，封建專制主義的幽靈長久
徘徊不去，西方科學民主員正有價值的新知紮根不下的困局。如

❾　《十力語要初續》，香港東升印務局，1949 年 12 月版，頁 14。
❿　《十力語要》，1948 年湖北印本，卷 3，頁 2。
⓫　《十力語要》卷 1，頁 51。
⓬　《原儒》卷上，頁 49。

何對中國傳統文化進行理智而深刻的反省，肅清封建專制主義的遺毒，吸收順乎世界潮流的西方新知，爲「同情天下勞苦小民，獨持天下爲公之大道，蕩平階級，實行民主，以臻天下一家、中國一人之盛」❸ 的資產階級民主理想奠定自本自根而宏闊堅實的理論基礎，是熊十力寄望於傳統的眞實意義所在，也代表了他探尋古老的中國文化未來出路的獨特追求。

二、文化保守主義

　　五四時代對儒學摧枯拉朽般的打擊，使傳統文化的聲譽和知識分子賴以建立的自尊自信一落千丈。當時先進的中國學人無一不站在反孔的行列，「決心要對於聖人聖經幹裂冠毀冕、撕袍子、剝褲子的勾當」❹ 。而維護傳統幾乎成爲 「反動」、「落後」、「頑固」、「多烘」的代名詞。充滿激情的理性批判精神，對傳統的普遍懷疑和徹底決絕，成爲那個時代不可抗拒的歷史意願和潮流。五四的時代批判精神和科學民主的高揚對古老中國所起的震古鑠金、振聾發聵的作用是空前鉅大的，它的啓蒙意義具有永久的歷史價值。但從文化層面省視，激烈反傳統主義的全盤西化主張和對傳統文化的約簡化處理顯然是失當的，這就不可避免地引出了後五四時代相當一批思想家對中國傳統文化的重新評估和對激烈反傳統主義的回擊，熊十力便是他們當中頗有代表性的一位。

　　張申府寫於二十年代末的 《所思》 中有這麼一段話：「『中國不亡，是無天理』，是害死了中國的話。中國人而說這種話，

---

❸　《原儒》卷上，頁 52。
❹　錢玄同：〈致胡適〉。

當然『中國不亡，是無天理』！（但是什麼是『天理』？）中國人從此一定不再說這種通身奴氣爲虎作倀的話」⑮。但張氏的警記並不能使主張全盤西化的胡適輩們怯步，差不多與此同時，胡適在寫給吳稚暉的一封信裏說：「先生對東方民族的悲觀，我深感同情。五、六年前，我也曾發『中國不亡，世無天理』的感慨。看看咱們這個民族，實在只有低頭嘆氣」⑯。在〈介紹我自己的思想〉（1930）一文中更說道：「這樣又愚又懶的民族，不能征服物質，便完全被壓死在物質環境之下，成了一分像人九分像鬼的不長進民族」。這種極盡冷嘲熱諷，近於自侮自辱的謾罵理所當然地激起了懷有強烈民族自尊感和對中國文化銜淚泣血般維護的熊十力的強烈不滿，在他三十年代以後的著作中，每提及胡適，總是忿憤難平，毫不留情地加以痛斥⑰。

熊十力認爲，近代中國的眞正可悲不在於它的經濟落後和物質貧乏，而在於本根良知的汩沒和民族自尊的喪失。對西方的學習，需要一種自主自立的思想氣度，一種超越現實功利的意願和一種敢於正視人類存在深層意義的勇氣，而這些正是近代知識分

---

⑮　《所思》，三聯書店，1986 年 12 月版，頁 66。

⑯　《胡適來往書信選》（上），頁 469-470。

⑰　熊、胡兩位私嫌甚深，已爲學界共知。除了激進與保守，主張西化與維護傳統的根本立場不同外，胡年少氣盛，受正規學院教育，有留洋資歷，而熊步入學界甚晚，一無文憑，二無資歷，全賴自學成才；胡重實驗主義方法，喜考據，而熊好玄思，最厭惡考據；胡好名心重，結交權貴，喜趕浪頭，而熊甘耐寂寞，純爲一書齋中人。這些差異使他們常生扞格，雖爲多年同事，且又同行，但兩人幾乎沒有什麼來往，卻不乏文字上的相互攻訐。就社會地位和學術影響言，熊當時根本不足以與胡對壘。但二人交惡，影響至遠，他們的弟子和擁護者亦勢如水火，常起爭端，這種情景在當今的港臺學術界還能依稀可見。

子所缺乏的。在西潮的衝擊下，拋卻自我，失所歸依，喪失自信，隨波沉浮，正是造成近百年思想界貧乏、浮淺、混亂、雜蕪和社會「無生人之氣」的根本原因。他批判當時對西學奴化心態的崇拜和支離破碎的了解，認為這只能造成旋生旋滅的時流風尚和只及皮毛的虛誇競浮，而對眞正理解西方文化，吸收西學精華毫無益處。對西學不加分析地盲從，只能像《呂氏春秋》上所說的「海上逐臭之夫」，不但徒勞無益，而且連自己固有的識見都糟蹋掉了。熊十力強調，對自己民族的自信和對傳統文化的自尊是迎接世界潮流、吸納西方學術的首要前題。正如莊子所謂「哀莫大於心死」，如果自賤自戕，喪失重振的信心和迎頭趕上的勇氣，只是一味哀聲嘆氣，低眉順眼地撲伏於西學的腳下，那麼中國文化就永無躋列世界文化之林的時日。

　　熊十力對東西方文化的衡估和對全盤西化論的批判，完全是立足本位文化的。其強烈的民族主義情感和重智主義傾向瀰漫在對傳統的美好型塑和對未來中國文化前途充滿自信的遐想中。為了更好地說明這種立足本位文化，融合中西，以應新時代要求的意願，我們借用史華慈（B. Schwartz）提出的「文化保守主義」這一概念⑱，來分析熊十力的文化心態。文化保守主義與政治上的保守主義有密切關係，但又有很大不同。從根本上來說，文化保守主義者並不是墨守現行政治制度和社會現狀的政治保守主義。在政治觀點和社會立場上，他們可以採取很激烈的態度和方式，而對待文化傳統卻恭敬備至，充滿刻骨銘心的愛意。這種情

---

⑱　參閱史華慈所著《尋求富強：嚴復與西方》（堪布里奇，麻薩諸塞，1964）及＜論保守主義＞一文〔載傅樂詩（C. Furth）所編《變革的限制——論民國時代的保守主義》一書中〕。

形在中國近現代思想界可以說不乏其人，如作爲資產階級革命家的章太炎和作爲國學大師的章太炎就恰能表現出這種極端矛盾但又圓融無礙的和諧統一。

本世紀初的英國政論家塞西爾（H. Cecil）在其有名的《保守主義》一書中寫道：「保守主義在政治實踐上當然是同自由主義和社會主義對立的。然而，作爲一種政治思想體系而論，它並不同這二者直接對立」⑲。就文化層面言，維護傳統的文化保守主義者不但不反對社會革命運動，而且有可能成爲它的同情者和支持者。熊十力對於現代中國革命的態度，便是如此。在政治上，熊十力是一位堅定的愛國民主人士，對封建專制主義深惡痛絕，對民主革命有深切的嚮往和極大的關懷。比起自由主義的胡適，他可能更容易接近新民主主義革命的社會理想。事實上，他也確實是中國共產黨人相當要好的朋友⑳。

中國現代思想界的文化保守主義與西方近代的保守主義有一個根本的區別，這就是由英國思想家柏克在《法國革命隨感錄》（1790）一書中開其端緒的西方保守主義主要是針對激烈的政治革命和由此引起的巨大社會變革而發的，這種守舊和復辟的思潮偏重於政治、經濟及宗教領域。而中國現代的文化保守主義卻純粹是民族文化危機的產物。在西方思潮其勢滔滔，殆不可遏的猛烈衝擊下，中國傳統文化面臨着被從根本上鏟除的滅頂之災，對一個有着幾千年文明史和統續意識強烈的文化系統來說，其本身

---

⑲ 《保守主義》，杜汝楫譯，商務印書館，1986年5月版，頁155。有
⑳ 關這方面的材料現已發現很多，筆者無意一一贅述。請參閱郭齊勇的〈熊十力先生散記〉之最末一節，見《人物》雙月刊，1986年，期6。

必然產生巨大的反饋作用，以回應這種外部的驚激，文化保守主義便是這種反饋的表現方式之一。

文化保守主義常常表現爲對傳統的自尊和維護。這種傾向隨着西學東漸和傳統文化的失勢日見其長，傳統文化越是面臨困境，它表現得就越是強烈。而自尊感和維護感往往又和民族主義的情緒交織在一起，正如史華慈所說:「保守主義的另一特性卽其伴隨着民族主義的發展」㉑。㉑三十年代，正是日本帝國主義侵略氣焰十分囂張之時，民族空前的危機更加重了這種自尊感和維護感的悲壯氣氛。熊十力當時避難入蜀，居野寺，伴孤燭，還爲隨行諸生開講中國歷史，大談五族同源，卽是這種情感最眞切感人的表露。當時學術界對中國傳統文化的研究十分興盛，取得了不少重要成果，並且有一批立足傳統文化、建構哲學體系的思想家出現，也是這種機緣的最好見證。

文化保守主義除了強烈的民族主義情緒外，還帶有明顯的唯智主義色彩。他們特別強調精神力量的決定作用，認爲思想和文化的改革應優先於政治、社會和經濟的改革，林毓生將這種傾向稱之爲「借思想文化以解決問題的途徑」㉒。熊十力棄政從學，卽因「深覺吾黨人絕無在身心上做工夫者」，「痛士習民風之敝，以爲革政不如革心」，而民初以來，更是「禍亂起於衆昏無知」，所以「欲專力於學術，導人羣以正見」㉓，從思想文化入手，探求救國救民的道路。無論是對中國社會現實問題的看法，還是對

㉑　＜論保守主義＞，見《近代中國思想人物論──保守主義》，臺北時報文化公司，1980 年 6 月版，頁 25。
㉒　參閱其《中國意識的危機》，頁 43。
㉓　《尊聞錄》，1930 年自印本，手札，頁 20。

東西文化學術上的衡定，唯智主義是熊十力一以貫之的原則立場。他所專心致志的就是要建立一種以改變了的世界觀為根底的文化基礎，以此實現一個現代儒者經世致用、匡濟天下的人文理想，這種努力從心理深層凸顯出熊十力強烈的文化救國意願和對中國文化前途的無限希冀。

追溯熊十力的文化保守主義，我們可以發現潛伏在五四時代反傳統主流背後的另一種趨勢，這就是一次世界大戰後西方文明破產論和東方文明拯救論的萌發與興起❷。這股趨勢所表現出的文化心態和保守主義價值觀，同清末一般士大夫愚昧麻木、荒唐可笑的種種情狀已有根本的差異，同民初國粹派因襲夷夏之辨而不願放棄對傳統的心理優越和自欺自足的頑固守舊、逆反新潮的種種言行也有很大的不同。從某種意義上來說，這股趨勢不僅是西方文化直接挑激的結果，而且是西方思潮間接移植的嫁品。我們也可以把它看作是在西方危機意識的影響下所出現的對西方文化的重新認識和評估，以及對東西方文化關係新的調適意向。

梁啓超遊歷戰後歐洲各國所作的《歐遊心影錄》（1920）無疑已經流露出這種在世界主義的旗號下維護中國傳統文化的意願。他同柏格森之師布特魯（Boutroux, 1845-1921）等人的談話，借西方人之口盛贊東方文明，雖從一個側面映照出中國知識分子孤苦無望而又不甘絕望，尋找解脫、自安自慰的心迹，但也確實反映了當時東西方文化對話氣氛有所改變的實際情況。張

---

❷ 一次世界大戰對中國思想文化界有兩種截然不同的影響：一方面，巴黎和會成為反帝愛國的五四運動的直接導火線，從而助長了反傳統主義的聲勢；另一方面，大戰給歐洲帶來的災難，又喚醒了國人極端崇拜西方文明的迷夢，傳統文化的聲譽似乎有了挽回之機。

君勱的《人生觀》（1923）更是西方危機意識背景下的產物。張氏在德國時，卽從學於對西方文化持悲觀主義態度的哲學家倭鏗（R. Eucken, 1846-1926），回國不久，又擔任杜里舒（H. Driesch, 1867-1941）的翻譯。杜里舒也是一位極推崇東方文化的德國哲學家，他於 1922 年 10 月來華，在近一年的訪問講學中，竭力宣揚西方文明破產論和東方文明拯救論，這些理所當然地成爲張君勱維護傳統文化的直接武器。二十年代初，印度詩人泰戈爾（Tagore, 1861-1941）展示西方危機、禮贊東方文明的一系列活動和言論，無疑也對這股保守主義趨勢起了很大的推促作用。

尤可注意的是，以「論究學術，闡求眞理，昌明國粹，融化新知」爲宗旨的《學衡》（1922元旦創刊）諸友，大都出自美國人文主義大師白璧德（I. Babbitt, 1865-1933）的門下。白氏在哈佛執敎近四十年，是本世紀初新人文主義思潮的主要代表人物。他堅決反對盧梭的自然主義和達爾文的進化論，強調道德理性的決定作用和人類文化的有機整體性，尤其對二十世紀的文學思潮深具影響力[25]。白璧德曾與實用主義哲學大師杜威有過激烈的辯論，而他的弟子梅光廸亦成爲杜氏門生胡適在中國推行實驗主義方法的有力反對者。《學衡》派之受西方新人文主義思潮的影響，吳宓有一段話表述得最爲清楚，他說：「世之譽宓毀宓者，恒指宓爲儒敎孔子之徒，以維護中國舊禮敎爲職志，不知

---

[25] 有意思的是，同爲繼承白氏精神衣鉢的門下士，艾略特（T. S. Eliot）幾成爲二十世紀西方文學批評的最大宗師，而梅光廸、吳宓等人卻被譏爲守舊、多烘、阻撓新知、橫逆潮流，在現代中國學術界影響甚微。

宓所資感發及奮鬭之力量，實來自西方。質言之，宓愛讀《柏拉圖語錄》及《新約聖經》，宓看明希臘哲學和基督敎爲西洋文化之二大源泉，及西洋一切理想事業之原動力。而宓親受敎於白璧德師及穆爾先生，亦可說宓曾間接承繼西洋之道統，而吸收其中心精神。宓持此所得之區區以歸，故更能了解中國文化之優點與孔子之崇高中正」❷。可見，《學衡》派的文化保守主義傾向並非出自中國傳統本身的巨大墮力，而完全是由於西方思潮移入的結果。在某種意義上，我們可以把胡適和梅光廸之間的衝突看作是杜威的實用主義和白璧德的新人文主義之戰在中國的延續。

由上可知，文化保守主義並不是三十年代才突兀地出現於中國的思想界，而是自五四時代始，便有一股時起時伏的潛流，積會默運，延綿不絕，最終導引出後五四時代對激烈反傳統主義加以清算的強大陣勢。這股潮流，一方面是民初以來體現中國傳統文化抵抗力的國粹主義精神和一次世界大戰後在西方危機意識背景下重新擡頭的人文主義思潮的合流；另一方面又是當時空前沉重的民族危機意識和十分強烈的精神救亡意願的結合。

熊十力的文化保守主義絕不是超越時代、不可思議的歷史咒符，也不是隨心所欲、空渺無際的癡人夢幻，而是時代脈搏躍動和學術思潮變遷的必然產物，是近代中國文化在傳統與反傳統的激烈較搏中企求新生的邏輯呈現。強烈的愛國主義激發下的民族主義情緒和濃重的傳統主義籠罩下的唯智主義心態構成了它的兩個主要特徵。透過民族主義情緒的感時憂懷，我們能體察到那個時代深沉而鬱悶的喘息；透過唯智主義心態的幽渺哲思，我們能

---

❷ 《吳宓詩集》(上海，1934)，頁 454。另參閱＜我之人生觀＞，載《學衡》期 16 (1923 年 4 月)。

觸摸到中國傳統文化古老而蒼勁的根脈。

三、中國哲學的重建

1923年，蔡元培作〈五十年來中國之哲學〉一文，言「最近五十年，雖然漸漸輸入歐洲的哲學，但是還沒有獨創的哲學」。所以嚴格說來，中國人與哲學的關係，不過是「西洋哲學的介紹與古代哲學的整理」而已㉗。這確道出了世紀之交的中國哲學殘敗不堪的衰運。一個有着幾千年文明史和源遠流長文化傳統的泱泱大國，在西方列強挾炮艦之威長驅直入的進擊下，不但門戶洞開、屢遭慘敗，受盡割地賠款、伏首就臣的種種屈辱，而且在精神上本根喪失、文化崩潰、哲思枯竭，成了心無所寄、思無依歸的「流浪兒」。

這是何等的悲慘！每一個有血性、存良知的中國學人無不為之痛心疾首、焦慮難安。因為在中國的民主革命運動中，知識分子是首先覺悟的成份。無數「先進的中國人，經過千辛萬苦，向西方國家尋找眞理」（〈論人民民主專政〉），探求救國救民之道，進行了前仆後繼的英勇奮鬪。從嚴復的「扼腕奮脛」、侈譯西籍、倡言進化、喚醒國人，到譚嗣同的「覃思典籍，極深研幾」、「帶劍行遊，悲歌叱咤」，從章太炎的「尋求政術，歷覽前史」、宣說民粹、立志逐滿，到陳獨秀的希冀科學、呼喚民主、棄絕傳統、

㉗　這是哲學界相當流行的看法，參閱賀麟的〈康德黑格爾哲學東漸記〉一文，見《中國哲學》（第二輯），三聯書店，1980年版。

鼓吹西化，整整四代知識分子❷，以他們追求眞理的熱忱和百折不撓的勇氣，爲中國文化與中國哲學猶如「鳳凰涅槃」在舊的毀滅中求取新生的艱難歷程寫下了可歌可泣的證辭。

「激厲奮迅，決破羅網，焚燒荆棘，蕩夷汙澤」（借用象山語），是近半個世紀中國知識分子生命存在價值熠熠閃光的輻輳，也是他們天降大任、義無反顧的共同歷史承當。在那個普遍懷疑和劇烈破壞的時代，舊的哲學體系在巨大的思想震撼中顫動、坍塌，一切先賢聖哲都被押上了功利與實證的審判臺，在與堅船利炮的相較中，一步步逼近被抛棄的歷史命運。傳統徹底崩潰了，玄遠的哲思成爲沉埋地下的古董。

傳統哲學失去了現實存在的生命價值，成爲明日黃花。而滾滾湧來，令人眼花瞭亂、目不暇接的各種西方思潮又如泰戈爾形容的：「他們像掠頂浮雲一樣，時而染上瑰麗的色彩，時而烏黑一片，雷霆驚人。他們常常帶來破壞，但是像天災一樣，他們不久就被人們遺忘」❷。廢墟之上湧動着瞬間卽逝的浮雲，這種斷裂和荒蕪的景象成爲轉型時代的哲學所特有的症候。儘管五四之前，李大釗在〈東西文明根本之異點〉一文中就發出了對「時時調和、時時融會、以創造新生命而演進於無疆」的「第三新文明」的眞誠呼喚。在這之後不久，胡適在〈新思潮的意義〉一文

---

❷　大體說來，從郭嵩燾、曾紀澤、容閎接觸西學始，到嚴復結其大成，是打開中國人眼界的一代；開始吸收西學的維新派是最初嘗試用中學消融西學的一代；全面接受西學的革命黨人是試圖將中西學揉爲一體的一代；激烈反傳統主義的五四學人是以西學全盤取代中學的一代。

❷　《民族主義》，譚仁俠譯，商務印書館，1986 年 7 月版，頁 3。

中又提出了「研究問題，輸入學理，整理國故，再造文明」的動人口號。但在批判精神瀰漫、疑古趣味濃重的文化氛圍中，這些都只能是美好願望而已。中國哲學的重建，不但「每思一義，理奧例賾，坌湧奔騰，際筆來會，急不暇擇」的譚嗣同一輩學人不能過早的肩負，就是對西學有深切了解的胡適一輩學者也未免「提倡有心，創造無力」，難以完成。

抗日戰爭是中華民族生死存亡的世紀之戰，也是近百年蒙辱受屈的軍事史上唯一取勝的一次。它是中國近代民主革命歷程中的嶄新階段，也是最偉大、最生動、最活躍的一個階段。在血與火的洗禮中，中國現代的民族意識空前覺醒，民族精神得到了極大的凝聚和錘煉。抗戰不但使近百年危機頻仍的中國徹底走出了亡國滅種危險的谷底，而且意外地催發了民族自覺的哲學之花。一大批立足中國民族精神本位，糅合古今中外哲思精華，創造具有中國特色體系的哲學家的出現，結束了自鴉片戰爭以來，西學如潮、傳統崩潰、哲圃荒蕪、時代斷裂的局面。

一批埋頭書齋，「白首對江山，丹心臨午夜」(熊十力語)，「懷昔賢之高風，對當世之巨變，心中感發，不能自己」(馮友蘭語)，以情感的痛苦體驗和追尋哲學內在生命價值的專業哲學家❸。紛紛著書立說，披瀝所思，廣探博引，構築體系。一時羣賢畢至，色彩紛陳，形成了中國哲學發展史上一次不可多得的溫暖氣候，成爲近世以來中國哲學面向世界、走向未來的高潮。

在這批哲學家中，最具理論深度而又足以代表這一時期重建中國哲學精神方向的當推以下四位：熊十力、金岳霖、馮友蘭、

---

❸　金岳霖曾說：「思想上的困難有時差不多成爲情感上的痛苦」(《論道‧緒論》)。

賀麟。熊十力對佛教唯識學的批判改造，對《大易》傳統的現代闡釋，對理性本體論建構的獨特追求，對資產階級民主理想的烏托邦發揮；金岳霖對西方邏輯經驗主義的整體移植，對中國傳統哲學思維方式的全面轉換，對中西哲學認識論和方法論的深入比較，對現代邏輯學的介紹與推廣；馮友蘭對西方新實在論的局部吸納，對中國哲學人格理想和道德境界的深層分析，對宋明新儒家形而上層面的內在揭示，對中國哲學史原始材料的開創性整理工作；賀麟對德國人文精神和思辨哲學的把握，對「以西洋之哲學發揮儒家之理學」的哲學化途徑的探尋，對「吸收基督教之精華以充實儒家之禮教」的宗教化渴望的企求，對「領略西洋之藝術以發揚儒家之詩教」的藝術化氣韻的拓展；這一切都無疑構成了中國現代哲學的極其重要的內容和極有價值的部分。我們可以說，熊十力、金岳霖、馮友蘭、賀麟是代表着這一歷史時期嘗試重建中國哲學的四大哲人。《新唯識論》(1944)、《十力語要》(1947)、《論道》(1942)、《知識論》(1948)、「貞元六書」(1939-1946)、《近代唯心論簡釋》(1943)、《文化與人生》(1947)，也就成爲這一時期的重要哲學著作。

自尊自信的願力和自主自立的意向，以及不卑不亢的心態，是中華民族現代覺醒的標誌，也是重建中國哲學的精神前提。馮友蘭在《新事論》中，將「民族自信力」和「殖民地人的心理」作了生動的比照❸。指出清末民初泛濫於社會的各種價值觀念和浮面現象，無一不打上了「殖民地人的心理」的印迹，而近代中

---

❸　參閱《三松堂全集》卷4，河南人民出版社，1986年8月版，頁 342-345。

國的厄運也至此而極。在這種狀況下，不但頂天立地的哲學思考和氣魄承當的哲人出世成爲不可想像，而且中國古代有無哲學、中國人的思維活動能否稱爲哲學都成爲普遍的疑慮。這種完全按照西方哲學的標準來思量自身的想法，便是「民族自信力」徹底喪失的一個明證。熊十力認爲，用西學來衡定中國文化，而說中國沒有哲學，這是根本錯誤的觀念。「中國與西洋兩方文化，畢竟各是一種路向，各是一種面貌，執西方之所有以衡中國，而一概卑陋視之，吾未見其可也」[32]。他指出：「西洋哲學書大抵以辨物析理、條分件繫、繁稱博說爲務。中國哲學書則稱引不越人事，文辭深約而義理淵廣，欲使讀者會心於文言之外，可以涉衆事、歷萬物而畢達其原也。故以讀西書眼光而讀吾先哲書，如不能得先哲意，則必輕之矣」[33]。也就是說，中西哲學各有其特點，有所長亦必有所短，不能執一以御全，更不能肯定一個而完全否定另一個，「中西學術，合之兩美，離則兩傷」。他主張東西方學術的融合，認爲「今日治哲學者，於中國、印度、西洋三方面，必不可偏廢」[34]，應觀其會通，博探衆長。

　　熊十力不但肯定中國哲學的實存，而且從揭示中國哲學的特點入手闡揚其「不可搖奪」的價值。他認爲中國哲學有兩個不同於西方哲學的特點，也是中國哲學長於西方哲學的優點，一是本體論中之天人不二義，二是宇宙論中之心物不二義。

　　關於天的含義，在其早期著作《心書》中，是以「形氣」、

---

[32][33]　《中國歷史講話》，1938 年自印本，頁 36-37。
[34]　《佛家名相通釋》，北京大學出版部，1937 年 2 月版，卷上，頁 2。

「主宰」、「虛無」、「自然」四義概之，明顯是受了嚴復的影響❸。
到晚年著《原儒》，則改變初說，對天作了新的闡釋和發揮。他
認爲天的最初含義就是主宰之天，這種神祕的依托感卽產生了宗
敎上帝的觀念；二是作爲漢儒宇宙生成論和天人感應學說基礎的
星空之天，亦發展出了帶有術數性質的古代天文學；三是大宇之
天，也就是渾天說，「渾天說出，始有哲學意義，自老莊至於周
張，皆受其影響」，成爲古代樸素唯物主義自然觀的基礎；四是
不同於前說的自然之天，「自者自己，然者如此，自己如此，曰
自然」❸，由此推至大宇之本始和萬有之基源，天就有了本體的
意義。熊十力用天之四義描述了中國古代哲學不斷前進的軌跡，
亦排列出了理論思維發展的一般層級。他所昭揭的天人不二，不
是天的前三種含義，而是「言語道斷，心行路絕」，具有本體論
意義的「自然」之天。他所說的人，不是「離一己於天地萬物之
外，顧自視渺乎太倉中一粒米」的「小我」，而是「渾然與萬物
同體」的「大我」❸。熊十力認爲，「吾人的生命與宇宙的大生
命不可分爲兩片」，天人雖有辯而實相卽，雖有別而實不可分，
不能將天人割裂爲二，「中國哲學明天地萬物一體之義，已普遍
浸漬於中華民族之心髓」❸。

　　由本體論中之天人不二義，引伸至宇宙論，卽爲心物不二，

---

❸　嚴復謂「中國所謂天字，……以神理言之上帝，以形下言之蒼
　　昊，至於無所爲作而有因果之形氣，雖有因果而不可得言之適
　　偶，西文各有異字，而中國常語，皆謂之天。」(《群學肄言》按
　　語)
❸　《原儒》卷下，頁2。
❸　《新唯識論》(刪簡本)，1953 年自印本，卷下，頁7。
❸　《十力語要》卷2，頁 44。

「《新論》在宇宙論方面可善巧施設，而與本體論血脈相通」❸。
熊十力所說的心有多種含義，概略言之，可分三類：一是「宇宙
之大心」；它是「磅礴大宇，周流六虛」的絕對精神，「未有我與
一切生物時，此心已复然而固存」。當萬物方有，此心便遍在乎
一一生機體中，「遂爲我與衆物各具之心」❹。所以大小之間，「無
有懸隔」，通爲一體。二是「本心」；它是人類所具有的「天然的
明性」，是「宇宙之大心」在人類階段的體現。通過「自識本心」、
「涵養本心」的及體工夫，人可與宇宙大心相合，達到「天人合
一」的境界。三是「習心」；它是固有本心的喪失，亦卽物化之
心。一般人所理解的心的「行相」及心理學所描述的意識活動均
是習心。熊十力認爲，「本心習心之分，在中國古代哲學史上是
極重大之問題」❹，不容忽視。他所闡揚的心物不二，基本上是
指「宇宙之大心」或「本心」，也就是說，他更多地是從本體論
的意義上理解心物二者的關係。所以他把心物看成是本體的兩個
方面，互爲依存，構成一個統一體，「一言乎物，已有心在；一
言乎心，當有物在」❹。熊十力認爲，正因有心物不二「當門立
腳」，中國哲學「在宇宙論中所以無唯心唯物之分裂者」，能「眞
正見到宇宙人生底實相」❹。

　　熊十力指出，本體論中之天人不二和宇宙論中之心物不二，
使中國哲學「靈光獨耀」，能於宇宙人生基源處，「迴脫根塵，體
露眞常」，爲西方哲學所不及。西方哲學重知識，精思辨，「此

　❸　《十力語要初續》，頁 80。
　❹　《新唯識論》(刪簡本)，卷下，頁 7。
　❹　《明心篇》，上海龍門聯合書局，1959 年 4 月版，頁 149。
　❹　《新唯識論》(刪簡本)，卷下，頁 21。
　❹　《原儒》卷下，頁 32。

固爲哲學者所必資，然要不是哲學底正宗」，「只是一種邏輯的學問」❹。而中國哲學「脫然澄清心地， 獨慮意乎宇宙之外， 銳思於毫芒之內，潛神默識」❺，「窮宇宙之原， 究生人之性，體大生廣生之德於日常生活之中，成己成物通爲一體」❻，是平近易達、落實人生的學問。 所以他說：「中國他無見長， 唯有哲學比於西人獨爲知本」❼。

矯枉過正的傳統積習和文化保守主義的心態，使熊十力由肯定中國哲學一轉而爲貶損西方哲學， 這就未必 是他本人 的 初衷了。出於堅毅民族自信和提振積貧積弱的中國哲學的實際考慮，他甚至不顧一切地採取了用一種極端來對抗另一種極端的方式，這就使得包括他的老朋友、同樣以保守著稱的梁漱溟在內的絕大多數人都感到迷惑和難解。梁氏在六十年代的一份手稿中寫道：「熊先生不顧當前思想界旣爲外來學術思想所統治，而儒學早失其傳統地位的情勢，卻只顧自己說自己的話，自己肯定自己的話，試問有何用？」（《讀熊著各書書後》） 在西學狂飆吹散中土無盡藏。「近四十年談哲學者，只知有西洋而不知有中國」❽的時代，熊十力也自知他對中西哲學的議論，「在吾國今日歐化之學者聞之，殆無不詆爲虛玄與糊塗」❾。但他還是硬着頭皮，強打精神，以「掉背孤行」的抉擇，「尋鄒魯久墜之緒， 竟宋明未逮之業」❺⓿，「殫精竭力，以從事於東方哲學之發揮」❺❶， 試圖爲中國哲學的發

---

❹ 《十力論學語輯略》，北京出版社，1935 年10月版，頁 84。
❺ 《原儒》卷下，頁 22。
❻ 《明心篇》，頁 164。
❼ 《尊聞錄》，頁 34。
❽ 《論六經》，1951年自印本，頁 114。
❾ 《十力語要》卷 2，頁 24。
❺⓿❺❶ 《十力語要》卷 1，頁 14、51。

展開闢一條新的路向。

四、本體論：生命的投注

　　熊十力的哲學追求所彰顯的不只是一顆飽浸時代憂患的現代中國知識分子的痛苦心靈，而且是一個具有強烈超越意識和理想獻身精神的實感哲人形象。他的孜孜不倦、著書立說、從南到北、開門授徒所表現出的苦心和熱忱，已不是一種純外緣的、職業化的驅動，而是一種內在情感的真切流露和高遠理想的不容已追求。他的講學，不問對象，不分場合，不計效果，總是逢人便談，苦口婆心，鍥而不捨。他的著作，直宣心懷，滿紙懇語，真情灼人。金岳霖曾說：「熊先生書的背後有他這個人，而我則無」，耐人尋味，可謂知言。這種情感的投注已使他的哲思超越了純客觀學術研究的範圍，而包含了宗教倫理的層面。作為一個現代哲學家，情感投注的信念支撐也許是非理智的，脆弱無力的，甚或是不應有的，荒唐可笑的；但這確又是熊十力哲學本身所具有的最顯著的特徵。沒有信念支撐，便沒有熊十力的哲學。信念支撐的生命投注是他建構哲學本體論的關鍵，也是我們能對其哲學思想產生真切了解的唯一入手處❺❷。

　　熊十力認為，哲學就是「明示本體」，「非是知識所行境界」，哲學「即以本體論為其領域」。本體論是哲思的靈魂，不講本體

---

❺❷　金岳霖先生對此問題有一精闢分析，認為研究知識論可以是純外在的，而研究元學（本體論）則不僅在研究對象上求理智的了解，而且在研究的結果上必得一情感上的滿足。他在《論道》中說：「知識論底裁判者是理智，而元學的裁判者是整個的人」。

論就不成其爲哲學。「凡政治、哲學上大思想家，其立論足開學派者，必其思想於形而上學有根據，否則爲淺薄之論，無傳世久遠價值也」[53]。所以哲學的任務就是揭示「宇宙之基源」、「人生之根蒂」，「明本體備萬德、含萬理、肇萬化」[54]，闡明本體和宇宙萬物的關係。他指出：「現象與本體，是爲哲學上幽深至極而甚難解決之根本問題」[55]。哲學的對象是本體，而不是現象，對現象的認識不能取代對本體的認識。各種分門別類的知識都只是對現象的認識和描述，而並未深達本體，「故法象各部分的知識總起來，猶不能認識到實體」[56]。對本體的認識不能靠逐物求知，而應「返觀內照」、「潛神默識」，於人生日用間體認，若「只在知識論上鑽來鑽去」，便是「脫離哲學的立場」，而「終無結果」[57]。故《新唯識論》開宗明義，謂「實體非是離自心外在境界及非知識所行境界，唯是反求實證相應故」，即表明本體不是知識推求的對象，而是靠內心的體驗，靠以道德修養爲主體的人生日用實踐來證得。

熊十力用「哲學本體論的立場」衡定中西學術，認爲西方人起初只因注重知識，注重探求外界的事物之理，「遂不知不覺的以此種態度與方法用之於哲學，而陷於盲人摸象的戲論」[58]。他考察了近代西方哲學由本體論向認識論的過渡，認爲「此哲學界之一大轉變也」[59]。但他否定這一轉變的內在價值，認爲這是西

---

[53] ＜韓非子評論＞，《學原》3卷1期（1950年元月）。

[54][55][56] 《原儒》卷下，頁7、72、4。

[57] 《新唯識論》（語體文本），重慶商務印書館，1944年3月版，頁4。

[58] 《十力論學語輯略》，頁50。

[59] 《十力語要》卷3，頁65。

方哲學「純任思辨構畫」，以知識爲務所必然導致的困境，標誌着西方哲學的窮途末路。西方哲學的本體論以逐物求知爲務，「盤旋知識窠臼中」，將本體作爲外在的實物來推求，「終無出路」，導致懷疑論和不可知論，「遂至諱談本體」。他說：「西人有警語云，磨刀所以宰羊。今磨刀霍霍而無羊可宰，豈非怪事！」[60]「談知識論，與本體論不相關涉，流於瑣碎，習於淺薄，此是哲學衰落現象」[61]。他認爲西方哲學所以有此窘境，就是因爲「只是把本體當作外在的東西來胡亂猜疑」，沒有解決好本體與現象的關係，不明體用義蘊。

　熊十力還強調，他所探究的本體論是一種「玄學的本體論」，與西方哲學的實體學說有根本的區別。「玄學所窮究之本體，原非可看作客觀獨存之境界而尋索之。道在反求實證，故不以哲學家之構畫博量、虛妄安立爲然。其與哲學上一元論之不同，乃根本精神互異」[62]。也就是說，西方哲學的實體觀念不是源自內心的渴望和理性的追求，而是出自對客觀規律的探尋和邏輯存有的推論。從亞里士多德的「第一實體」到斯賓諾莎的實體學說，都是把本體看作一客觀獨存的東西，看作一外緣的、離心自在的境界，用種種理智思辨的構畫和邏輯幾何的證明來推求。熊十力認爲，對本體的如是索解和證明方式，最終顯露的只是人類理性思維的無能，而絕不可能得到本根意識的確證和形而上心靈的滿足。隨着實證科學和經驗主義的興起，實體學說所賴以建立的客觀基礎便根本動搖了。實體信念喪失，必然導致不可知論，本體

---

[60]　《十力語要》卷3，頁65。

[61]　《原儒》卷下，頁73。

[62]　《破破新唯識論》，北京大學出版部，1933年2月版，頁17。

論也就成爲人人諱談，不願觸及的領域。但這只能說明西方人形
而上心靈的萎縮，卻並不意味着他們已圓滿解決了本根問題。

面對勃然興盛的自然科學和熾烈的實證之風，熊十力不得不
正視「人智日進無疆，科學的知識技能開發，自然界寶藏日益開
拓」❻對哲學所產生的巨大影響。他要建構自己的本體論體系，
必須首先解決形而上學（本體意義上）的存在價值和可能性問
題，他正是通過考辯哲學與科學的關係，來爲「玄學的本體論」
劃定地盤的。

熊十力認爲，「哲學和科學底出發點，與其對象及領域和方
法等等，根本不同」❻。科學有功利目的，而「哲學是超越利害
的計較的」，故其考慮問題的出發點不同。科學以物質宇宙爲其
研究對象，而哲學「所窮究的是宇宙的眞理，不是對於部分的研
究」。科學只是研究現象界，分工越來越細，「學者各專一門之
業，合而觀之，則世愈進於智，分而核之，則愈進於智者，實愈
趨於暗耳」❻；哲學卻是總觀全局，從整體上認識和把握無限豐
富的宇宙世界，無「偏於一曲」之患。科學純是格物之學，「專
集其心力以向外追求於萬物」，其方法以實測爲基，分析爲要；
而哲學「全仗着他底明智與神悟，及所謂涵養等工夫」❻。因二
者所用的工具和方法根本不同。熊氏借用《老子》中的概念，稱
科學爲「日益之學」，哲學爲「日損之學」。所謂「日益」就是運
用實測和分析的方法使知識技能不斷提高，「日損」則是「默喩

　　❻　〈周總理政府工作報告讀後感〉，未刊稿，寫於 1964 年。
　　❻　《十力論學語輯略》，頁 64。
　　❻　《原儒》卷上，頁 26。
　　❻　《十力語要》卷 1，頁 44。

諸當躬，慮亡詞喪，斯爲證會」。因有上述種種之不同，所以「哲學應該別於科學，有它獨立的精神和面貌」❻。換句話說，也就是哲學要「超知」，但超知並不等於反知，而是要「剗除經驗界的一切雜染」，擺脫一切浮泛混亂的知見，以「冥極實體」。

熊十力不否認科學的價值，肯定科學發展對人類社會進步的積極意義，但他反對科學萬能論和用科學取代哲學，「若乃主張科學萬能。視古今哲學家言皆出自主觀的妄猜亂想，毫無是處，此亦莫如之何」❻。他指出至少在三個方面，科學不得不有賴于哲學，「玄學的本體論」有它「不可搖奪」的存在價值：「科學是純知識的學問，且析爲各部門，其於宇宙萬象解析至精密，雖足以發現宇宙各方面之奇秘，但宇宙原是變化不測、生生不息之全體，科學於宇宙大生命畢竟不能體會，此不能無待於哲學者一也」。宇宙人生本渾然同體，不容割裂，「而科學以純知識態度將宇宙視爲外界獨存，用客觀的方法去解析之，卽於完整體妄爲割裂，而欲識宇宙眞幾，必不可得也」。天人本不二，純知識之學「斷不能有此精微造詣，是不能不有待於哲學者二也」。宇宙人生渾然一體同流，無內外之隔，無物我之間，「故視宇宙內事，皆人生分內事」，而科學只是解釋宇宙，不能「卽知卽行以開拓宇宙」。「哲學爲成己成物之學，必知行合一，始堪成就德業」，這是科學所不及者三❻。由此，熊十力認爲不能以科學萬能而輕毀哲學，更不能以科學取代哲學。

通過考辯哲學與科學的關係，熊十力爲二者劃定界域：「自

---

❻《十力語要》卷1，頁43。
❻ 《明心篇》，頁203。
❻ 上引均見《摧惑顯宗記》，1950年自印本，頁166-168。

從科學發展以來，哲學的範圍日益縮小，究極言之，只有本體論是哲學的範圍，除此以外皆是科學的領域❼⓿。他說：「孔德謂哲學興而宗教便成過去，此說欠妥；至謂科學興而哲學便成過去，尤爲無理。關於本體之參究，當屬諸學問而無可屬諸宗教。本體論即是學問的，非宗教的，而科學確不能奪取此一片領土」❼❶。哲學就是本體論，「哲學所以腳跟穩定者，因有本體論是科學所奪不去」❼❷，「除去本體論，無哲學立足地」。所以，熊十力便把自己的哲學劃定在本體論的範圍內，殫精竭思，以從事於玄學本體論體系的構造。

熊十力進一步指出，「玄學的本體論」和宇宙論、人生論、知識論等並無根本的隔膜，哲學雖可劃分爲「本體論，一名形而上學，即窮究宇宙實體之學；宇宙論，即解釋宇宙萬象(現象界)之學；人生論，參究生命本性及察識吾人生活內容；知識論，亦云認識論」，研究哲學也應「依上述四類分別去參究」❼❸，但不能將四者「分截太甚」，「哲學上之宇宙論、人生論、知識論，在西洋雖如此區分，而在中國哲學似不合斠畫太死」❼❹。他認爲，西方哲學之人生論、宇宙論、本體論雖相關聯，「但仍必爲三者，不可混而爲一」。中國哲學卻不然，「其道德觀念即其宇宙見解，其宇宙見解即其本體主張，三者實爲一事，不分先後」❼❺。而他也自認爲他的本體論體系是很好地繼承和體現了中國哲學的這一

---

❼⓿ 《新唯識論》(語體文本)，頁2。
❼❶ 《十力論學語輯略》，頁85。
❼❷ 《新唯識論》(刪簡本)，卷上，頁12。
❼❸ 《摧惑顯宗記》，頁156。
❼❹ 《十力論學語輯略》，頁68。
❼❺ 《十力語要》卷2，頁6。

傳統的。他說:「《新論》直將本體論、宇宙論、人生論融成一片，此是老夫苦心處」[76]。這樣，熊十力不僅爲他的玄學本體論劃定了地盤，而且用本體論統攝了全部哲學內容，對本體的探究也就自然成爲其整個哲學體系的核心和樞紐。

熊十力對「玄學本體論」的救挽和闡證，滿懷熱忱，終身不倦。強烈的本根意識和探討形而上學的濃厚與趣凸顯出一顆不甘浮於表層而力求深刻把握的哲人心靈。他的關切顯然不是一個「專門學問家」的求知活動，也不是一個一般意義的學者所做的研究工作，而是一個地地道道的哲學家對世界存在意義的終極思考。

他的這種努力，在理性批判精神籠罩和懷疑主義盛行的現代哲壇，顯然不入潮流，不合時尙，因爲「現代人缺乏那種構成一切宗敎基礎的、因而也構成形而上學基礎的天眞的虔誠態度；因爲幾乎每一種形而上學不是直接有宗敎上的根據，就是在歷史上起源於一種不能進一步合理地證明其正確性的信仰。因此毫不奇怪，隨着那種內在於現存的態度（只以極端懷疑的眼光觀察超驗對象）的增強，不論是探討形而上學的興趣，還是對有效地解決形而上學所提出的問題的信心，都開始減少了」[77]。正因如此，熊十力的「玄學本體論」在當時的學術界曲高和寡，影響甚微，被時論評爲:「在現代中國哲學的勢力最小，地位最低，而知道它的人亦最少」[78]。

---

[76] 《摧惑顯宗記》，頁 158。
[77] 施太格繆勒:《當代哲學主流》（上卷），王炳文等譯，商務印書館，1986 年 1 月版，頁 19。
[78] 見北平《晨報》1935年 10 月 7 月的＜現代中國哲學界之解剖＞一文。

但縱觀近現代哲學發展的歷史，我們可以發現，形而上學探討的價值和意義並沒有消失。休謨的不可知論和康德的二元論對形而上學發出的挑戰，至現代邏輯經驗主義達到峰巔，形而上學存在的可能性和形而上學命題的意義被徹底否定，維特根斯坦的名言：「對於不能談的事情就應當沉默」，差不多是形而上學死刑的判詞。儘管如此，重新論證形而上學的努力並沒有終止，這種傾向尤以繼承德國人文主義傳統的現代諸哲學流派爲顯著❼❾。在科學技術高度發達的現代社會，世界意義和人類存在意義的問題並沒有消歇，這種終極意識所激起的形而上學欲望仍然是十分強烈的。一方面，傳統的知識和信仰已不能滿足現代生活的需要，原有的世界圖式失去了不言自明的意義，一切價值都變得模糊和可疑；另一方面，現代化的大工業社會又迫使人們對現實生活必須採取一種清晰和明快的態度，以適宜它那驚人的節奏。懷疑的基調和形而上學欲望之間的尖銳對立，無疑是當今世界人們精神生活中的一種巨大分裂，而這種分裂所表現出的矛盾恰恰是辯證的對立統一，對形而上學的不滿和否定正意味着對形而上學的渴望和需求。

熊十力的「玄學本體論」，因缺乏近代實證科學的薰染和心理學、人類學等新學科內容的滲入，其現代意識和精細程度遠不能和同時代的西方哲學本體論學說比肩，這種實際存在的差別是無庸諱言的。他的落伍於時代表現在對中國傳統哲學的過分吸附，對近現代西方學術和哲學發展的不甚了解，以及太強烈的民

---

❼❾ 如胡塞爾的現象學，海德格爾和雅斯培爾斯的存在主義，海貝林的先驗存在論等，本體論學說在他們的哲學體系中占有十分重要的地位。

族區域性特徵和個人感情色彩。這些無疑影響了他的哲學創造，也影響了他的哲學體系本身的價值和意義，以及在哲學發展史上的地位。儘管如此，熊十力的本體論建構仍不失爲中國現代哲學中極其重要和理應受到重視的內容，他對形而上學的探索，以及由此揭示出的一些重大哲學問題，仍然是我們今天所面臨和需要解決的。強烈的本根意識和探討世界意義及人類存在意義這一古老而根本的哲學問題的熱忱和勇氣，也許正是熊十力哲學越來越受到人們注目的一個重要原因。

第二章 「新唯識論」源流探析

　　熊十力的「新唯識論」體系始創於三十年代初，至四十年代中期定型，這是他自立門戶的創造期（1932—1944）。其一生的學術歷程亦可以此為中，折為三段，前為泛濫百家的準備期（1918—1931），後為發煌己見的鞏固期（1945—1963）。

　　其前期「深叩內典，專攻唯識」，以佛學為主要志業，在學術上的成就和影響也以佛學研究見著。這一時期的主要著作是《唯識學概論》三本（1923、1926、1930）和《因明大疏刪注》（1926），以及最早的論學短集《心書》（1918）和作為由佛返儒、自立門戶奠基石的《尊聞錄》（1930）。從這些著作中，我們可以看到的只是一個興趣廣博而業有專精的學者形象，尚不是那個被梁漱溟斥為「愚而好自用」、「一味想改造古人學問」的哲學家熊氏❹。

　　熊十力的著述雖說以主題專一、精當純正而稱著於現代哲學

---

❹　筆者在 1984 年內，曾分別與諸師友數次拜訪梁漱溟先生，請教他對熊十力哲學的看法。出乎意料的是，這位世所公認為熊氏同道、與熊氏相交近半個世紀的老友，言談話語間並無常理應有的敬意，反而一再用「愚而好自用」五字來概括十力的一生，直令在座者驚詫不已。

界， 但他並不是依傍一門、 專繼一家， 而是廣採博徵、 出入諸宗，經過自己的融會貫通而深造自得成爲體系。他在與友人的信中說：「弟之新唯識論雖從印土嬗變出來，而思想根底實乃源於《大易》，旁及柱下、漆園，下迄宋明巨子，亦皆有所融攝」❷。可見「新唯識論」在思想脈胳上有着甚深甚廣的源流，馮友蘭曾指出：「熊十力先生一生治學所走的道路，就是宋明道學家們所走的道路。大多數道學家的傳中往往都有這幾句話：泛濫於佛老者數十年，返求於六經，而後得之。這個之字指的就是他們所認爲的眞理。」（〈懷念熊十力先生〉）就出入釋老而後歸宗儒學言， 熊十力與宋明理學家確有相像處； 但生當二十世紀東西方文化滙流交錯相因相盪之世，其「出入」的眞正含義和「歸宗」的實際內容就不是理學家們所可同日而語的了。 關於「 新唯識論」創制過程中的廣博採擷和繁複變化。熊十力本人有一段話表述的甚爲詳盡：「……苦參實究， 老夫揮了許多血汗 。 求之宋明，不滿； 求之六經四子， 猶不深契； 求之老莊， 乍喜而卒舍之；求之佛家唯識，始好而終不爲然；求之《般若》，大喜，而嫌其未免耽空也。 最後力反之自心， 久而恍然有悟， 始嘆儒家《大易》於眞實根源甚深處確有發明。 自此， 復探《華嚴》、《楞伽》、《涅槃》等經，更回思無著、世親之學，以及此土晚周諸子，逮於宗門大德，宋明諸老。衆貫羣聖，造詣不齊，而皆各有得力處。乃至西哲所究宣者，亦莫非大道之散著，折其異而會其通，去其短而融所長，則一致而百慮之奇詭，殊途而同歸之至妙， 乃恢恢乎備有諸己」❸。 我們試以熊十力進學硏求的學術

❷ 《十力語要》卷4，頁62。
❸ 《十力語要初續》，頁99。

歷程爲經，以影響其體系形成的各種思潮和流派爲緯，來探討一下「新唯識論」的思想淵源。同時，我們也將環繞「新唯識論」的創制過程，對從《唯識學概論》到《新唯識論》的版本遞進和思想嬗變做些具體的分析。

一、早期著作：《心書》

《心書》是熊十力最早的一部著作，1918年底自印出版。它共收錄了作者 1916—1918 三年間各種體裁的短文二十五篇，其中讀書筆記十一篇、書信六封、傳記四篇、序文兩篇、雜論兩篇，共約兩萬字。此著雖薄薄小册，但涉題廣泛，內容豐富，著者自謂：「實我生三十年心行所存」。蔡元培在所作序中亦評價其「所得者至深且遠，而非時流之逐於物欲者比也」。丁去病跋更贊其「立言有宗，過《潛夫論》」。它的犀利筆觸不但揭示了辛亥後「邪孽竟熾，害氣充塞」，「上無道揆，下無法守」，無是非可言，無生人之氣的社會黑暗情狀；而且真實反映出經歷過武昌首義歡欣和袁氏竊國慘痛的一代知識分子孤苦絕望、徬徨頹唐的苦悶心情。它的豐富內容記錄了熊十力作爲一名資產階級民主革命戰士的光榮業蹟；同時也保存了我們研究他的早期學術思想的主要原始材料。

(一)批判封建專制 總結辛亥教訓

反對封建專制主義是熊十力的一貫立場。早在少年時代，他即深受其父（熊其相——一個不喜科舉、終老黃岡鄉間的教書先

生）民族思想和歷史傳統意識的薰染❹。後又從學於「喜對門生縱談時事，導諸生屬實行、救世危」的坼水何焜閣門下。及奔赴江漢，投身反清革命，更是不遺餘力地宣傳反滿民族主義，倡言共和政體。時同鄉吳貢三、殷子衡等創辦鳩譯書舍，編著《孔孟心肝》，翻印陳天華的《猛回頭》、《警世鐘》等，運往武昌，在兵士中廣爲散發，熊十力曾參與其事。他所主持的黃岡軍學界講習社，也是當時重要的革命宣傳機構。太平天國農民革命戰爭反帝反封建的悲壯亢歌、血火印迹❺，康、梁維新圖存的奔走呼號，特別是譚嗣同衝決封建羅網、視死如歸的英雄氣概❻。《民報》時期章太炎的資產階級政治理論和民族主義思想，中山先生「天下爲公」的民主主義共和理想，這一切無疑都對青年時代的熊十力有莫大的影響。

辛亥後，袁氏竊國，軍閥割據，資產階級的民主理想化爲泡影。深感失望的熊十力不禁發出了這樣的〈憂問〉：「今吾國人浸淫滿淸污俗，利祿蕩其廉恥，而自私自利之習成。登庸濫，而倖倖之風長；尙錮久，而智昏。爲新爲舊，同怵於外人，而貌襲以相應，實無改其貪賊險詐濁亂荒淫之心理。靈台旣蔽，一切學

---

❹　兒時常聽父親說歷史故事：「一日，說後漢昏亂，及晉世至南朝胡禍事，詞極淒愴，不肯感動號泣。先父曰：兒不必泣，向後讀史書，宜用心探求禍亂從何而起，探求旣久，方知胡禍是內亂所招致，而皇帝制度乃是內亂之根也」。（《先世述要》）

❺　太平軍戰士中多黃州籍，這一地區也曾爲主戰場，所以太平天國失敗後，遭殺戮者不計其數。1891 年，羅田人周錫恩編《黃州課士錄》，對此詳加記載，借以抒發對滿淸的仇恨。這本書當時流傳很廣，對黃州青年深有影響。

❻　譚嗣同是熊氏一生敬仰不渝的少數幾位歷史人物之一，從無微詞。《仁學》對其思想的影響也是極爲明顯的，直到晚年著作還時有痕迹。

說皆逢惡之媒，一切政法皆濟奸之具。滅絕仁義，自胡清已然矣。迄於民國，而偉人之淫縱，袁氏之盜竊，藩鎮之睽戾，率天下以不仁不義，淫情軼分，利獨而衆不齊，衆不齊將無獨利，此其時矣。是故吾國今日之亂，不緣新舊思潮異趣，仁義絕而人理亡，國無與立也。今欲明仁義之本，又羣詆爲迂闊，無以遏邪說暴行而挽其橫流。吾國吾種，其終亡滅乎！抑尙有他道以救之也？」❼1917 年，桂軍北伐，熊十力「曾參預民軍」，奔走西南間；後又赴粵，投身護法軍政府幕側，僅過半年，他又一次失望了，而且自此徹底脫離政界，「決志學術一途」。但這一改變並沒有使他忘懷民主主義革命的理想，也沒有泯滅他對封建專制主義和社會黑暗現實的奮力抗爭精神，他是改用筆作爲戰鬥的武器，來討伐封建餘孽、獨夫民賊：「民國以來，上無道揆，下無法守，朝不信道，工不信度，君子犯義，小人犯刑，上無禮，下無學……。嗜欲之薰蒸，害氣之充周，視眩而聽熒，曹好而黨惡，圖私利，忘大禍，修小怨，結繁冤，一夫唱之，萬夫和之，不崇朝而喧闐流汚，溢於四海，惡業旣滋，不可瘳矣。……至此，而後舉國上下敢於爲非。卽有一二自愛不甘爲非者，而以在漩渦之中，四周壓力所迫，欲不爲非而不得矣。至此，而後舉國無是非可言也。抑至此，而或有一二獨秉眞心者，欲有所言，則言未發而禍已至矣，嗚呼恫哉！」❽「今之執政，不學無術，私心獨斷，以逆流爲治，以武力剝削爲能，欲玩天下於掌上，其禍敗可立俟」❾。這些話字裏行間不但充溢着對社會黑暗無道的憤激和對封建

---

❼ 《心書·憂問》。
❽ 《心書·某報序言》。
❾ 《心書·復吳貫因》。

軍閥統治的蔑視，而且表現出一種羞與濁流爲伍、遺世獨立的孤
往精神。熊十力還借用「誓雖寒餓死，不敢易初心」的明初理學
家吳與弼的著名詩句「佇看風急天寒夜，誰是當門定腳人」來表
明自己欲「精澱之思」，守「淡泊之操」的心志。

　　從理論上總結辛亥革命的經驗教訓，對資產階級民主革命的
失敗進行沉痛的歷史反思， 這是熊十力轉向 學術一途 的一大因
緣，也是他終身不忘的志業，早在1912年冬，他卽參加了由季雨
霖等主持的武昌日知會調查記錄所的工作，編修日知會志，爲劉
敬庵、王漢諸先烈立傳。惜「搜集未竟，而南北戰事起，余退耕
田裏，日知會調查記錄所亦無形消滅， 集稿散佚矣」❿。 但他後
來還是陸續寫了多篇傳文（分別收入《心書》和《十力語要》卷
1），並先後爲李翊東的《辛亥武昌首義紀事》和居正的《辛亥
革命札記》（《梅川日記》）作序， 探究「辛亥之事」，寄托眷
念之情。

　　熊十力認爲，辛亥革命終歸失敗的原因主要有三點：其一，
「武人跋扈，靡不亡國」。袁世凱以小站練兵起家， 操握兵權，
「威劫利餌以便自恣」；地方軍閥，「狼子野心，各擁方鎮而握兵
符，大者連衡，小者合縱，剝脧兆庶，蓄育爪牙，一旦興戎，元
黃遍地。勢敵則負隅，情激則賣國。凶猘之性，寧有顧忌哉！」⓫
而革命黨人，「無充實有力之根據地」，無足以抵抗封建復辟的軍
事力量，故「軟弱無骨」， 接連退讓， 最終導致二次革命和護法
運動的失敗。其二，英雄屍盟，眾生迷惑。「凡領導羣倫而爲萬

---

❿　《十力語要》卷1，附錄。
⓫　《心書・讀陸贊請還田緒所寄撰碑文馬絹狀》。

民所托命者，必用天下之智以爲智，而非恃一己之智也；用天下之力以爲力，而非恃一己之力也」⑫。但革命黨人並沒有發動廣大的民衆，同時也缺乏紮紮實實的宣傳組織工作，僅靠少數人的「蹈死不悔」，過份依賴個人英雄的作用，難免遭到失敗。熊十力沉痛疾言：「英雄者，社會之不祥物也。英雄不死，鬪詐不止。使人人有自知、自立、自由、自重之精神，則無有屍英雄之名者矣」⑬。因沒有喚醒廣大民衆，民主共和的精義不爲大多數人所理解，故爾民主成果曇花一現，共和憲章遂成空文。其三，「無深根寧極之道，而以名義鼓人」。革命黨人因倡導「英雄」主義，「又常爲一切破壞之說，往往以愛國美名，作士大夫敢死之氣，卽所謂名節也」。不務實事，徒好虛名，「其流爲無拳無勇而階亂」，以致泥沙俱下，魚目混珠，造成革命隊伍的嚴重不純和極大隱患。「淸季士大夫以掛名黨籍爲榮，蹈死不悔，然試深迹其瑕眚，則較《抱朴子》所以刺漢者，有過之無不及。袁氏因得乘其敝而夷之，禍亂乃無寧日，哀哉！」⑭熊十力深感於革命黨人無遠大政治理想，無堅實理論基礎，流於名節，頹靡不振，所以他強調要「遺名歸眞」，進行「自本自根，可行己信」的道德淨化和心理建設。

（二）崇佛抑儒

1917 年，蔡元培出主北大，在校內首創進德會，熊十力大加稱贊，「由遠道貽書贊助」，認爲此舉「持戒而鎭之以樸」，

---

⑫ 《辛亥革命札記》序。
⑬ 《心書・憂問》。
⑭ 《心書・至言》。

「足以勝物，養其清剛，毋爲亂階」，爲《老子》之遺，同時寄上《心書》稿本，求蔡元培爲之作序。蔡不但欣然允諾，而且在序中寫道：「今觀熊子之學，貫通百家，融會儒佛，其究也，乃欲以老氏清淨寡欲之旨，養其至大至剛之氣。富哉言乎！遵斯道也以行，本淡泊明志之操，收寧靜致遠之效，庶幾橫流可挽，而大道亦無事乎他求矣。是則吾與熊子所爲交資互勉，相期以爲進德之階梯者」。由蔡熊二人「極聲應氣求之雅」的共識和認同，我們可以看到，當時處於極度苦悶和徬徨的知識分子，一方面普遍抱着遠離濁塵、與世無爭、持守操節、獨善其身的消極態度，在思想上很容易接近道家的清淨虛無主義，甚至入佛歸耶，寄情於宗教；另一方面又明顯具有克己修身、揚善懲惡、救挽頹風、道德濟世的積極願望，在行動上還是不知不覺地遵循着儒家傳統的道德理想主義，表現出不可抑止的入世精神。這種避世與救世的矛盾心境和合一儒道、雜揉釋耶的調合傾向在熊十力「轉向學術一途」的初期思想中便有十分明顯的表露。他認爲：「日月星辰晝夜迭運，大地山川草木衆象森羅，唯其並育並行，所以不相悖害。學派之紛歧，亦若是焉已耳」[15]。所謂「五音輻輳，異曲同工；八寶莊嚴，仙佛齊現」。所以《心書》中，古今中外學說滙聚一起，儒釋道耶思想均有反映，再加上是隨筆性質，就更顯得凌亂紛緒、雜無綱宗，前後自相矛盾、內容牴牾處也不少。

但我們仔細分析各篇內容，其崇佛抑儒的傾向性還是比較明顯的，這一點和他後來成熟的哲學思想相比，可謂截然不同。

熊十力接觸佛教較早，他的長兄深嗜《金剛經》，「卽戒肉

---

[15] 《心書·問津學會啓》。

食，體弱不堪素食，憔悴以死」[16]，這對少年時代的十力是深有影響的。民國初年，他家鄉有個月霞法師「自江南還武昌」，熊十力同鄉人一道去拜見。幾年後，月霞再度回鄂，他還向之請教了唐代佛教中玄奘與邪提爭論事，知道「唐時舊派反對玄奘之暗潮甚烈也」[17]。是時章太炎盛倡相宗之學，他的建立革命宗教論使熊十力尤感興趣。「余曩治船山學，頗好之。近讀餘杭章先生〈建立宗教論〉，聞三性三無性義，益進討竺墳，始知船山甚淺」[18]。章的思想引導不僅使熊十力對佛教興趣漸濃，而且激起了他對儒學的強烈不滿。十力早期的崇佛與抑儒是相關的，而這一切都明顯是受了太炎的影響[19]。

章太炎崇尚佛學，除了「中遭憂患」、「好治心之言」等個人因素外，掘發「自尊無畏」、「依自不依他」的自主自立精神，激勵「勇猛精進」、不猥不屈的自強自重信念，尋求「斷惑去欲」、對治「五心」以增強道德觀念、挽救「民德」的方法，是他的真

---

[16] 《尊聞錄》，頁 20。

[17] 參閱〈唐世佛學舊派反對玄奘之暗潮〉，載《中國哲學史論文初集》（科學出版社，1959 年）。

[18] 《心書‧船山學自記》。

[19] 太炎對十力的影響，在近代人中當推第一。除了早期學術思想以外，在其他地方亦能隨時找到痕迹。就以文章風格而論，太炎崇尚魏晉，於清人中獨喜汪中。曾謂：「今人為儷語者，以汪容甫為善。彼其修辭安雅，則異於唐，持論精審，則異於漢，起止自在，無首尾呼應之式，則異於宋以後之制科策論。而氣息調利，意度沖遠，又無迫筰塞吃之病，斯信美也」。十力因受其影響而特矚目於汪之《述學》。「君子之學，如蛻然幡然遷之」（汪中語），成為其最喜愛的格言。並漸習汪之「魏晉一貫，風騷兩夾」風格，至四十年代著《語要》時，已有相當出色的表現。熊先生文章有魏晉風格（尤以《語要》為著），容甫之楷模，太炎之引介，當為重要因素。

實意義所在。而這一切又恰好是當時熊十力所認眞思索和積極追
求的。太炎借佛學以挽救世風、行革命理想之實，理所當然地引
起了熊十力的共鳴。巨贊法師認爲，《心書》談佛，「大都是依
傍章太炎的學說」（〈評熊十力所著書〉），事實確如此。如他與
人討論大乘的「智體」、「證如」等問題，「未遑博考」，毫無自
見， 只是抄錄章太炎的 〈大乘佛教緣起考〉 以爲資證。 又論說
「輪廻」， 亦以太炎「唯其無我所以輪廻此義甚深」爲憑借。 這
說明當時熊十力對佛教還缺乏深入的硏究，尤其是很少理論上的
體悟。儘管他稱贊「古今言哲理者， 最精莫如佛」[20]， 但對於佛
教哲理， 《心書》 並沒有眞正涉及， 而談論最多的卻是輪廻問
題。他認爲「此處信不及，則佛之教義全盤推翻」，還專門作了
〈張翊辰李專遺事〉一文，言兄弟二人轉生投胎事，肯定「形體
雖死，精神猶存」。由輪廻又進而論及生死，熊十力主張「通三
世爲一際，一切物常住，無起亦無滅」，因「一切法無起滅，是
故說言肉體不死」[21]。這明顯是用僧肇的〈物不遷論〉「事各性
住於一世」的思想來解釋靈魂不朽。十力認爲，佛教的「色蘊不
滅」論比之王船山「由太虛理氣渾然之實體變動而有聚散，聚而
生物，散則物死，大化周流不已，然能化與所化只是一體」的大
化流行論，更能說明精神的永恒性，這是佛教比儒家的高明處。

　　《心書》對於儒家的態度， 同樣也深受章太炎的影響。 太
炎在〈論諸子學〉 （1906）中一再言儒家「熱中趣利」、「以富
貴利祿爲心」，激而詆孔。熊十力亦指出：「儒者雖諱言利，而

---

[20] 《心書·問津學會啓》。
[21] 《心書·與張素武》。

為利者易托焉。《易》曰『崇高莫大乎富貴』；孟軻言『有為貧之仕』，又云『仲尼三月無君，皇皇如也』。雖言非一端，義各有當然，此等處最易為人假借，故人亦樂奉儒教」❷。又說：「自武帝董仲舒出，始定一尊於儒，而流毒後世」❸。他對儒家的反感，主要是認為在歷代奴儒庸儒的腐蝕下，儒學已成為「爭名競利，以求快其欲」的工具，成為「酒肉以溺其志，嬉遊以蕩其情」，精魄搖動，廉恥泯滅的歷代名士「得美官厚利」的津徑。他說：「自六朝以降，始有所謂名士者。迄於唐宋，而韓愈、元稹、白居易、蘇軾兄弟，並以文采風流，傾動朝野，聲施後世，吸其流者不絕。……始則罩其心以達其言，繼則卽其言以生其心，而淫佚浮曼矜夸傲僻之氣，日引月趨，以入於酒肉嬉遊服飾玩好書畫之中」❹。這樣，儒家憂國憂民匡濟天下的博大情懷日益萎靡，儒學的真精神逐漸喪失殆盡；到近代更是「謬種流傳」，「士大夫相率為浮華淺薄淫佚流蕩」，其狀愈不堪言。據《尊聞錄》載，其時他初讀《儒林外史》，「覺彼書之窮神盡態，如將一切人及我身之千醜百怪一一繪出，令我藏身無地矣」。對儒學發自內心的深深厭惡和作為一名飽覽經史的儒生自慚形穢的痛苦心理，由此可見一斑。

熊十力對儒家的貶損和他反對封建專制主義的政治立場有很大的關係。將儒學和帝制聯繫在一起，是辛亥前後知識界先進學人的普遍觀念，不唯革命黨人如此，就是主張改良的保皇派在下意識層也是將二者等同看待的。對於儒學的態度，往往就是反對

---

❷ 《心書·張純一存稿序》。
❸ 《心書·至言》。
❹ 《心書·箴名士》。

封建專制主義激烈程度的標尺。這種情形完全是由於傳統文化
（以儒家爲代表）與王權政治的深深融合所造成的不可分割的連
帶關係和鮮明的一體化的結果。由譚嗣同而章太炎、再進爲五四
學人，對封建專制主義的認識和批判越深刻，對儒家的攻擊也就
越猛烈，正緣此理。

　　《心書》崇佛抑儒，在比及佛教時，對王夫之也不無微辭，
但這並不妨害它在總體上對船山哲學的推重。熊十力少年時「亦
耕亦讀」所學，主要的還是儒家歷代聖賢的經典。及受新思潮影
響，激揚民族主義，對明末清初顧、黃、王、傅、呂諸大師崇高
的民族氣節深感敬佩，捧讀其著，尤偏愛於船山。據《心書》
載，他曾苦讀船山著作，並將三百餘卷的《船山遺書》「爰爲纂
輯」，花了一整年時間編成一提要性質的《船山學》㉕，可見其
對船山學術用功之深。

　　船山對十力早期思想的影響，最可注意的是下面一段話：
「忽讀《王船山遺書》，得悟道器一元，幽明一物。全道全器，
原一誠而無幻；卽幽卽明，本一貫而何斷。天在人，不遺人以同
天；道在我，賴有我以凝道」㉖，可見對船山「天下唯器」的一
元論，「乾坤並建」的大化論，以及「天人合一」、「心物合一」
的思想，熊十力都已經有了相當的理解，這對他日後的哲學創造
至關重要。但此時熊十力對船山的拳拳服膺乃在於其民主和實學

_____

㉕　《心書・船山學自記》：「船山書凡三百二十卷，學者或苦其浩
　　瀚，未達旨歸。余以暗昧，幸值斯文，嘉其啓予，爰爲纂輯，歲
　　星一周，始告錄成，遂名《船山學》」。按此稿早已不存，無
　　從知其詳。只是《船山遺書》「曾刻本」（1865）爲二百八十八
　　卷，熊所言三百二十卷，不知所據？恐有誤。
㉖　《心書・船山學自記》。

思想。他認爲「船山處異族專制之下，不敢倡言民主而思想實及之」，所以當他讀了嚴譯《法意》後，就馬上指出船山「置天子於有無之外，以虛靜統天下」的說法比西方的君主立憲制要早，稱「船山固東方之孟德斯鳩也」❷❼。熊十力認爲，自東漢以後，文辭興而名士泛濫，實學廢而儒學頹靡，「唯衡陽之聖，痛中夏覆亡，推迹士習之壞自名士，而於二蘇、元、白之倫，攻之不遺餘力」❷❽，提振實學風氣，功不可沒。他肯定船山對於陽明的批評，「衡陽嘗痛心於明季士大夫以氣矜亡國，力詆姚江，其說實非過激」。並且指出：「近人頌明季節義，歸功姚江者，蓋祖黃宗羲。宗羲學行，固不逮衡陽遠甚」。「王守仁有術智，未能忘功名，而以聖自居，故其黨多氣矜。觀晚世予聖之士，其偏執妄逞，何嘗不誦法姚江也」❷❾。因此，他不同意章太炎〈與民友會書〉（1917）中「挽今世頹靡巽懦之習，唯欲振起姚江學派」的說法，認爲陽明學實無足取托。可見在當時，他是將心學視爲「淫佚浮曼、矜夸傲僻」的一類。

(三)西方文化的最初影響

西方文化對熊十力早期思想的影響，最可注意者有二：一爲進化論，二爲基督教。

自嚴譯《天演論》（1898）問世，進化學說，風靡天下，辛亥前後的知識分子無不受其影響，青年時代的熊十力也不例

---

❷❼ 《心書・鈞王》。
❷❽ 《心書・箴名士》。
❷❾ 《心書・至言》。

外。在他早年閱讀的西方學術譯著中，嚴譯據大部❸。《心書》釋「天」，卽依傍又陵之說，並言「晚近天演說張，形氣之秘機愈洩，斯以自然言天者貴矣」❸。但熊十力將「今日羣雄之競爭殘酷」、「功利之習熾」歸咎於進化之說勝，認爲莊子「憫物論之紛紜」，作〈齊物論〉；孟子「拒邪說」，以知言養氣爲歸，才正是今日堪當效法的。這說明在直覺上，沃聞儒敎禮義的熊十力便與代表西方外化精神的斯賓塞學說（社會達爾文主義）相牴牾；同時也反映出其早期思想崇尚老氏、主張清靜無爲的消極面。熊十力是將進化論儘量「軟化」，這就是「比合佛旨，融相入性」，用佛敎的阿賴耶識緣起說來解釋宇宙的進化。當然，這主要是照搬梁漱溟的學說，而非他的自見❸。

1918年夏，熊十力由水路從廣東返德安，途經上海時，會其摯友張仲如，並爲仲如之《存稿》作序。張仲如，「少治儒術，尙任俠。清末失政，與潛江劉敬庵假武昌聖公會爲日知會，謀革命。因是交基督徒，探其敎義，痛士習民風之敝，以爲革政不如革心。遂逃儒歸耶，匿迹滬瀆，不復與黨人政客往返矣」❸。此時仲如早已爲虔誠的基督敎徒，《存稿》內容，亦可想見。熊十力在序中贊其「旁搜博探，默契玄妙，頗融貫佛說，以發明《新

---

❸ 嚴復不僅是熊十力西學的啓蒙老師，而且也是在中國文化體認方面對他深具影響力的前輩學者。如「體用」、「翕闢」、「本隱之顯」等等，均有嚴意的滲入。具體內容請參閱本書之五、六兩章。
❸ 《心書·示韓濬》。
❸ 1916年，梁漱溟在《東方雜誌》發表〈究元決疑論〉，用佛學闡釋西學，進化論卽其所涉內容之一。十力讀後，作〈記梁君說魯滂博士之學說〉一文，復述梁的思想。
❸ 《心書·張純一存稿序》。

約》義趣」，「能明基督之道，有裨世教人心」，「頗切實高明」。
並不無感慨地說：「益感當世之變，而嘆仲如之歸依宗教爲知本
也」❸。他稱讚基督教的平等和博愛，認爲「耶教屈己利物之精
神，非儒家所及也」。張仲如爲其二十年的「嚴憚之友」，相互
間的影響是自不待言的 ❸。如果說與張仲如之間僅爲朋誼， 那
麼劉敬庵 (1875—1911) 對十力來說便有一種人格的感召。劉爲
日知會負責人，是最爲熊十力所敬仰的辛亥烈士（也是他的好朋
友），曾幾度爲之立傳， 緬懷終身。「爲往聖繼絕學， 庸常有志
焉」的劉敬庵也曾 「承父師庭訓」， 熟習儒家經典，「稍長旁及
佛老諸子」❸，但他最終歸依的卻是基督教。早在辛亥前十年，
他卽與武昌聖公會會長胡蘭亭結識，不久接受教會洗禮，取教名
保羅，並兼任神學教職。而這一切都發生在他從事革命活動最爲
積極的時期。1907年初，因反清事洩被捕入獄，武昌首義前數月
病死獄中 。劉敬庵是一位革命家， 同時又是十分虔誠的基督教
徒， 他的堅貞意志和博愛情懷在當時備受世人敬頌， 被他的同
志稱爲「一代完人」。在他的人格感召下，熊十力的好幾位朋友
都先後皈依了基督教（如前面提到的殷子衡），這一切對十力的
早期思想不能說是沒有一點影響。檢視劉敬庵寫於獄中的讀書日
記，我們就會發現，《心書》的許多思想與之頗爲相像，這卽便
說不上有什麼直接關係，但也肯定存在着某種潛移默化（尤其是

---

❸ 《心書·張純一存稿序》。

❸ 仲如之妹張清和，早年僑居南洋，亦爲一虔誠的基督徒，終身未
婚，致力於教會慈善事業。十力同她一直保持着聯繫，直到「文
革」前數年，還時有書信往還。

❸ 〈劉敬庵獄中讀書日記選〉，載《中國哲學》（第13輯），人民
出版社，1985 年 4 月。

人生志趣和人格理想方面）的間接影響。

　　儘管熊十力沒有像劉敬庵、張仲如那樣「逃儒歸耶」，皈依基督，但深厭競利之世勢，「婉然有厭世之感，愴然有人世之悲」的苦悶心境，他們卻是相通的，這充分表現了辛亥前後的一代知識分子，在傳統信仰崩潰後，心無所寄、思無依歸，麻木、徬徨、乞憐、複雜的絕境意識。所以，熊十力雖沒有求助於上帝，但最終還是拜倒在了釋迦的腳下，借佛教慰藉痛苦乾涸的心靈。懷着信徒般的虔敬，開始了正式的求佛問法。

二、「深叩內典，專攻唯識」

　　1920 年，熊十力入南京支那內學院，問佛法於歐陽竟無先生。在這之前，他曾任教於天津南開中學，並在《庸言》、《新潮》等刊物上發表文章，因而與梁漱溟相結識。據梁回憶，十力此次入內院求學，全緣賴他的引介，亦純爲學理上事[37]。然我們究其所致，辛亥經歷的心靈創痛和悲觀主義的人生態度才是熊十力當時傾心佛法的根本原因。這一點在他本人著作的追憶中有清楚的表述：「吾常披覽載籍，考見其時百姓遭受屠戮、劫掠、逼辱，種種不可名狀之慘，心悸目眩，不忍措思，以謂宇宙何故爲一大修羅場，眾生何故甘作罪惡，哀哉人類，生生者未有已也。其將終古大惑不解耶？吾於是究心天人之故，而漸怡神於釋迦氏之書焉」。「在武昌，一日正午坐人力車過大街，天無片雲，白

---

[37]　1983 年 4 月，梁漱溟應德安縣志編纂辦公室約請，撰寫了＜紀念熊十力先生＞一文，對二人結交緣起述之甚詳。已收入《勉仁齋讀書錄》（人民日報出版社，1988 年），可參閱。

日朗然，車中無思無念。忽爾眼前街道石板如幻如化……。忽起念云，哀哉！人生乃如是耶？愴然欲泣」。「未幾，兄弟喪之略盡，余愴然有人世之悲，始赴南京問佛法於歐陽竟無先生」。失去親人的悲哀❸，閱古思今的歷史憂患，多年理想追求的徹底破滅，這些難以排解的心理鬱結促成了他的「追維釋迦，決志佛法」。

在內學院期間，熊十力系統地研讀了唯識宗的典籍，「追尋玄奘窺基宣揚之業，從護法諸師以上索無著世親，悉其淵源，通其脈絡」，對佛法（尤其是大乘有宗）有了較爲深入的了解。有宗所據之《楞伽》等六經和《瑜伽》等十一論（稱爲「一本十支」），他均有涉獵，對本土唯識宗巨典《成唯識論》及《述記》尤爲稔知。他不但熟習唯識學義理，還格外留心其分析名相和邏輯思辯的方法，深研《五蘊》、《百法明門》二論和窺基的《因明入正理論疏》，對佛家邏輯方法有了相當切實的了解和掌握。僅管他後來一再表示深厭有宗文如鈎鎖、義若連環的名相辯析，但這種嚴格的邏輯訓練對培養他的思辯能力和分析問題的方法，以及細密的哲學構造，無疑起了至關重要的作用。這也許是他雖沒有受近代西方哲學邏輯方法的薰染，而仍能在現代哲壇有所建樹的一個重要原因。

熊十力在內學院潛心研究唯識學兩年，深得歐陽竟無大師的接引。比照其最初所著《唯識學概論》和歐陽的《唯識講義》，對有宗義理的了解和評判大多無出其左右。他深叩唯識之學，亦

---

❸ 熊十力的母親及長兄仲甫、五弟繼剛、六弟繼強，在民元後的幾年中（1912—1918）先後去世。

崇敬歐陽其人，認爲「竟師爲學踏實，功力深厚。法相唯識，本千載久絕，而師崛起闡明之。其規模宏廓，實出基師上。……竟師於佛學，能開闢一代風氣，不在其法相唯識之學而已」（〈與梁漱溟論宜黃大師〉）。儘管他後來背離師說，另創《新論》，在學術上與歐陽分道揚鑣，但對其心懷崇敬卻終身未渝。他將之比作明儒陳獻章之於乃師吳與弼，曰「吾師若未講明舊學，吾亦不得了解印度佛家，此所不敢忘吾師者也」（同上）。

1922年秋，熊十力被蔡元培校長聘爲北京大學特約講師，主講唯識學（按當時北大規定，只講一門課者爲特約講師）❸。他到校不久，卽整理內院時的讀書筆記成一講義，並在此講義的基礎上進一步補充加工，寫成了《唯識學概論》❹。

我們現在可以看到的最早本子《概論A》，是 1923 年10月至1926年4月由北大出版部陸續印出的❹。在這之前，也許還有

❸ 關於熊十力被聘爲北大講師的緣起，有幾種不同的說法。一說是蔡元培的自行選擇，另一說是出於林宰平的推薦。但據梁漱溟的回憶，熊先生是由他親赴內學院邀請來的。按梁氏 1919 年下半年在北大開設「唯識哲學」課程，後因病輟講，只於翌年出版了他爲該課寫的講義（名《唯識述義》，僅見一冊），但課無人再開。由梁本人出面薦請他的繼任者，當可信。蔡元培在這之前已熟識熊十力，也應是一個重要因素。

❹ 《唯識學概論》共有三種不同的版本，分別起始於1923年、1926年、1930 年。以下我們簡稱《唯識學概論》爲《概論》，並分別用A、 B、 C 來標示它的三種不同本子，卽《唯識學概論》（1923 年本）寫作《概論A》，《唯識學概論》（1926 年本）寫作《概論B》，《唯識論》（1930 年本）寫作《概論C》。

❹ 1984 年 4 月，筆者與郭齊勇同赴上海訪尋十力先生遺踪。在各方面的大力協助下，發現了包括《存齋隨筆》稿本在內的一批遺物遺稿，其中就有這本《唯識學概論》。該書線裝一冊，對折一百四十四個頁碼（可能有缺頁，亦可能印裝止此）。在書脊夾縫處，幾乎每頁都印有小字，詳細注明收稿、送校、收回、印出的

抄本或油印講義之類，但估計內容不會超出這個本子的範圍。所以我們可以肯定地說，它就是後來熊十力一再提及的「境論初稿」；換句話說，也就是「新唯識論」最早的源頭。

《概論A》題記曰：「此書區爲二部。部甲境論，法相法性，目之爲境，是所知故。部乙量論，量者量度，知之異名，雖談所知，知義未詳，故量論次焉。又境論雖自所知以言，據實而云，乃爲量論發端，則此書通作量論觀可也」。所謂境論，相當於本體論；所謂量論，相當於認識論（境量之名，本依唯識，它們的眞正含義和實際的內容並不能完全用本體論和認識論來涵蓋，故只能說「相當於」）。熊十力對境量二論的企劃始於此本，並在《概論》B、C兩本和《新唯識論》（文言本）中保留下來，直到 1942 年的《新唯識論》勉仁書院本（卽語體文本上中兩卷），才「不承原本之規劃」，取消了境論、量論的名稱。因「部乙量論」始終未能寫出，只留下空目在上述各本的緒言中，所以《概論》三本和《新唯識論》（文言本）的內容，實際上就是「部甲境論」，而並未包括原初規劃的量論部分❷。《概論A》在境論之下又分識相篇和識性篇，而後者也是有目無文，所以該書的全部章節均屬於識相篇。識相篇之下分〈唯識〉、〈諸識〉、〈能變〉、〈四分〉、〈功能〉、〈四緣〉、〈境識〉、〈轉識〉等八章，對大

（續）日期，只寫某月某日，沒有年份。經仔細核查，首尾斷斷續續共
有四個年頭，卽首頁爲當年的十月一日收稿，末頁爲第四年的四
月一日印出。據《尊聞錄》等旁證材料，可考訂爲 1923 年10月
至1926 年 4 月。南京支那內學院年刊《內學》第二輯（1925 年
12月出版）所載〈境相章〉，卽爲該書之境識章的大部分（原書
之71—85 頁）。

❷ 有關量論創作的問題，請參閱本書之六章一節。

乘有宗學說，「綜其體系，控其綱要」，基本上概述了主要的內容。《概論Ａ》旣是熊十力「深叩內典，專攻唯識」，崇信佛學的階段小結，也是「新唯識論」體系構架最初始的一張草圖。所以對了解他的佛學思想和「新唯識論」的結構至關重要。

熊十力首肯歐陽竟無在〈瑜珈師地論序〉中判唯識法相爲二宗之說，認爲章太炎〈支那內學院緣起〉一文「其識足以獨步千祀」的贊語「可謂知言」❸。其固守師說，門戶礭然，「以護法爲吸納衆流，折衷至允，誠可謂宗」的基本態度由此可見。他以「不離」、「交遍」、「破執」三義解「唯識」，指出「以爲唯有一識名唯識，卽大誤」。不離義，卽心、心數、色、分位、眞如五法「皆不離識」，一切唯識所現，俱有相依。交遍義，謂「人各有識，不雜相網，同處各遍」，他擧北京爲喩，曰千萬人共處一北京，而人人心中各有一北京，並且各不相同。破執義，取五蘊皆空理，「謂攝法歸識，遣空有執，諸執盡除，識隨不立」。他進一步指出：識對境受稱，而有多名，心、意、了別、分別、現行，「皆其異名也」❹。此「唯識」義後來顯然成爲他的唯心主義哲學體系的一個基調，《新唯識論》各本開宗明義言「今造此論，爲欲悟諸究玄學者，令知一切物的本體，非是離自心外在境界，及非知識所行境界，唯是反求實證相應故」，義皆源於此。

諸識章依世親《唯識三十論頌》略言「八識」。認爲眞諦所譯

---

❸ 從《概論Ｂ》起，卽再不提及歐陽此說。至 1944 年初的〈新唯識論問答〉（載《哲學評論》8 卷 5 期）則公開表示反對，認爲「無著析薪，世親克荷，精神始終一貫，似不必以一家之學強判爲二宗也」。

❹ 上引見《概論Ａ》，頁 3 – 5。

《顯識論》是唯識古學，而窺基揉譯《成唯識論》是唯識今學，
二者言「識」不同，「當校以世親之說」。表明他當時研習唯識學
是以世親——護法——窺基一系爲宗，這和後來對於唯識宗的評
判有很大不同。又能變章言「詮實性曰不變，顯大用曰能變，能
變依於不變，而有其變」❹，這種以寂靜言體，以變化言用，體
用殊絕的觀點，正是他日後對佛家攻擊最烈之處。

　　值得注意的是，能變章綜合佛典對「變」所作的詮釋，以及
對「諸行無常」義的發揮，大都爲後來的《新唯識論》所攝取，
並且成爲熊十力出有（宗）入空（宗）。創發翕闢義的先導。他認
爲「變」有三義，一者非動義，二者活義，三者不可思議義。所
謂「非動」，即「頓起頓滅」，都無實物，都無暫住，皆刹那刹那
生滅。「活」包括六層意思，即「無作者」（變無使主）、「緣起」（有
和合功能）、「圓滿」（一即一切）、「交遍」（若眾燈交光相網）、
「幻有」（浮虛不實）、「無盡」（周遍法界）。「不可思議」即「直
須超出虛妄分別」，不起妄念。嚴復在《天演論》下卷之〈佛法〉
中稱「不可思議四字，乃佛書最爲精微之語」，並用莊子「不可
致詰」、「皆不能言」的不可知論來解釋❹。熊十力認爲此解「未
妥」，他強調「不可思議」不是不可思議，而是不能思議，其眞
實意義在於對治妄念。熊十力還指出：「變者，頓起頓滅，無有
漸義」❹，即把「變」理解爲「刹那生滅」和「諸行無常」。他依
據《莊嚴論》之「纔生即滅」十五義，從十一個方面論證了「刹
那生滅」、「都無暫住」的觀點。這些思想內容後來經過他的不斷

❹　《概論A》，頁7。
❹　《嚴復集》（第五册），中華書局，1986年1月版，頁1379。
❹　《概論A》，頁9。

潤飾，一直到晚年著《體用論》仍多有保留。但熊十力此時言
「變」，主要說的是「識之所變」，未離「唯識」範圍，和他後來
所說的宇宙本體生化之「變」，還是有根本區別的。

　　熊十力釋「變」，又雜以僧肇「物不遷」義。他還對《物不遷
論》中「莊生之所以藏山，仲尼之所以臨川」一句加以發揮，引
郭象注〈大宗師〉「藏舟於壑，藏山於澤」一節的文字來印證
「利那生滅」義。同時對船山易學的生化觀也多所注目。他說:
「此土深了生滅者，莊周郭象其選也。……晚世獨有王船山頗窺
及此」❹。可見從一開始，熊十力所講的唯識學就已經不是純正
的印度貨，而多帶有中國佛學溶合創新的特色。

　　《概論A》的雜溶性突出地表現在它對西方哲學家的比附和
批評上。1920年9月，羅素來華講演，前後十個月，共有「五大
講題」，對當時的學術界頗有影響。而熊十力最感興趣的是羅氏
的《心的分析》（1921），在〈四分〉、〈功能〉、〈四緣〉等章中均
有評及。

　　羅素的哲學思想極為博雜、多變，述及之，只能分階段而
論。在1918年以前，他受意動心理學的代表人物布倫塔諾及其
弟子麥農的影響❹。將感覺和思考的活動看作是心理的內容。後

---

❹　《概論A》，頁11。
❹　布倫塔諾（F. Brentano, 1838—1917），《概論A》作勃蘭泰
　　那。奧地利心理學家，意動心理學（奧國學派）的創始人。他
　　認爲心理學的對象不是感覺、判斷等的具體內容，而是其活動
　　（動作）；內容只是物理學的對象，而意動才是心理學的對象。
　　麥農（A. Meinong, 1853—1920），《概論A》作馬恩農。奧
　　地利心理學家，布倫塔諾的弟子，形質學派（格拉茨學派）的創
　　始人。他發揮意動心理學的觀點，認爲形、形質的形成有賴於意
　　動。並且提出了「創造的內容」和「被創造的內容」等概念。

來他逐漸覺得內容和客體的區別是不必要的（布倫塔諾認為，感覺中有活動、內容、客體三個成分），而傾向於將內容看作是對客體的經驗知識。所以在《心的分析》中，他便改變舊說，用意識與經驗來說明感覺的過程⑩。羅素認為，心理現象的要素完全是由感覺和影像構成的，「感覺顯然是我們對世界（包括我們的身體）的認識的源泉」⑪，離開具體的感覺內容，感覺的作用（識的功能）便無法證實。這種觀點顯然較為接近唯物主義的反映論。而熊十力卻堅執反對意見，認為「羅素之論，本毗於唯物」。「羅素欲以心之現象歸入物理公律之下，過失最重，故偏責之」⑫。他認為「境不離識」，萬法唯識所現。而識並不依境起作，「思慮作用乃心識之特徵，不可以色境與色境相互之作用說明思慮」。如果說識依境轉，那無異等於數論諸師所說的心根是肉團，這顯為邪見。熊十力肯定「識」本身就是圓滿無盡、不證自明的獨立存在，這種絕對意識的主觀唯心論當然不會承認感覺的客觀性和它對於認識主體的作用。所以從一開始，熊十力的思想便被牢牢地吸附在唯識宗極端唯心主義的泥盤之上，這種粗坯材料的格

（續）熊十力在四分章中認為，勃蘭泰那「以對象為心理特徵」，馬恩農「析心理元素為三，一作用，二主象，三對象」，「此其持論，適與小乘冥符」。並認為羅素「遮作用，唯成對象」，「實出馬恩農下」。這顯然是對意動心理學的誤解。實際上，《心的分析》不以感覺活動本身為知識，而重視感覺的內容，正好是意動心理學的反面。而熊十力本人只重「識」的分析，倒是與布倫塔諾的觀點若合符節。

⑩ 參閱羅素《我的哲學的發展》，溫錫增譯，商務印書館，1982年8月版，第十二章〈意識與經驗〉。

⑪ 羅素：《心的分析》，李季譯，商務印書館，1964年1月版，頁141。

⑫ 《概論A》，頁18。

局，決定了他自始至終都難越其町畦，而只能是一名徹底的唯心論者。

熊十力在論述種子類別時，還批評了羅素將心物看作是「同一種原料」，只因「排列不同，故成差異」的觀點，認為「由心分別，境相卽生，非境分別，心方得生，故非唯境，但言唯識」，見種與相種之間存在着根本的差別。所以視心物為同種或同出一元，「此皆妄情猜度，難為印可」❺❸。他還指出，種子熏長義和柏格森言流轉、延綿根本不同。本有種頓起頓滅，「無有前法可以延綿」，種子以熏習為增上緣，而得增盛，這不同於「柏氏取喻河流時時加入新質」❺❹。對柏格森的參比，在他以後的著作中雖時有出現，但調子大同小異，一如本初。總的說來，熊十力對西方哲學是持一種挑剔和否定的態度，這種充滿保守主義氣息的本位傾向在他最初的學術創作中就已經顯露出來。對於西方文化，他本來就缺乏應有的了解，再加上入學門徑的格局限制和種種先入為主的偏見，就更妨害了對此的接觸和學習。以致使他長久隔膜於西方哲學，對西方哲學史上無比豐富的思想內容和羣星燦爛的哲學大家，只能簡單而重複地延用老調來評說，徘徊於現時代哲思的潮流之外，直接影響到他的哲學創造，這是甚為可嘆的！

四分章分述相分、見分、自證分、證自證分，俱依無著的《攝大乘論》和陳那的《集量論》，及護法之說。並認為「至奘師創明挾帶義，正智緣如，亦有體相，自此四分義立，大乘量論，根據乃成」❺❺。又功能章以八門分別（建立所由、名義、體

---

❺❸❺❹　《概論A》，頁27、26。

❺❺　《概論A》，頁14。

性、來源、類別、感果、斷、無漏），略顯種子功能，一依印
度唯識論師之意。這些純爲復述性的內容，到《新唯識論》卽盡
淨刪去。比之《心書》論佛，此處有兩個顯著的變化：一是擺脫
了章太炎的影響；二是開始去除輪廻觀念。熊十力認爲，世人誤
解「斷」義卽爲「一切滅盡不生」，這是根本錯誤的。所謂「斷」
是「神變無方，以捨雜染，轉依爲相」。而章太炎的「五無」論
（對治「五心」），「以斷生爲言，斯則斷見，外道之談，不可傳於
佛法」[56]。又前面說：「章氏《齊物論釋》，其謬尤多，蓋涉獵法
相唯識，以緣飾蒙莊，終於兩失」[57]。並認爲章的〈建立宗教論〉
所談「唯識」，與言梵天神我的外道「眞無有異」。可見他已徹底
擺脫了初習佛法時對於章太炎的依傍，而進於自己獨立的境地。
關於輪廻業報，他指出：「界趣輪廻之談，本小宗所共許，大乘
承之不改。此事似荒遠難稽，然以理推證，若許有欲界人趣畜
生，其它界趣，亦應許有。然內籍所談諸天及地獄等情狀，世或
執爲實境，則又非某所知矣」[58]。儘管言詞間仍多存疑惑，但已
表明他的宗教信仰正在瓦解。對於佛法的深入了知，反倒促使他
開始打破宗教迷情，而進達哲理上的追求。

　　四緣章分述因緣、等無間緣、所緣緣、增上緣，對後二緣述
之尤詳。如以能所論所緣緣，又細辯所緣有所慮、所托之不同；
以生住成得四者言增上緣用；依種現分別將四緣略歸三門；又以
生識九緣攝歸四緣，分別配屬八識。這些內容均依《唯識三十
論頌》、《觀所緣緣論》、《成唯識論述記》等立論，而並無新

[56]　《概論Ａ》，頁 35。
[57]　《概論Ａ》，頁 4。
[58]　《概論Ａ》，頁 32。

見。所以到他著《新唯識論》時，便將之大部分省去，只留了一些經過修改的段落揉合到相關的章節中。

境識章的絕大部分曾刊載於支那內學院的年刊《內學》(1925年號)上，並得到了內院舊友「尤饒創解，不厭尋研」的贊語，可見其宣揭的內容之「純正」和不違師說。熊十力首先用遮詮法破外道小乘之境執，認為「離識之外，別無色等實法」，離識所執境，如夢如幻覺，「皆無實故」。又分別破勝論、古薩婆多師、經部師、正理師之極微說，認為極微是「以慧分析而建立」，並無實體。這些說法，大多出自《成唯識論》。而「萬法唯識」、「境不離識」的學說也就成為他日後建構認識論的主要依憑，在《新唯識論》(文言本)中占有顯著的位置。他又依《了義燈》、《樞要》等，論說三境(性境、帶質境、獨影境)。其中談到性境五義之「從自種生」時，以唯識交遍義比附王夫之的「乾坤並建」說。認為船山所揭《易》之陰陽十二位，「以明諸法交遍之理」，而世儒以陰陽為實，謂之二氣，「斯方士之談」❺❾。可見他當時只要略及儒學，便完全是以佛解儒，化儒為佛。

轉識章的篇幅最長，約占全書的五分之二，分論心、心所，對五十一心所法述之尤詳。其鋪排名相，一依舊師，毫無自見，連某些佛徒都說它是「滯於名相，不得要領」❻⓿。但這部分內容後來還是成為《新唯識論》明心章的基本素材，並且是熊十力建構他的主觀認識論和唯識心理學的主要思想原料。值得注意的是，他說「識有所依，是名為根」，「根者，以其勢用熾盛，義當建

---

❺❾　《概論Ａ》，頁 75。
❻⓿　巨贊：〈評熊十力所著書〉，《法音》1981 年期 1。

立」❻，並認爲「根體」最微妙，其用不可測、不可喩。這已經
預示着他以識根溶匯色境之根，而轉向「體」的創發，成爲心
物合一體用觀的先導。熊十力論五識，指出難陀與護法立論相
異，又詳辨難、護與安慧之不同。雖最終將「向者聚訟之端，定
讞於護法」，但注意唯識舊師之間立論的差別，從彼此相互攻詆
揭破處覺發唯識之短，無疑對他日後的厭離護法、「棄有返空」
起了很大的作用。因此我們說，熊十力後來對唯識宗缺陷的覺
識，有些是靠他自己的體悟，而有些則是受舊師之間相互攻難之
啓發的結果。

《概論Ａ》的上述內容，有些被《新唯識論》（文言本）直
接攝取，有些經過加工改造被揉合到相關的章節中，而有些則完
全被棄之不用。但總的說來，它不失爲是《新唯識論》（文言本）
的主要思想原料庫，也爲熊十力架構自己的唯心主義哲學體系奠
定了最初的模型。儘管後來他「三焚舊稿，六易新論」，改易內
容無數，比之原本，面貌全非，但變來變去，這個最初的骨架子
還是依然可見的。所以從思想淵源上講，熊十力的「新唯識論」
基本上是脫胎於佛教唯識學，不但以此作蛹始，而且以其形具
終。

但這只是問題的一個方面，從另一方面講，《概論Ａ》畢竟
還不能算作是《新唯識論》的初稿，因爲兩者在性質和思想內容
上都有着根本的區別。應該說，它基本上還是一部純研究性質的
佛學著作，而不是創發己見、自立門戶的哲學書。所以當熊十
力撰寫《佛家名相通釋》（1936）時，仍將它的大部分內容採入，

---

❻　《概論Ａ》，頁 87。

用來教授唯識學，以作學生研習佛法的津梁。《佛家名相通釋》共有四十七個詞條，其中「有宗」、「色蘊」、「心心所」、「種子」、「行蘊」、「諸識」、「四分」、「四緣」、「三境」等較長的條目，差不多是原樣抄錄《概論Ａ》的內容，其餘條目對之也多有探及。所以，《佛家名相通釋》雖撰寫較晚，但仍可以看作是熊十力這一階段研習唯識學的一個重要成果。

在《概論Ａ》問世之後，熊十力又寫了《因明大疏刪注》(1926)。「此書創始，特緣北京大學授課而作，隨講隨書」，實爲《唯識學概論》之輔翼。《因明入正理論疏》（簡稱《因明大疏》）是窺基的一部重要著作，它是對陳那的《因明正理門論》及弟子天主的《因明入正理論》的疏解和發揮，是現存漢文佛籍中因明學方面的主要經典。熊十力認爲，「基師譯筆宏整，韻語沉雄，獨爲疏證乃多凌亂無序，不易了解」⑫，故將《因明大疏》的要義概略爲三：一曰現量但約五識，二曰比量三術，三曰二喻卽因。並圍繞這三個方面刪繁注要，使其條然有序，通暢易讀，爲研究唯識學提供了便利的工具。這部著作表現出熊十力相當厚實的佛學功底，說明他此時學已大進，對佛教唯識學達到了駕輕就熟的程度。

1920—1925年，熊十力完全沉埋在佛經釋典之中，對佛學着實花了大力氣，尤其對大乘有空作了深入的探尋。雖說佛學研究伴其一生，在這之後他也從未中止過讀佛書，但唯有這一階段篤信虔敬，用力最勤；雖說這個階段他對其它的學說流派也有所接觸，並不乏了解體悟，但總的說來，其爲學主流和思想傾向卻

---

⑫ 《因明大疏刪注》，上海商務印書館，1926年7月版，頁2。

沒有超出佛教唯識學的範圍。這五年可以說是熊十力學術生涯中的純佛學階段。但時過不久，他便打破了這種單一的寧靜，而開始爲他的《唯識學概論》着染五彩繽紛的新色。

三、從《唯識學概論》到《新唯識論》

熊十力到北大後，與之交往最密切者，無過於梁漱溟、林宰平二人。林宰平（1878-1960）七十哲誕時，熊十力寫有一篇文筆精美的祝辭，其中有回憶當年交遊情景的片斷：「余與宰平及梁漱溟同寓舊京，無有暌違三日不相晤者。每晤，宰平輒詰難橫生，余亦縱橫酬對，時或嘯聲出戶外。漱溟默然寡言，間解紛難，片言扼要。余常衡論古今述作得失之利，確乎其嚴。宰平戲謂：老熊眼在天上。余亦戲曰：我有法眼，一切如量」❸。三友闊論，語來詞往，其樂融融，如在眼前。

就在這前一年（1921），梁漱溟剛剛經歷了他早期思想的一大轉折，即由佛入儒（陸王心學、柏格森、中醫學是這一轉變的三大契機）。他說：「我從二十歲後，思想折入佛家一路，一直走下去，萬牛莫挽。但現在則已變，這個變是今年三、四月間的事。我從那時決定擱置向來要作佛家生活的念頭，而來作孔家的生活」❹。所以他不再講「唯識哲學」課，而改開「孔學繹旨」。並且站在儒家立場評估東西文化，先後在北大和濟南演講同一題目，這便有《東西文化及其哲學》（1922）一書的問世。同時，他還發表了〈唯識家與柏格森〉和〈對於羅素之不滿〉二文。又

---

❸ 《十力語要初續》，頁 17。
❹ 《東西文化及其哲學》自序，商務印書館，1922 年 1 月初版。

在北京高師講「評謝無量著《陽明學派》」，並整理發表。這些著作和文章對熊十力的思想均有不小震動。當時，在梁的周圍集聚了一小批思想比較保守的學生，每日讀書、講習，儼然爲一學術小團派。熊十力曾參預其中，也算得上是這個圈子裏的重要人物。在 1924-1925 年間，他甚至追隨梁一道辭去北大敎席，到山東曹州辦學。可見他們之間交誼之深厚。梁漱溟由佛入儒的思想轉變，以及他的東西方文化觀和對於陸王心學的推崇，還有對羅素、柏格森所作的評論，這一切無疑對熊十力都有直接的影響。

林宰平此時與梁啓超交厚，曾介紹熊十力與任公相識，梁的《歐遊心影錄》是熊十力所喜愛的著作之一。林宰平還具體負責講學社（尙志學會的前身）的工作，1920年前後的三大講演（杜威、羅素、泰戈爾），他都親自參與其事。這一系列活動，加上他本人對佛學的研究心得，以及對陽明心學的偏愛[65]，這些對熊十力都不無影響。十力在《槪論》三本和《尊聞錄》中，對他與林宰平之間的學術交往，及相互砥礪啓發新思多有提及。直到《新唯識論》（文言本）的緒言還說：「余於斯學，許多重大問題，常由友人閩侯林宰平志鈞時相攻詰，使余不得輕忽放過。其益我爲不淺矣」。可見這個時期林宰平在學術上對他助益之大，影響之切。

除了朋友之間的相互交流和影響以外，更爲重要的是，熊十力開始打破宗敎偏見和門戶之拘，廣泛採擷各家各派的學說，深

---

[65] 林宰平已出版的著作只有《北雲集》，純屬文學作品；而哲學方面則無系統著述留世。所以，他當時的治學內容和思想傾向無從窺及。據他的學生陳兼與說：「先生哲學於中國傾向王陽明卽心卽理之說，於西洋則兼收博取。」（〈紀念林宰平先生〉，未刊稿）當可信。

思體悟而日有所得。「漸不滿舊學，遂毀夙作，而欲自敍所見」，對《唯識學概論》加以補充和修改。並逐漸脫離了原來的面貌，「返有入空」，又繼而溶合《易》理，歸本心宗，開出了全然不同於舊學的格局，爲《新唯識論》（文言本）奠定了基礎。

就在《概論A》印刷過程中，熊十力又開始了新的構思和改作，這兩者似乎是在交叉進行，所以當舊本的最後一頁印出時，新的《唯識學概論》也寫出了不少。1926年3月，熊十力爲新本作了一篇〈緒言〉，其中說：「辛壬之際，嘗造《唯識學概論》。新知未豁，故訓是式，既成前半，遂以捐棄。頃爲此書，乃於前師（謂護法等）特有彈正。蓄意五載，方敢下筆」。可見這個本子的內容也是醞釀已久的，至少在 1925 年初就已經萌發了一些新的想法（對此，《尊聞錄》有較詳細的記載）。現在我們可以看到的這本《概論B》，可能是 1926-1927 年間由北大出版部陸續印出的。在它的〈緒言〉中，對全書的規劃一如前本，只是將識相篇改爲法相篇，識性篇改爲法性篇；又在量論之下列出分別篇和正智篇。但同前本一樣，《概論B》自法性篇以下也是有目無文。而且法相篇也沒有寫完，只留下了唯識、轉變、功能、境色等四章。它所涉及的內容範圍約略相當於《概論A》的前七章。比之舊本，無論是層次結構，還是思想傾向，《概論B》都有較大的改變。

在這之後，熊十力又修改出版了另一種本子，名《唯識論》，是對《概論B》的進一步發展。它是 1930 年左右由公孚印刷所印製的[66]。其〈導言〉曰：「此書前卷，初稿次稿以壬戌、丙寅

[66] 《概論C》只在書的折邊處印有「唯識論」和「公孚印刷所印」等字樣，而沒有任何日期記載，〈導言〉也沒有署年月。據《中

先後授於北京大學。今此視初稿，則主張根本變異；視次稿，亦易十之三四」。可見，《概論C》的內容與《概論B》尚較爲接近，而距《概論A》已相差甚遠。《概論C》的全書規畫與《概論B》完全相同。但眞正寫出來的僅有辯術、唯識、轉變、功能等四章，所涉及的內容範圍約略相當於《概論A》的前五章或《概論B》的前三章。值得提及的是，新增加的〈辯術〉，即爲後來《新唯識論》（文言本）明宗章的雛形，這是前兩本所沒有的。另外，〈導言〉中的許多段落也爲《新唯識論》（文言本）的〈緒言〉原封保留，就思想內容而言，《概論C》在許多地方已相當接近《新唯識論》（文言本），差不多就是後者的一個底稿了。

　　總之，《概論》三本旣可以看作是同一著作的不同修訂本，又可以看作是具有同一主題的三本獨立著作。從內容上來講，《概論B》比之《概論A》變化較大，而《概論C》比之《概論B》變化卻相對小些，而它們的發展趨向是越來越接近於《新唯識論》（文言本）。這樣，我們又可以把《概論》三本看作是與《新唯識論》有銜接關係的同一個發展系列，看作是《新唯識論》的「筆記」或「手稿」。就《概論》三本本身而言，如果說《概論A》還基本保持着唯識學的原貌，屬於純研究性質的佛學著作；那麼到《概論B》和《概論C》便已漸漸地「離經叛道」，不純屬於佛教唯識學的內容範圍了，而更多地表現爲熊十力自己

（續）央大學日刊》(1930 年 1 月 17 日) 所載湯錫予的講演錄中說：「熊十力先生昔著《唯識論》，初稿主衆生多源，至最近四稿，易爲同源」。從內容考核，此處所說「四稿」，即爲《概論C》。故此本當是 1930 年左右印行的。

的溶合創造。正是經過這兩次大的「手術」，熊十力的學術面貌由佛教唯識學一變而爲「新唯識論」，《唯識學槪論》也就被《新唯識論》所替代。

熊十力首先對中土唯識宗獨尊護法一系表示不滿，認爲窺基揉譯《成唯識論》，擯棄衆說，獨採護法一家，大失理趣。「其猶漢武董生黜九流而尊一孔，將何以尋法流之繁衍，窺玄源之廣大？可謂失計者也」⑰。他指出，護法立說只用分析排比術，構畫雖密，而「不必應理」；又矯正淸辨之談空而不免於過。故亟須匡正。在以下幾點，熊十力特立異於護法：一是自因和他因。護法立種子，以是爲現法因緣。熊十力認爲，「所謂現法，但是隨情假說」。尋因之見，緣於著物。不應立種子爲因，以現行爲果，在現行之外別尋因緣。二是一元和多元。護法上祖世親，將種子六義析分愈密；又立藏識，含藏無量數種子。熊十力認爲，「衆多種子，待緣生現，則宇宙似極微之偶會，人生亦二元之互合，其爲戲論甚明」。他強調宇宙是「圓滿周遍」、不可剖析、全體渾然的一元存在。三是生滅和增減。護法不言功能生滅，而說有增減；又分種子爲本有、新熏，「直謂新舊衆種堆積」。熊十力認爲，「功能自體，猶如幻化，刹那刹那，生滅滅生，無間似續」，故曰生滅。然生滅變化，量無增減，只有「想慧計執，宛爾分段」，才說增減。四是能習之別。護法混習氣與功能爲一，熊十力認爲此「立說最謬者」，他強調「能習差違」。功能卽活力，習氣有成型；功能唯無漏，習氣卻有漏；功能不斷，習氣可斷。故不能將功能與習氣混爲一談⑱。除此之外，熊十力還在其

---

⑰ 《槪論B》，頁5。
⑱ 上述與護法之別，詳見《槪論B》功能章和《槪論C》功能章。

他基本理論上對唯識宗（護法之說）提出了懷疑和批評。

上述立異，有些是受唯識舊師相互間辯難的啓發，有些是接受了儒學的影響（如生滅和增減之別，卽來自張載《正蒙》「幽明」、「聚散」、「不言有無」等義），而更主要的則是他從根本上棄有（宗）返空（宗）的結果。

熊十力在批評護法「博量構畫」、堅執種子等義的同時，卽盛贊空宗的不立一義、隨說隨掃，對遮詮法和「諸行無常」、「緣生」等義特加彰顯。《概論Ｂ》言：「空有二宗之說，皆主遮詮，固矣。然俯順羣機，則有宗爲善，以其於無可建立而假有施設，不壞世間解故也」⑲。尚偏向有宗。而到《概論Ｃ》則曰：「吾宗千言萬語，不外方便顯體。見到體時便無現界，智者了知此等相都無自性，卽是皆空。悟《般若》者，當印斯旨」⑳。便完全倒向空宗了。熊十力認爲，有宗只遮境執，而堅執識爲實有，此「則亦與執境同過」。所謂「識」者，「本無實物，而以人情迷執，欲與之直爾表詮是事何若，此終不可能」㉑。這就從根本上否定了有宗立種現、建賴耶、說三性，而對意識現象所作的種種善巧博畫。所以《概論Ａ》僅遮境執，而到後兩本則境識同遮。熊十力指出：識亦非實，「識者，唯是幻象遷流」，「現識只是功能之現起，不可判爲能所二物」㉒。有宗以功能爲因，以現識爲果，因果條然，剖爲二物，正《大智度論》所謂「求之轉深，入於邪見」。他以緣生義釋識，認爲識乃緣生，「其不爲一實物，只此眾相幻現」。而護法「不了心識爲流行不息之全體」，析八識爲「各

⑲　《概論Ｂ》，頁 23。
⑳㉑《概論Ｃ》，頁 32、12。
㉒　《概論Ｂ》，頁 13。

立之靜片」，這是根本錯誤的。借緣生義，熊十力便徹底否定了
在大化遷流之外別有一獨立不變的識世界，亦卽否定了有宗種現
分界的二元論。

熊十力掘發唯識之短，走出有宗，實深受空宗的影響，這一
點在他晚年的著作中覺察的更爲清晰。他說：「余年四十以前，
於儒學猶無甚解悟。及深玩佛家唯識論，漸發其短，不甘墨守，
而求眞之念益迫。姑置無著、世親，上窮龍樹、提婆之法，於空
敎四論備費鑽研。空宗妙演空義，深遠無極，區區一隙微明，實
自此啓之，否則不能有悟於儒」[73]。「新唯識論」對於唯識宗的檢
討和批判，多有賴於空宗；而空宗也確是熊十力由佛轉儒的重要
中介。所以空宗學說對其思想的影響是極爲深刻的。除空宗外，
熊十力亦開始吸收中土天台、華嚴、禪諸宗的學說。尤其是華嚴
宗和禪宗的影響，從《新唯識論》（文言本）開始便越來越顯得
重要了。

如果說空宗的影響是熊十力厭離護法、走出有宗的主要契
機；那麼對船山易學，乃至整個《大易》傳統的掘發則使他從根
本上離棄佛法，開始了由佛入儒的重大轉折。

「其誰變乎？誰爲能變？如何是變？」[74] 這是熊十力逐漸走
出唯識而凝思體用的三個關鍵問題，也是他後來建構玄學本體論
的基本出發點。正是在試圖解答這些問題的過程中，他的思想傾
向開始發生變化，逐漸由佛學向易學過渡。熊十力認爲，「變不
從空無生，空無莫爲能變故」，這個實實在在的變既不是識，也
不是種子，而是大用，「其名恒轉」。他形容恒轉「淵兮無待，湛

---

[73] 《新唯識論》（刪簡本），頁 1。
[74] 《概論 C 》，頁 22。

兮無先，處卑而不宰，寧靜而弗衰」，「非斷非常，卽刹那刹那捨其故而創新不已，謂生力也，如大瀑流」❼❺。恒轉爲能變，復有「屈申二行」，同時相感，成功此變。他用「闢」形容健往伸者，用「翕」形容順來屈者，一翕一闢，其變無窮。大用恒轉，翕闢成變，後來成爲《新唯識論》（文言本）的重要內容。並且爲熊十力往後的著作一再發揮，演繹至繁，幾成「新唯識論」體系的核心部分。而其發端則全在《概論Ｂ》的轉變章，此處立說已異於有宗。至《概論Ｃ》轉變章又進一步伸發其義，使之更爲明朗。故熊十力在這兩個本子的轉變章「附識」中均言：「此章爲全篇主腦。前後諸章，皆發明之。而吾與護法立說根本歧異，亦於此畢見」。他對變的詮解和對恒轉的描述明顯受到道家思想的影響（尤其是《莊子》中〈齊物論〉和〈大宗師〉的某些片段），對郭象的「獨化」學說亦有借鑒。但更主要的是來自易學義理派傳統的影響，尤其是王船山的《周易內外傳》和《思問錄》。

熊十力少時卽喜易學，對漢宋諸籍均有涉獵，亦曾縱目於惠棟、張惠言、李道平諸老先生之遺册。易學本體論曾引起他的極大興趣。在他二十四歲那年初讀《程氏易傳》時，便留下了三點深刻的印象，其中「二是坤卦中說行地無疆謂健也一段，由此引發了某種感悟，於此悟得坤以乾爲體。坤之言，原實卽乾元也，坤不是別爲一個源頭」❼❻。當時又「甚好王船山《易內外傳》」，「覺其深思特識漢宋諸名儒未有能及之者」❼❼。青少年時期的廣泛

❼❺ 《概論Ｂ》，頁 24。
❼❻ 《存齋隨筆》，未刊稿。
❼❼ 《新唯識論》（文言本），頁 62。

閱讀，無疑爲他打下了厚實的易學底子。然總的說來，當時「只是記誦與訓詁等功夫」，「條理未析，意義不深耳」⑱，後來也中斷了研究。自深叩釋典、出有入空後，「澄思默究，乃不期而解悟《大易》」，才又重拾易學。《概論B》和《概論C》即嘗試溶《易》入佛，其中對船山易學尤多探及。

　　熊十力認爲，大用恒轉，「變本至神不測」，如執物計常，便是船山所謂「滯於化迹而非化之所待矣」（《莊子解・卷六》）。所以他將張載、王夫之易學中的「神化」思想和佛家的刹那生滅義緊緊溶合起來，作爲以後詮釋本體變化的主要理論依據。他又引船山「大化周流，如藥丸然，隨拋一丸，味味具足」的比類相觀說來論證變之圓滿交遍，並用來解釋生機體的「進化密機」。在闡明變的「轉易」、「無盡」等義時，熊十力還間接吸收了王夫之的「乾坤並鍵」、「陰陽十二位」等說。而其回答「如何是變」的翕闢義，更是直接源自橫渠、船山。熊十力在論證「功能有生滅無增減」時，特別引據船山之「性日生日成」說。他認爲「功能法爾具足」，「不可言增，不可言減。全體流行，本無衰歇，誰令減之？全體流行，本無不足，何以增之？」⑲而船山正深了此義，其《尚書引義・太甲二》曰：「故天日命於人，而人日受命於天。故曰性者生也，日生而日成之也」。又《思問錄・外篇》曰：「盈天地之間，絪縕化醇，皆吾本來面目也」。據此，熊十力認爲「性者，即生滅不已之生力，而非可懸擬一恒常不變之理體以爲性」⑳。因大用「全體流行」，生滅不已，不可以量計

⑱　《十力語要》卷1，頁9。
⑲　《概論B》，頁37。
⑳　《概論B》，頁40。

度，所以他說：「橫渠、船山並謂大易不言有無，解極精透」❸。此時，熊十力雖已背棄有宗「萬法唯識」之說，不以「識」爲根本；但這個根本究竟是什麼，在他的思想中卻還不甚明確。他強調其渾然全體、剎那生滅、變化無住，便稱之爲「大用」、「恒轉」、「翕闢」等；強調其蘊含着巨大的生化能量，則稱之爲「功能」、「生力」、「性」等；強調其爲萬法存在的根據，又稱之爲「根」、「體」等。一方面，他對這個本根所作的描繪顯然是以《大易》傳統爲摹本，在具體內容上全面攝取張載、王夫之的易學本體論；另一方面，他又竭力避免氣本論和「天下唯器」論的影響，試圖克服張、王本體學說的唯物主義傾向。這說明熊十力對唯識學說的揚棄是既克服又保留，對易學傳統的承接同樣也是有克服有保留。而其固守唯心主義的根本立場，則預示着他的思想與心學的必然合流。

《概論Ｂ》和《概論Ｃ》因缺轉識章（《概論Ｃ》規劃爲〈心法〉，《新唯識論》（文言本）則作〈明心〉上下），故心學之影響表現的並不十分明顯。而比照《概論Ａ》和《新唯識論》（文言本），我們就會清楚的看到，歸宗心學實在是熊十力這一時期思想變化最爲顯著的部分。

因受明末清初實學思想的影響和辛亥前後貶斥心學風氣的熏染，熊十力對陸王夙無好感。不唯早期如此，就是深習唯識後，返觀諸子，對心學亦無甚屬意。這種狀況一直延續到二、三十年代之交，也就是在他與馬一浮結識後，才發生了根本的變化。馬一浮（1883-1967）早年曾遊學歐美，深諳西學；又出儒入釋，

專研佛學，對禪宗尤多解悟；繼而合一儒釋，歸本心宗，以理學大師名世。其爲學旣精湛，又博雜，缺乏一貫的思想主導。二十年代末期，熊十力養疴杭州時，與之深相結，來往頗密切。其時馬一浮所主似已偏向心學❷，對熊十力的思想造成很大影響。《新唯識論》（文言本）緒言說：「境論文字，前半成於北都，後半則養疴杭州西湖時所作。……自來湖上，時與友人紹興馬一浮商榷疑義，明心章多有資助云」。其談意識轉化、本心、人能弘道、心性不二，及詮釋五十一心所之「本惑六法」、信數、不放逸數等，多採納一浮之見。而歸宗陸王，偏愛禪宗，則更是因爲受了馬一浮的影響。

　　《概論C》破境執，卽已授引心學爲佛法例證。認爲「橫執外境，如翳生華。由此，乃有抛卻自家無盡藏，以尋求宇宙實體（如古代哲學），或推明宇宙現象（如近世諸現象論），妄自執持，以爲學術不過爾爾者。理不究竟，空洞何依？其猶愚人，懷寶自迷而窮餓，對日自掩而昏晦，哀此沉淪，曷其有極」❸。這實在是陸王心學和唯識學的合璧，所以熊十力說：「象山悟心外無宇宙，陽明亦云心外無物，此皆深窮實性，與梵方大乘若合符契」❹。《概論C》新增之〈辨術〉，要旨在區別智與慧，分辨哲學與科學，而衍爲《新唯識論》（文言本）之〈明宗〉，則變成了熊十力歸宗心學的宣言。其曰：「眞見體者，反諸內心。自

❷ 馬一浮二十年代的著述多爲短文，缺統貫，無定宗。至三十年代的《泰和會語》（1938）才較有系統，其中有一篇〈論六藝統攝於一心〉，曰：「故一切道術皆統攝於六藝，而六藝實統攝於一心，卽是一心之全體大用也」。可見此時他的思想已歸本心學。又據《新唯識論》（文言本）的多處提及，似乎早在三十年代初，馬一浮對陸王便已極爲推崇。

❸❹《概論C》，頁12。

他無間，徵物我之同源。動靜一如，泯時空之分段。至微而顯，至近而神，沖漠無朕，而萬象森然。不起於坐，而遍周法界。是故體萬物而不遺者，卽唯此心。見心乃云見體」。熊十力用唯識宗的境不離識義比合《中庸》之「合內外之道」、孟子之「萬物皆備於我」、明道之「仁者渾然與物同體」、象山之「宇宙不外吾心」、陽明之「心外無物」，認為此皆是反求當躬的見體之談。他又廣引楊慈湖之《己易》、陳白沙之《禽獸說》、王陽明之《傳習錄》、羅念菴之《論學書》，來論證「心卽生命」、「心卽實性」、「心卽恒轉本體」。至此，熊十力解決了「其誰變乎」？這一問題，亦卽找到了大用流行的那個根本，這便是「心」。一元心本的確立，標誌着熊十力哲學思想的成熟，由此結束了吸收諸宗、輾轉佛儒間的材料準備階段，而進入自主自立、發煌己見的哲學創造時期。

上述從《唯識學概論》到《新唯識論》的演進過程中，熊十力思想所受到的影響，只是擇其大要論例，而微枝末節的吸納實不及鋪陳，如道家，如玄學，如理學諸子，如西哲衆賢，均有程度不同的攝取。況《新唯識論》（文言本）問世後，熊十力仍在不斷地吸收，不斷地充實，這些候補思想材料的採擷此處也不及一一述之，只能留待下面的章節隨時提起，加以分析。總之，「新唯識論」的學術脈流甚爲久遠，可謂植基深厚；其思想來源也甚爲博雜，堪稱取資宏富。但撮要歸類，顯然佛學（包括空有二宗、中土禪教）、易學（以船山爲代表的義理學派傳統）、心學（以陽明爲代表而上溯《孟》《庸》）是它的三個主要來源。熊十力正是以佛（學）、易（學）、心（學）爲三大部件，再加上其他一些零碎的輔助材料，構築了他的「新唯識論」體系。

第三章　近代唯識學復興的最後歸趨

　　1932 年 10 月，《新唯識論》（文言本）由浙江省立圖書館出版❶，它標誌着熊十力與唯識舊學的徹底決裂和由佛返儒思想轉變的最終完成，亦宣告了中國現代哲學史上一個獨具特色的唯心主義哲學體系的誕生。馬一浮在所作序中稱贊該著「精察識，善名理，澄鑒冥會，語皆造微」，「其稱名則雜而不越，其屬辭則曲而能達，蓋確然有見於本體之流行。故一皆出自胸襟，沛然莫之能御。爾乃盡廓枝辭，獨標懸解，破集聚名心之說，立翕闢成變之義，足使生肇斂手而咨嗟，奘基撟舌而不下。擬諸往哲，其猶輔嗣之幽贊《易》道，龍樹之弘闡中觀。自吾所遇，世之談變者，未能或之先也。可謂深於知化，長於語變者矣」。其評價之高，贊譽之盛，亦可稱得上是「未能或之先也」。

　　當時，蔡元培也應約為《新唯識論》（文言本）寫了一篇序，但不知何故，在出版時未能附上，以致該序長久湮沒不聞。一直到 1985 年，由高平叔編選的《蔡元培哲學論著》才首次收錄和公布

---

❶　《新唯識論》（文言本）經十力好友陳眞如（銘樞）贊助，原擬由神州國光社出版。後不知何故，臨時才改為浙江省立圖書館出版發行。而後者是由十力原北大同事、時任浙圖館長的單不庵助成的。

了這篇珍貴的文獻❷。蔡序對於熊著之價值和意義的評說，獨具慧眼，動中肯綮，比之馬序自更有一番不同，現將全文照錄於下：

佛法傳入中國二千餘國，六朝隋唐譯經論至富，中國佛教徒所著論說、注解、語錄亦有汗牛充棟之觀。在佛教徒之立足點，以信仰為主，與其他宗教家無異。對於經論，一字一句皆視為神聖不可侵犯；其有互相矛盾之點，則以五時說教、方便法門等調劑之而已。其非佛教徒，而且斥佛教為異端者，則又有兩種態度：其一，並不讀佛教之書，而以佛教徒之無人倫、無恒業為詬病，以焚其書、人其人、廬其居為對待方法，韓昌黎之徒是也。其二，讀佛家之書而好之，且引以說儒家之《大學》、《中庸》、《孟子》之義，而又以涉佛為諱，如程朱陸王兩派之宋明理學家是也。（現今學者，對於佛教經論之工作，則又有兩種新趨勢：其一，北平鋼和泰、陳寅恪諸氏，求得藏文、梵文或巴利文之佛經，以與中土各譯本相對校，臚舉異同，說明其故。他日整理內典之業，必由此發軔；然今日所着手者尚屬開創工夫，於微言大意尚未發生問題也。其二，歐陽竟無先生之內學院，專以提倡闡揚相宗為主。相宗者，由論理學、心理學以求最後之結論，與歐洲中古時代之經院哲學相類似。內學院諸君，尚在整理闡揚之期，未敢參批評態度也。當此之時，完全脫離宗教家窠臼而以哲學家之立場提出新見解者，實為熊十力先生之《新

---

❷ 在這之前，承高平叔先生的雅意，寄來蔡序手稿的複印件，使筆者得窺該文之原貌。現經高先生整理後的序文見《蔡元培哲學論著》，河北人民出版社 1985 年版，頁 414—415。

唯識論》。)

熊先生窮鑽於宋明諸儒之學說甚深，而不以涉佛爲諱，（曾進內學院）研求唯識論甚久，頗以其對於本體論尚未有透徹之說明，乃發願著論以補充之。近歲多病，時有停輟，稍閒則構思削稿如常，歷十年之久，始寫定《境論》一卷，其精進如此。

熊先生認哲學（即玄學）以本體論爲中心，而又認本體與現象決不能割作兩截，當爲一而二、二而一之觀照。《易》之兼變易與不易二義也，《莊子》之齊物論也，華嚴之一多相容、三世一時也，皆不能以超現象之本體說明之。於是立轉變不息之宇宙觀，而拈出翕闢二字，以寫照相對與絕對之一致。夫翕闢二字，《易傳》所以說坤卦廣生之義，本分配於動靜兩方。而嚴幼陵氏於《天演論》中附譯斯賓塞爾之天演界說，始舉以形容循環之動狀，所謂「翕以聚質，闢以散力，質力雜糅，相劑爲變」是也。熊先生以《易》之陰陽、《太極圖說》之動靜，均易使人有對待之觀，故特以翕闢寫照之。

熊先生於新立本體論而外，對於唯識論中各種可認應認之德目，亦多爲增減數目，更定次序。諸所說明，皆字字加以斟酌，願讀者虛懷體會，勿以輕心掉之，庶不負熊先生力疾著書之宏願焉。

中華民國二十一年八月三十一日蔡元培

在原稿上，作者將第一大段括號內的文字刪去，又重新補寫了下面一段話附在頁尾：

此等非佛教徒，完全以孔教徒自命，而又完全以佛家經論為純粹宗教性質，故態度如此。其實，佛典中宗教色彩固頗濃厚，而所含哲學成分，亦復不少。蓋宗教本以創教者之哲學思想為基本，猶太、基督等教，均有哲理，唯佛教是更為高等的耳。仁者見仁，智者見智，一視讀者之立場。惜二千年來，為教界所限，未有以哲學家方法，分析推求，直言其所疑，而試為補正者。有之，則自熊十力先生之《新唯識論》始。

　　蔡序將《新唯識論》（文言本）放到近代佛教唯識學復興的大背景下來評介，並以哲學與宗教的分際來加以衡定，從而由本質上釐清「新唯識論」與唯識學的界域，這是頗有見地的。

　　熊十力的「新唯識論」不但與佛教唯識宗在學脈上有深沉的緣結，而且與中國近代的唯識學復興之潮流有直接的關係。他早期崇佛抑儒，即因追維時尚，受了章太炎等人倡揚佛家法相的影響。繼又入內學院，親聆教於近代復興唯識學的巨擘歐陽竟無，更是直接吮吸其學露。所以，沒有近代佛教唯識學重振的背景，便不會有熊十力的「新唯識論」，這是顯而易見的。正因熊氏能打破門戶之拘，不以涉佛為諱，以開放的胸襟對待佛法，於唯識學作了較為深入的研究，具有了相當的學養，才使得其學說能真正吸收佛家哲思的菁華，而不致重蹈前人先入為主、比附拉雜融合儒釋的老路。就熊十力研究佛法的客觀心態和對佛學了解的深入程度而言，在他之前的思想家（以中國傳統文化為基底的、包括像古典哲學的頂峰王夫之和近代溶滙儒佛的大家章太炎）是無法與之相比的，這正是他超出宋明儒以及近代諸思想家的地方。

但是，十力的「新唯識論」與佛教唯識學又有着本質的區別。它是在全面地批判和揚棄舊唯識學的基礎上，融會了佛學、易學、心學的內容，經過現代翻版並具有獨創性的哲學體系，而不是局限於唯識學範圍內的簡單改制。所以，「新唯識論」顯爲近代唯識學復興思潮中斜逸而出的一支，與南歐北韓的「唯識學」及太虛的「唯識新論」都有着根本的不同。從學術客觀化的角度來看，熊十力的出佛返儒，實際上也是由宗教家到哲學家的轉折。正因如是，他能以一個非信仰者的立場和心態反觀佛法，滌除其宗教觀念，而挖掘和會通其哲學思想，對唯識學作出了深刻的理論反省和前無古人的大膽改造，使這沉埋千載的古學在現代哲壇放出一道異彩。

一、由佛轉儒：對唯識學的檢討

熊十力出佛入儒的思想轉變，實際上是他的人生觀起了根本的變化，這就是由消極無爲的出世一變而爲精進健動的入世，此爲相異於舊學的根本點。他在解釋爲何棄佛返儒時，指出儒家比佛教有五個方面的長處：一是宇宙觀、人生觀「無虛妄分別」，對本體「得到了眞實的了解」，主體用不二，「體卽流行」，不偏執心物之一方，以人生實踐證體。二是規模宏大，能容納百家之長，兼收並蓄，得以「長新不衰」。三是不反對知識，這種精神「能與科學相得」。四是言正德利用厚生（尚書）、制器利用（易），言人欲可用（呂覽），這些「都與科學不相違戾」。五是重經濟，有治國修齊之道，有泛愛萬物的大同理想，「這正是世界發展的方向」❸。這些優點雖然是熊十力對儒家的理想塑

---

❸　上引見《十力論學語輯略》，頁 73—75。

造，但它也確實觸到了儒佛的根本差異處。十力正是以此爲基準，來檢討唯識學理論的。

熊十力首先對輪廻說予以徹底的否定，從哲學高度揭露其出世主義的本質。他指出：「佛氏出世法之完整體系，實以輪廻信念爲其骨髓」。十二緣生雖無輪廻之明文，但以無明導首，此歿彼生，飄流生死海中，無有止期，實爲輪廻之演繹。而佛家以此解釋生命現象，衡定人生，則「完全失其所據」。從理論上推衍，輪廻必設定有一個超越萬有之上的主體，而這個主體卽是「神我之別名，譬如換湯不換藥」，佛家所竭力破斥的外道神我，實際上用另一種方式被保留下來，「乃是前門謝絕天神（大自在天），後門延進神我，豈不異哉！」❹熊十力認爲，輪廻觀念中的神我是以「小己」爲體，這與領悟萬法實體是根本不相容的，與三法印之一的「諸法無我」也是直接對立的，這便在理論上陷入混亂。佛家講「無我」，但又講業報、輪廻，必有一生命的主體（至少在一般佛徒的意念中），這的確是一個難以自圓其說而久未解決的問題。熊十力正是抓住了這一薄弱環節，從理論上予以擊破。

輪廻說的實質是厭離人間、倡導出世，集中體現了佛教的出世主義傾向。熊十力說：「佛氏反人生，毁宇宙，確甚錯誤。從來研佛法者，皆莫能搜尋其學說之體系，以握定綱要，更未有深探其思想之根底者。佛之徒，大概堅信輪廻，愛護神我，而懈於人道。若輩不曾認識佛法是何等思想，不曾明了佛氏是若何之一種宇宙觀、人生觀。自江左以至近世，佛法在中國實無好影響。五代以後，儒林染佛氏之敎外別傳而變爲理學，學術思想日益閉塞，人才衰敝，族類式微，其原因雖不一端，而出世法之傳染於

❹ 《體用論》，頁 75。

思想界者，其遺毒不淺也」❺。佛教之輪廻果報最能迎合一般大
衆的心理（如淨土信仰的普遍），因而也最具欺騙性；並且與中
國傳統的淫禍善福思想極易相合（如《易》之〈坤‧文言〉），對
士大夫階層的人生觀也造成了深刻的影響。對此，熊十力以前的
思想家並無明確的認識和深入的分析，而大多轉依於佛氏門下。
宋明理學家排斥佛教，如程伊川只說個「自私奸黠」，「枯槁山
林」，而眞論及果報，則認爲「佛氏輪廻之說，凡爲善者死，則
復生爲善人，爲惡者死，則變而爲禽獸之類。雖無此實應，竊恐
有此理」❻。其他理學家亦不外此旨，最多只是避而不談。近代
思想家改造佛學，對輪廻說也沒有作深入的剖析。如譚嗣同以生
滅變化揉釋輪廻，章太炎以無我理解輪廻，均沒有觸及輪廻說的
出世主義實質。而梁啓超則還在認爲佛教所說的「業報」是宇宙
間的唯一眞理，並以此作爲他的人生觀之「根本」❼。因此，以
哲學家的立場和傳統哲學的方法，對輪廻說的出世主義作系統批
判，對佛教出世法在中國思想文化中的影響作全面清理的，熊十
力實爲第一人。

　　熊十力以《大易》傳統的剛健不息、日新盛化的人生觀來取
代佛家怖業力果報、求小我福果的輪廻說。指出：「中國從來學
佛人，其發心痛切，專在輪廻一事上。明明是一個自私自利的
心，還怕死後沒有小己存在，要爲他求福果，哀哉！宇宙萬物畢
竟是大生大有、日新不已，人生畢竟是大生大有、日新不已。
人如眞正做到不墜於小己，不離其大體，便無小己之死亡可顧

---

❺　《存齋隨筆》。
❻　《河南程氏文集卷第九》。
❼　見《梁啓超年譜長編》中所收錄的給女兒梁令嫻的信。

念」❽。這樣,其精進健動的人生觀又和大化周流的本體論溶合為一，入世理想有了穩固的形而上學基礎。因入世與出世的根本不同，所以熊十力在一系列問題上反對唯識舊說，而寄以新意。如論五十一心所法之煩惱六數，佛視為本惑，尤其是貪嗔癡三法，更是一切雜染之根，名為三毒，務當斷盡。而熊十力則認為:「此五本惑，是保持個體的生命底必需之具」❾。不但不能斷盡（生與惑俱），而且不可斷盡（留惑潤生）。對人的基本生理欲望的肯定，正是熊十力改造出世法為入世法的一個標誌。

輪廻說是佛法的根本，也是唯識宗建立阿賴耶識、劃分種現二界的主要依據。作為輪廻果報的主體，在原始佛學中是指十二因緣中的識，故熊十力指出:「大乘唯識論始建立阿賴耶識為萬有之元，實由十二支中之識支開其端也。……大乘有宗唯識之論舊新兩派，皆是十二支中第三識支之分流」❿。阿賴耶識實為輪廻說的推衍，二者有着本質上的聯接⓫。識支與無明、行兩支同時俱有，而十二支以無明導首，說明人生迷暗，盛倡出世，故阿賴耶識「終不能超出出世法之範圍」。除了揭示阿賴耶識的出世根底外，熊十力還指出，有宗「建立阿賴耶識含藏種子，為第一緣起，此其說頗近外道神我論」⓬。小乘只說六識，大乘有宗與，

---

❽　《乾坤衍》。
❾　《新唯識論》（文言本），頁 95。
❿　《存齋隨筆》。
⓫　阿賴耶識實際上是充當了輪廻之主體的角色。《攝大乘論》引《阿毗達摩大乘經》的偈頌曰:「無始時來界，一切法等依，由此有諸趣，及涅槃證得」（奘譯攝論所知依章）。《成唯識論》也說「又契經說有情流轉五趣四生，若無此識彼趣生體不應有故」（卷三）。而其所以能為流轉五趣之主體，皆因它是「實有、恒（無間斷）、遍（三界九流）、無雜」（同上）。這些都說明眼前所現一切法，皆生滅無常，而唯有根本依於阿賴耶識這樣一個主體，才能使生命之輪廻流轉有永恒意義和價值可言。
⓬　《體用論》，頁 73。

始加第七末那識和第八阿賴耶識。無著以賴耶識含藏一切種子，種子爲現界之因。然種子是個別的，「無量諸種子，其數如雨滴」（輕意語）， 必以賴耶識統攝，「爲前七現行或一切相見做根本依」，這樣，「剖得極細碎」，「千條萬緒的相分見分」才有了統一的本體⑬。熊十力認爲，大乘有宗所苦心建立的這個體（阿賴耶識）， 不但未離小乘出世根底， 而且並不能眞正矯正空宗末流一往談空之弊，只不過是用另一種方式請回了它所竭力破斥的外道神我。以阿賴耶識「去後來先做主公」（借用玄奘語），實不異神我論。

　　熊十力指出，阿賴耶識實爲兩種思想的混合體，一是「承繼釋迦之細心說」的神我宗教哲學，二是夾雜着心理分析的潛意識（下意識）觀念。「獨惜其宗教和唯心哲學之信仰太重，畢竟是從有神論的觀點來成立神我，而不是從心理學的觀點來說明下意識現象也」⑭。所以他從本體論和人生觀兩個方面來遮撥賴耶，認爲「有宗不見本體，直妄構一染性之神我當做自家生命（賴耶實不異神我），此其大謬。若證見本體， 卽知我所以生之理與天地萬物所以生之理，原來無二無別。易言之，我之生命卽是宇宙之大生命，非可橫計有個體的生命以爲我所獨具者也」⑮。其批判所依據的理論，基本上是儒學傳統的天人合一說，而未能從現代心理學的角度做更爲深入的分析。儘管他已有見於阿賴耶識的心理深層蘊含，但卻不能對此做出現代觀念的闡釋，而仍在儒佛之辯的範圍內打圈圈，這不能不說是他的嚴重局限。又其遮撥賴耶，分析識之淨染，亦與船山以慮、志、量言後三識，認爲「人

----

⑬　《新唯識論》（語體文本），頁 313。
⑭　《存齋隨筆》。
⑮　〈新唯識論問答〉，載《哲學評論》卷 8 期 5（1944 年 1 月）。

之所以異於禽者，唯志而已矣。不守其志，不充其量，則人何以異於禽哉！而誣之以名曰染識，牽獸食人，罪奚辭乎！」（《思問錄·外篇》）的觀點相差無幾。也就是說，仍然是以儒家的人本思想和心性學說來硬套唯識學的心意識分析，這種批評難免有隔靴搔癢的感覺，很難令人信服。故熊十力對「識」的分析和批評，屢屢遭到佛教徒的反駁。

阿賴耶的提出，即爲回答「無始時來界，爲諸法等依」這一問題，也就是要解決宇宙一切現象以何爲依的問題❻。唯識宗正是將阿賴耶發展爲根本識，不但含藏無量數種子，爲一切種子所從來，而且成爲現界的根本依，即宇宙萬物的本體。「賴耶所由立，略說有二義：一、含藏一切種子故。蓋現行界或一切相見，非無因而得起，故應建立種子爲現界之因。然種子是個別的，紛散如衆粒，故建立賴耶爲種子所藏之處。二、爲諸現行作根本依故。夫諸現行或一切相見，若唯任其散漫，無有統攝，此於理論上亦說不通，故建立賴耶爲前七現行或一切相見作根本依」。故熊十力遮撥賴耶，對種子說也提出了批評。他首先區分種子說有法相唯識之不同。認爲「法相家雖說種子，然其持說但分析諸法而無所建立，故談種亦甚寬泛，大概以爲色心諸行本身即具能生的勢用，故依諸行假說種子」，種子不異現行，非於現行之上再安立種子爲體，「無有將體用截成二片之失」。而唯識家說種子，便異諸行而有實物，「即種子立於諸行之背後，而與諸行作因緣，亦得說爲諸行之本根」❼。這樣，在諸行之上別有種子，便成

---

❻　參閱呂澂《印度佛學源流略講》之四講二節＜經部和正量部的學說＞。

❼　《佛家名相通釋》卷下，頁 11。

「體用兩橛」。種子說在《瑜伽師地論》中已「演變甚繁」，至《攝大乘論・所知依》更析以六義（刹那滅，果俱有，恆隨轉，性決定，待眾緣，引自果），其中有些內容實際上是被《新唯識論》吸收了。如種子的生生不已勢用、刹那生滅、本有新熏之分，對熊十力描述本體的功能以及本體的生化流行過程都富有直接的啓發意義。正因如此，他才時時將《新論》所說的本體功能和唯識種子義嚴加區別，以防淆亂，而他據以衡定的最主要理論依憑，便是體用不二說。

　　熊十力認爲，唯識宗卽立種子爲現行之因，已是一種本體，然又要遵循佛家一貫相承之旨，以眞如爲萬法實體，「如此，則何可避免二重本體之嫌？」[18]他不但批評唯識宗「種子眞如是二重本體」，而且對種子與現行的對立深感不滿。他說：「無著學派只爲把因緣改造爲玄學上底最根本的因緣，所以建立種子，說明因緣。但是，他們最大的謬誤，就是劃成種現二界」[19]。種子潛隱賴耶識中，「自爲種界」；現界雖從種子親生，「但現在已生，卽離異種子而別有自體」。這樣，種子和現行便成兩重世界，也就是體用成二片，「形上的本體界與形下的現行界，似成對立，不可融而爲一」[20]。由對唯識宗種現二界對立的認識，熊十力進一步分析批判了佛家生滅法和不生不滅法的劃分，對法相法性說予以根本的破斥。他說：「生滅法如幻，本無實體。而佛氏乃逞空想，建立一種不生不滅法，說爲生滅法之實體。余謂佛氏此說，乃宗教迷情之幻想耳。生滅法與不生不滅法卽劃分兩重世界，互不可

----

[18]　《體用論》，頁 79。

[19]　《新唯識論》（語體文本），頁 423。

[20]　同上，頁 411。

相通，互不可融合，云何妄說不生不滅法可爲生滅法之實體？」㉑
「據佛氏說，法相與法性截然破作兩重世界。繩以邏輯，實不可
通。況復法相如幻，法性寂滅，是一其爲道反人生、毀宇宙，不
可以爲訓」㉒。這樣，他不但從哲學上清算了唯識宗的二元論，
而且徹底否定了佛教的彼岸世界，具有批判宗敎虛幻性的一般意
義。熊十力對唯識宗種現二重本體的駁正，標誌着他的哲學已
徹底轉向了一元論（他早期曾爲衆生同源還是多元的問題費盡腦
汁。對此，《尊聞錄》多有記載）。普列漢諾夫曾說過，「最徹底
的和最深刻的思想家永遠是傾向於一元論」的，熊十力對於唯識
宗的不滿也許恰恰能印證這一點。在他看來，唯識宗立說無一不是
「對待觀念」，現界、種界、眞如法界之分，賴耶、種子、現行
之別，均是一個「對待的意思」，實爲多元論。「以種子爲現界之
因，而其所謂種子卻是個別的，是多至無量數的，故是多元論。
至其言種子自體，則分相見兩類，又有二元論的意義。又言種子
性通染淨，變成善惡二元論」㉓。這些「分截」、「對待」的構畫均
是拘於形迹，未能透過現象而悟其本體，所以終不能成「證眞之
談」。熊十力認爲，唯識宗二元、多元之失，皆因隔絕體用的緣
故，不是用外求體，體用兩橛，便是體上加體，虛妄安立，終不
明白體用不二的道理。所以，爲了對治和校正唯識宗的二元論傾
向，他特彰顯體用不二義。在某種意義上，我們可以把他的體用
不二論看作是思慮和檢討唯識宗種現二重本體之過的必然導出。

由唯識宗建賴耶、劃種現、說三性，熊十力進一步追溯到緣

㉑　《存齋隨筆》。
㉒　《乾坤衍》。
㉓　《新唯識論》（語體文本），頁 638。

起說，認爲上述的種種「博量構畫」都是因爲將緣起變成了構造
論的結果。原始佛學講十二因緣，主要是從人生現象立論的。到
龍樹的《中論》講「八不緣起」則擴大到整個宇宙界，並且由人
生觀轉向了認識論。而無著、世親則進一步超出認識論的範圍，
將緣起說發展成爲一種宇宙生成論，其建構種現二界、彰顯眞如
的主要理論支柱四緣說，卽是緣起理論的進一步發展和變形。熊
十力認爲，緣起說的主旨在於證萬物皆空，「大小諸宗學術廣
博，而釋迦氏倡發之緣生義，始終爲其後學各宗所共同祖尙，而
莫有舍棄。不了緣生，卽不能觀空；不能觀空，卽不能斷惑」❷，
也就不能出世。所以「緣生一詞是絕不含有構造的意義的，而且
是萬不可含有構造的意義的」❷。而有宗說「四緣」，建立阿賴耶
識以明緣起，又爲分別自性而成立種子，劃分種現二界，隨卽
又提出「三性說」和「唯識說」，層層推論，繁衍愈密，早失緣
生義趣。熊十力認爲，空有二宗雖同源於「十二緣生之論」，但
其談緣起則大不相同。「空宗談緣起，本以遮撥法相。易言之，
卽明萬有本空而已」。「獨至有宗談緣起，一反空宗遮詮的意思，
而變成構造論。……總構想有成象的宇宙，不能理會到淵然無象
之實際理地。易言之，卽不能澈悟生生無住之神」❷。這樣，他
便借空宗來否定有宗，將緣起說和三法印之一的「諸行無常」接
通，並合會刹那生滅義，溶入他的變化觀和本體論。熊十力對緣
起說的董理，除了正本清源，考核原意，以推到唯識宗變緣起爲
構造，對本體和現象界所作的種種構畫以外，更主要的還在於撮

❷　《存齋隨筆》。
❷　《新唯識論》(語體文本)，頁 296。
❷　《新唯識論》(語體文本)，頁 438。

旨歸要，拔本塞源，從根本上揭露佛敎的出世主義。緣起說代表
了佛學全體的基本精神，由緣起必然會得出「無常」的結論，由
無常進而達到「無我」，人、法二無我則是佛家出世的立足點。不
管唯識宗如何善巧博畫、建立種種，其緣起說（四緣）的出世主
義基點卻是無法掩蓋的。 所以熊十力說：「佛氏由迷信有神我長
刼輪轉生死海，大苦無出拔之期，於是有厭離的思想出發，以觀
空斷惑爲其修道之實功。其理論則以萬物皆待衆緣而生故，都無
實自體。萬物都無自體故，卽是空。自釋迦氏倡發此義，後來小
乘、大乘諸宗，一致祖述釋迦，雖持說日益推廣，而緣生要旨爲
出世法之骨髓」㉗。緣生——觀空——出世，是佛法的根本精神，
也是熊十力批判唯識學、進而由佛轉儒的主要關節點。

　　熊十力由佛轉儒，對唯識學所作的檢討，卽伴隨着他自己學
說的闡發，也就是破和立同步進行。故《新唯識論》每立一義，
必以唯識舊說爲矢的，加以駁正。更因他曾深研過大乘有宗的典
籍，對唯識學理論瞭如指掌，故這些批評大多能一針見血，切中
要害。僅管「新唯識論」基本上是從佛敎唯識學脫胎出來的，但
經過這樣全面而徹底的清理後，唯識軀殼掩隱下的思想內容早已
不是原來的東西了。所以，熊十力的出佛入儒不只是一種學派立
場上的改弦易幟，而實在是出自理論內容本身的一次深刻蛻變。
這一轉變的理論意義，不僅僅在於從人生觀層面徹底否定了佛敎
的出世主義，從而確立了精進健動的人生理想，而更在於從哲學
本體論的高度，對佛敎出世主義的理論基礎作了深入的分析和批
判。所以馮友蘭指出，熊十力的由佛返儒比他以前的哲學家「多

㉗ 《存齋隨筆》。

做了一件事」，這就是「又回到佛學，清算了佛學中的一筆老帳，澄清了佛學中的一個問題」（《懷念熊十力先生》）。陳榮捷亦認爲，熊十力對佛學所做的「長篇累牘而又嚴密深刻的批判」，實在是「中國歷史上這樣做的第一個人」❷❽。對唯識學，乃至於對整個佛法的細密分析和深入批評，熊十力所做的工作確是前無古人的，這不能不說是他對中國哲學發展的一大貢獻。

二、創造性的轉換：唯識學的中國化

熊十力對唯識學的批判，並不是毫無保留地全盤棄絕，而是站在儒學傳統的立場，融合空宗和中土禪教的思想，對之進行徹底的改造，使之趨向中國化。所以從某種意義上說來，《新唯識論》又是一部用中國傳統思想鎔融和改造印度佛學（主要是大乘有宗）的著作，而「新唯識論」不過是唯識學的中國化而已。

首先是對於空有二宗的融合，特別是對中觀思想的吸收和發揮。熊十力認爲，空有二宗談法性，一彰空寂，一顯眞如，「其異顯然」。他對空宗的「性相雙遣」、「實證空寂」極爲讚賞，認爲它比有宗的宇宙構造論要高明。如說「三性」，空宗於初、二並在所遣，唯存圓成實，而有宗只去遍計所執，保留依他起，成立法相。「遮撥法相卻是不談宇宙論，成立法相便有宇宙論可講」❷❾，所以有宗有種種「懸空構畫」，而空宗卻能避免，「此正是有宗不可及處」。空宗「以觀空爲利器」，破相顯性，最爲熊十力所稱

---

❷❽　參閱陳榮捷《中國哲學資料書》之第四十三章，普林斯頓大學出版社，1973 年第四版。

❷❾　《新唯識論》（刪簡本），卷上，頁 55。

道。他在《新唯識論》和《體用論》中詳解《心經》之「五蘊皆空」，「色不異空，空不異色，色卽是空，空卽是色」等義，認爲《般若》之大機大用，「唯在破相顯性」，「直下明空，妙顯本體」。所謂破相顯性，就是掃除一切知見，「將無始時來在實用方面發展之量智所受一切習染，排斥盡淨，而返諸固有炤明的性智」❸⓪。他說：「空宗把外道，乃至一切哲學家，各各憑臆想或情見所組成的宇宙論，直用快刀斬亂絲的手段，斷盡糾紛，而令人當下悟入一眞法界。這是何等神睿，何等稀奇的大業！」❸①他正是憑借着大空掃蕩一切之氣概和「大雄無畏之壯論」，批判唯識本體學說，衝決了佛法的藩籬。他的本體觀實深受空宗破相顯性的啓發，空宗遮撥法相以顯法性，他卻要通過揭示現象來顯發本體，這就是後來他的《體用論》中的一個重要思想——卽用顯體。

　　但熊十力對空宗的理解和詮釋完全是中國化的，卽獨循羅什、僧肇一系玄學化佛學的般若宗宗旨；他的「棄有返空」實際上也是折衷主義的，卽用中國化佛學的貫用手法採補串綴、會歸二家（如華嚴宗）。所以他所說的空，實不離龍樹《中論》「三是偈」的根本意思，只是個不着兩邊的中觀道。而對於提婆以下的一破到底、不立自宗的徹底空觀，他是根本不贊成的。故對於大乘空宗，他一方面贊其遮詮法，另一方面又斥其「破亦成執」，認爲「其觀空雖妙，而不免耽空；其歸寂雖是，而不免滯寂」❸②。就根本而言，空宗亦以「出離生死爲鵠的」，「只許說無爲，斷不許說無爲而無不爲」，「故於法性，唯證會寂靜」❸③。所以他說：

---

❸⓪　《新唯識論》（刪簡本），卷上，頁 42。
❸①　《新唯識論》（語體文本），頁 378。
❸②　《存齋隨筆》。
❸③　《體用論》，頁 55。

「印度佛家畢竟反人生，故於性體無生而生之眞機不深領會，乃但見爲空寂而已。謂空宗不識性德之全，夫豈過言！」「因以會通《般若》與《大易》之旨，吾知生焉，吾見元德焉，此本論所由作也」❸❹。以空宗破有宗，又以《大易》的生化觀糾正空宗耽空滯寂之弊，正是他綜滙空有而衡歸儒學的見照，空宗只不過是他的思想由唯識學向「新唯識論」過渡的一塊跳板而已。

　　正因如此，熊十力在注解《大智度論》時，對空宗的眞俗二諦義和禪定特加闡揚，寄以新意。他說：「空宗本有二諦義，曰眞諦，曰俗諦。卽俗詮眞，則卽於萬物而皆見爲一眞顯現，應說世間相常往；依眞起俗，卽依諸行遷流不住，說世間無常」❸❺。此「言匪一端，義各有當」，而他本人則顯然是融會眞俗，隨機立說的。又空宗言禪定，他認爲這是一種「把握之功」。「人生眞性，本來無對，本來清淨圓明。但吾人若不能於流行中識取本來眞性，而把握着清淨圓明之本然，以立於無對，則人生將墮落而失去根蒂，飄如陌上塵」❸❻。故立以禪定功夫「凝歛精神」，炯脫根塵，當下卽是，「然後大乘可儒，儒亦可融大乘」。所謂「俗諦」，所謂「禪定」，實早失空宗旨趣，而是熊十力糾補空宗矯枉過正之偏，中和空有的意思。又其肯定「世間相」，言當下卽是，卽相而顯體，更是揉合什、肇三論之學與中土禪敎，繼衡以儒學的結果。熊十力以空破有，又反過來斥責空宗，實際上就包含着對唯識學的部分肯定。他雖力辯空有之異，不說「龍樹無著兩聖一宗」，但骨子裏融合兩家的志趣還是很明顯的，也就是力圖用

---

❸❹　《新唯識論》(刪簡本)，卷中，頁 46。
❸❺❸❻　《讀智論抄》。

空宗的某些理論來彌補唯識學的缺陷。但這種互矯和融合絕不是僅僅往返於印度佛教空有兩輪之間，而是從根本上加以翻新，使之中國化，所以無論是以空破有，還是斥破空宗，熊十力所據以衡準的均是中國傳統的哲學思想或中國化了的佛學思想。

羅什所傳三論之學，「掃一切相，斷言語道。而掃相離言者，非言萬有之為頑空絕虛，乃言真體之不可以言象得也」❸❼。這種辯言意、明體用的理論關注最易和暢玄風，所以到僧肇，般若學便完全玄學化了。熊十力正是通過僧肇的「玄」佛學合會佛道，上溯老莊之道家本體論，下承王弼、郭象的玄學樞機，將佛道玄的某些理論融為一體，雜揉到他的本體論學說裏邊。呂澂指出：「印度大乘佛學對認識論很注意，但對宇宙論就不大注意，羅什本人也不理解，因此僧肇一碰到關於宇宙論問題，就會不知不覺地走進了玄學的圈子」❸❽。信若斯言，那麼熊十力對唯識宗宇宙構造論的改造和對《肇論》中的某些思想的吸收在理論層級上理應是同步的。僧肇的不真空論、體用觀、動靜說，對熊十力的思想都有很大影響；而且很可能是他溶匯空宗般若思想和唯識學宇宙現象論的關鍵所在。僧肇以下，同大乘空宗中觀一系關係較為密切的三論、天台二宗，進一步中和空有（溝通《般若》與《涅槃》），以二諦義改變印度佛家觀空出世之旨，與中國傳統思想相融合，對熊十力改造唯識學也有一定的影響。如吉藏言「二諦體」，提出「體用相卽」，「二不二是體，不二二是用，以體為用，以用為體，體用平等，不二中道，方是佛性」（《大乘

---

❸❼　湯用彤：《漢魏兩晉南北朝佛教史》，中華書局，1983年3月版，頁 226。

❸❽　《中國佛學源流略講》，中華書局，1979 年8月版，頁 102。

玄論》卷三)。智顗說「會三歸一」，提出「顯體專論理，宗用但論事」，心體不異心用，「三諦可以一心觀」(《法華玄義》卷二上)。這些理論對於熊十力批判唯識宗的二重本體，確立他自己的體用觀都富有直接的啓發意義。尤其是湛然，熊十力在所著書中多處提及這位中興天台的人物，並尊稱之爲荆溪大師，可見對他的服膺。湛然之「十不二門」義，顯然對熊十力的辯證思想有極大影響。其論「色心不二」，謂：「心之色心，卽心名變，變名爲造，造謂體用」。卽是後來熊十力改造唯識宗內識外境說，以體用詮釋心物不二的理論先導。其論「因果不二」，謂：「不二而二立因果殊，二而不二始終體一」，「三千並常俱體俱用」❸。這和熊十力以體用觀遮撥唯識之「四緣」說也有某些相通處。另外，湛然對《大乘起信論》的特別推崇，也是熊十力與之思想頗爲遙契的一個重要原因。

　　熊十力受之三論、天台的影響，基本上是在空有之辯的範圍內。也就是說，他對三論、天台思想的吸收和他以空宗理論改造唯識學的努力是相一致的。而及至華嚴，情況則有所不同。華嚴宗思想對熊十力的影響基本上自成一系統，而不是僅僅附庸於「以空破有」。就內容來說，也要比上述諸宗深入廣泛的多。熊十力認爲，《華嚴》「於現前所見的一一物事，皆說爲神，就是泛神論的意思。又示人以廣大的行願，可以接近入世的思想」❹。這裏所說，實際上是指華嚴「理事無礙」、「一多相卽」的理論，以及所謂的「悲智雙流」。華嚴宗以如來藏爲「自性清淨圓明

---

❸　《中國佛教思想資料選編》，第 2 卷，第 1 册，中華書局，1983年 1 月版，頁 263。
❹　《新唯識論》(語體文本)，頁 349。

體」，謂之「性自滿足， 處染不垢； 性體遍照， 無幽不燭」（法藏：《修華嚴奧旨妄盡還源觀》）。 又用「海印三昧」來描繪此境， 認爲一切事物都是「無盡圓融」， 一滴海水具百川之味。理事間互相包容、互相貫通，成一渾輪無別的大法界。就實相說，「一卽一切， 一切卽一」，「一塵普周法界遍」， 如同交光互映的「天帝網」（法藏所謂「十玄」）。這樣的本體觀確有泛神的意味。又澄觀以「事理齊修， 悲智雙運」（《大華嚴經略策》）來說明世間與出世間， 力主「不滯空有二邊」， 實際上就是對出世與入世的調和。這些思想， 有的本來就與唯識學有淵源關係❹， 只不過經過華嚴諸師的加工。而熊十力正是循此理階， 對之盡量攝取，並進一步掘發其泛神和入世的層面，用於對唯識學的徹底改造。

熊十力的本體論深受華嚴宗思想的影響， 他所闡發的「變體」雖去除了如來藏的實體含義，但保留了其特性的大部分內容（如清淨、自性、圓滿、交遍、無盡等義）。正因如來藏的影子是如此的濃重，熊十力才十分避諱對「體」作正面的描述。他對本體與現象界關係的認識也基本上不出華嚴「理事圓融無礙」、「一多相卽」的路數； 又論及現象界的複雜多樣和普遍聯繫，亦較多地包容了華嚴「十玄門」的義蘊。特別是他的體用觀，更是與華嚴宗有極爲密切的關係。中土佛教諸宗，對體用關係論述最爲細密和詳盡的首推華嚴，從智儼的「依體起用」、「攝用歸體」，到法藏的「用不異體」、「體用玄通」，再到澄觀的「體用一味」、「體用無二」， 這對本體論範疇實在是華嚴諸師思想架構中的棟樑。熊十力對此多有採擷，細處不勝枚舉，就是他最喜歡用來形容體

❹ 參閱呂澂《中國佛學源流略講》之第八講中＜賢首的創宗＞一節。

用關係的「波水之喻」，也是直接來自華嚴的。總之，熊十力對唯識學的轉換，尤其是對其本體學說的改造，多有賴於華嚴思想的引入。無怪乎太虛法師直視《新論》所創爲「新賢首學」，也確有他的道理㊷。而十力對於華嚴與唯識的融會，在近現代各種思潮交錯摩蕩的激流中，也算得上是繼譚嗣同之後又一個相類關的小小漣漪㊸。

　　熊十力改造唯識學，如果說在本體論方面，華嚴宗多有助益，那麼在認識論方面，則是全仰仗了禪宗。他對禪家「當下卽是」的簡易功夫極爲稱贊，認爲「世親以來言唯識者，全走入辯析名相一途，頗少深造自得之功。奘、基介紹此學於中土，雖盛行一時，而終不可久。宗門迅起代之，亦有以耳」㊹。這一宗派嬗遞的歷史必然，就其理論層面而言，說明禪宗「直了見性」、「頓悟本心」的心性學說比之唯識宗純思辯的煩瑣名相分析，更適合於中國士大夫階層的趣味，亦更易與中國傳統的思想文化相鎔融。而熊十力正是充分吸取了這一歷史經驗，同樣借助禪宗的明快來掃落唯識學的繁雜浮辭，而直了本體，這便是用禪宗的「本心」對唯識宗之「識」的替代。他說：「自昔佛法東來，宗門獨辟於吾國，其道在自識本心，直澈眞源」。「夫發明心地，直指本來面貌，單刀直入，活潑有力，吾愛禪家」㊺。他認爲禪

㊷　太虛于 1933 年發表＜略評新唯識論＞一文（載《海潮音》14卷1 期），有此一說。
㊸　《仁學》揉合華嚴與唯識，用華嚴「四法界」比附《大學》之「八條目」，這些對熊十力確有影響。所不同的是，譚嗣同以華嚴爲主，採補唯識，融儒入佛；而熊十力以唯識爲基，矯以華嚴，授佛入儒。
㊹　《新唯識論》（文言本），頁 108。
㊺　《新唯識論》（刪簡本），卷下，頁 12。

宗所說的「心」與唯識家言「識」有根本的不同，這是宗之所以自別於教者，「教中談識，宗門則主自見本心」。所謂「本心」，正如懷海所云：「靈光獨耀，迴脫根塵，體露眞常，不拘文字，心性無染，本自圓成，但離妄緣，卽如如佛」(《古尊宿語錄》卷一)。除了直接徵引禪師之語錄外，熊十力還用禪宗的公案來闡發心體當下卽是之微。又詳解玄覺「恰恰用心時，恰恰無心用，無心恰恰用，常用恰恰無」(《永嘉集‧奢摩他頌第四》)的無念息妄說，認爲「永嘉善巧如是，實融《瑜伽》、《般若》之長」❹❻。同時他指出唯識家所言「識」，只不過是習心而已。「大小乘說六識內外門轉，此皆習心虛妄分別之相」，末那識「謬計有自我」，阿賴耶識亦是「一團勢力」，實以習氣或習心說爲衆生之本命」❹❼。本習之辯，是「新唯識論」談認識問題的核心部份，也是熊十力的心本論與佛教唯識說的最終分野處，而其闡明，實得力於禪學。

熊十力「以禪轉識」的特點還在於，他將禪宗的「頓悟」、「本心」等說與陸王心學的基本理論緊緊地結合起來，這便是所謂的「以儒繩禪」。他指出：禪家只是「自養其靈」、「自耽禪悅」，「僅管靈光獨耀，而於羣生現前疾苦卻是默然遺照」，「不能健動以周通於天地萬物，成其裁輔之功」❹❽。所以他最終繩歸於儒家的入世主義，引入「知行合一」學說，倡發「內聖外王」之道。他說：「夫求識本心，在佛家蓋自宗門興起，而後盛趣此一路向，固夫人而知之也。儒家則遠自孔子已揭求仁之旨，仁者本

❹❻ 《新唯識論》(語體文本)，頁 577。
❹❼ 同上，頁 592。
❹❽ 《新唯識論》(刪簡本)，卷下，頁 20。

心也，卽吾人與天地萬物所同具之本體也」❹。此後，孟子至王陽明一脈相承，「無不直指本心之仁」。而儒家的「仁心」與禪宗的「本心」確有相通處，特別是王陽明的「卽工夫卽本體」與禪家的「作用見性」更是耀相發明。所以，熊十力特將陽明心學與禪學詳加勘比，除了直接引述王陽明的《大學問》詮解禪理外，還用王詩的意境來證會禪宗之公案。又博引王門後學羅念庵、徐魯源及明儒呂涇野、史玉池的語錄，來說明「本心之仁」和「求仁功夫」，以合會於禪宗。實際上，王學近禪已是公開的秘密，而熊十力正是拓展了這條儒佛相通最爲便捷的路徑，將禪宗的「本心」和儒家的心性學說更爲緊密地結合起來。但他不像明儒那樣避諱遮掩，而是公開標舉援佛入儒；同時又不苟限於心性之說的範圍，不僅以禪轉識，用禪宗來改造唯識學，而且將心學與易學貫穿、打通，將認識論與本體論打通，在更深層次和更大規模上融會心與禪。所以他對禪宗的吸納，並非只是陽明心學近禪老路的簡單重複。而他融合陸王與禪宗，對唯識學所做的轉換工作，更是前人所沒有過的。

　　熊十力對唯識學的改造，最終歸本《大易》。他的融佛入儒最爲出色之處，也在於他以易學本體論爲基幹的體系成功地融合了唯識學的宇宙構造論和辯證法思想的內容，使印度佛教大乘有宗的學說進一步中國化（或儒學化）。

　　熊十力以儒家六經爲中國傳統文化的代表，認爲「中國人作人與立國之特殊精神，實在六經」❺。六經卽爲內聖外王之學，而內聖學的主幹就是本體論，就是《易》。所以他有意識地將唯

---

❹ 《新唯識論》（語體文本），頁 567。

❺ 《論六經》，頁 105。

識宗的宇宙本體學說轉化爲內聖學的資糧，而融歸於《易》。熊十力指出：「孔子集夏殷之長，演文王之緒，而成《周易》之大典」❺。所謂「夏殷之長」是指夏易《連山》和殷易《歸藏》，「文王之緒」則指《易經》，而「今存《周易》當是孔子依據文王，並融會夏殷二易而成此書」。他認爲中國古代本體學說的萌芽卽包含在孔子以前的三易中，三易首卦不同，表現了人們對宇宙本體的不同認識，「不獨是吾國易學史上一大問題，而確是世界哲學思想史上一大問題」❺。夏易首艮，艮爲山，「上下皆艮，故爲連山之象」，已體會到宇宙本體而以山象之，「山靜而出生雲氣，以喩本體虛靜而發現萬象」。殷易首坤，坤爲地，「萬物莫不歸而藏於中，故名歸藏」，這是「以物爲萬有之本源，卻是一種唯物論」。周易首乾，有二義：「一曰卽用顯體，二曰注重覺性主宰」。卽用顯體是融會夏易「以本體虛靜而發現萬象」，「以心物皆就用上立名」，乾坤皆是用，卽用識體，以用顯體。注重覺性主宰卽表現在乾居首，而又以坤與乾相聯並稱元，便是「融攝了殷易唯物之精神」❺。孔子融會夏殷之長，集《周易》之大成，以乾坤爲用，卽用顯體，成立體用不二義，「遂爲中國哲學立定宏規」。

熊十力對《易》之原旨的揭示，表現出極其鮮明的融合色彩，同時也充滿現代闡釋的意味，他不但以《易》代表儒學，而且將儒道兩家（甚至整個中國傳統文化）統綜於《易》。這一嘗試的象徵意義早已超出了易學內容本身所能涵蓋的範圍，而成爲一種具有普遍性的大化本體和內在人格的昭示。正因有這樣大尺

---

❺ 《新唯識論》（刪簡本），卷上，頁6。
❺ 《新唯識論》（刪簡本），卷上，頁5。
❺ 同上，頁5。

度的理論空間，熊十力才卓有成效地將唯識學的內容融合到了他的哲學體系之中，他的「評判佛家空有兩宗而折衷於《易》」的理論創建也才有了超越時代的價值和意義。對於熊十力的由佛轉儒、歸宗《大易》，我們應作深層意義的理解，而不能僅限於其外表。在其永恒性探求的層面上，儒學旗號和今文經學手法已失去了原有的本質意義，而成爲一種只是用來構織思想內容的外在方式。把握住這一點是極爲重要的，這是我們透過十力思想體系的古裝而解讀其現代蘊含的唯一有效的視角。大化的本體理念和精進的內在人格是他對於中國傳統文化的深刻照察和執着追尋，也是他改造佛教唯識學的直接動因和最終歸趨。正是在這個意義上，我們才稱熊十力對唯識學進行了創造性的轉換，「新唯識論」完成了唯識學的中國化。

　　實際上，佛教作爲一種外來思想文化，從它傳入開始，便經歷着一個被中國化的過程。從初期的格義比附到盛時的創宗立派，這一趨勢是貫穿始終的。經過數百年的衝突和融合，終於有了中國化的佛教宗派天台、華嚴、禪的出現，隨後又有融合了佛學內容的新儒家——理學形態的完成。這說明包容性是中國文化的一大特色，而外來文化的中國化則是不可抗拒的必然歸趨。特別是宋代以後，儒釋兩家呈現出你中有我我中有你的交錯狀態，不唯作爲哲學形態的儒學對佛教的思想內容廣泛採擷，就是具有宗教排他性特質的佛學對於儒家思想也是儘量地攝取。從宋代禪師契嵩、行秀到明末四大家的袾宏、眞可、德清、智旭，這些在佛教盛極轉衰的過程中，仍能有所建樹、發揮一定影響的人物，無一不是融合儒釋的高手。正如智旭所說：「唯學佛然後知儒，亦唯眞儒乃能學佛」（《靈峰宗論》卷七之四）。這句話對宋以後

的儒釋關係實在是一個簡明而絕妙的闡證。但融攝儒學，對中國
文化發生影響的，只是佛教中的一部分思想內容，而有些內容則
沒能產生應有的影響，最爲突出的例子就是唯識學。印度大乘有
宗的唯識論，北魏時期的菩提流支和南朝的眞諦就有不少譯介，
至唐代玄奘更是盛極一時，聲名遠播，並由此形成了當時幾大宗
派之一的唯識宗。但時過不久，唯識宗便學絕其傳，湮沒無聞，
成爲中國佛教諸宗中最爲短命的一個。造成這一歷史事實的原因
也許是多方面的，但其中最爲重要的還是因爲它沒有能和中國傳
統文化很好地結合，沒有能充分地中國化，所以最終成爲過眼煙
雲❹。應該說，熊十力是充分意識到了這一點的，對此，他也有
清醒的估價和足夠的重視。所以在他的唯識學研究中，充滿着積
極的創造性的轉化意識，總是力圖把唯識學的內容和中國傳統的
思想文化結合起來，尤其是用中國傳統文化中具有強大生命力而
長盛不衰的因子來改造和消融唯識學中那些不適應中國民族性特
點的成分。他的這一努力正是繼續了前人改造印度佛學的未竟之
業，試圖在近代唯識學復興的背景下，完成唯識學的中國化。

三、現代佛學的一大公案

　　熊十力對唯識學的全盤性改造和對佛法的根本性打擊，引起
了佛教界人士的強烈不滿，這種充滿着挑戰意味的離經叛道行

---

❹　這一極耐人尋味而具有啓發性的經驗教訓，近人已有很好的總
　　結。最著者爲名史家陳寅恪爲馮友蘭的《中國哲學史》寫的審查
　　報告中對此所作的分析。近兩年湯一介先生也有專文討論這個問
　　題，詳見其所著《中國傳統文化中的儒釋道》一書。

爲，理所當然地激起了釋迦信徒們衞道護法的熱忱和回應，一場
曠日持久的論戰便由此展開。自三十年代以來，佛教界的知名人
物紛紛上馬，或親筆撰文，或布陳意見，大有興師共討之勢，而
熊氏及其門弟子也不甘示弱，每有專文據理以爭，這樣波瀾幾
度，竟構成了中國現代佛學的一大公案。時至今日，這場論戰所
涉及的一些根本問題並沒有得到解決，而其影響力還依然存在。
所以，這重公案的來龍去脈、是非曲直，大有辯析澄清之必要，
它對於加深理解「新唯識論」的創造性意蘊和從某個角度疏清中
國現代思想界紛繁駁雜的眾流，都有莫大的助益。

(一)論戰之主要經過

《新唯識論》（文言本）剛剛問世，歐陽竟無卽授意門下劉
定權（衡如）著文反駁，名《破新唯識論》。該文由歐陽親爲作
序，刊布於當年底出版的支那內學院年刊《內學》之第六輯上。
隨後，熊十力著《破破新唯識論》，針對劉文所破，一一辯駁，
該書在1933年2月卽由北大出版。一番論辯，三冊書刊，僅在百
日之間，真可謂是全付精神呈現。多年後，十力在一封信中還憶
及此事，謂：「《新論》出，內院合力相破，謂吾必遭《破》
打，及《破破》之論出，彼以半年工夫作《破破破》，最後終不
出，吾義證堅強，他不能搖也」❺。當時辯難之情急和熊氏之自信，
於此可見一斑。就在熊十力與內院師友往復論辯之際，釋門新派
領袖太虛法師於 1933 年初，在當時頗有影響的佛教刊物《海潮
音》上，發表了〈略評新唯識論〉一文，公開批評熊著。隨後，
其門人燃犀又寫了〈書熊十力著所謂新唯識論後〉，對太虛文作

❺ 1949 年9月19日致唐君毅、錢穆的信，未刊。

進一步的申述，也發表在同一刊物上。同年秋，以弘揚唯識而與歐陽竟無齊名的韓清淨居士一派，亦有門下大士周叔迦著《新唯識三論判》一書，對《新論》、《破論》、《破破論》三本所述之內容詳加審覈，而進一步批評了熊氏。這樣，當時中國佛學界的幾個重鎮都加入了論戰，而且是一流人物親自出馬，一時間紛紛揚揚，頗見陣勢。熊十力在 1934 年間作一長文，對《新論》所遭之抨擊一一反駁，該文以書信形式收入《十力論學語輯略》，第二年在北京出版。在這之後，內院出身的巨贊法師以萬鈞筆名又寫了〈評熊十力所著書〉一文，部分發表在李源澄所辦的《論學》雜誌上，並同時寄給熊氏，以期有進一步的討論。

抗戰期間，熊十力避難入蜀，寄居璧山，支那內學院亦流寓江津，因相距不遠，論戰得便進一步展開。先是陳眞如（銘樞）與熊十力往覆函辯，談各自習佛家唯識的心得，歐陽竟無作〈與熊子眞書〉及〈答陳眞如論學書〉，對熊氏「孤冥自許、縱橫恣睢」的行爲再作痛斥。惜戰亂流離，這部分論辯的資料已大多無存，今只有一册 1939 年出版的《內院雜刊》保留了幾封有關的書信。接着在 1943 年，因歐陽去世，熊十力與內院的繼任者呂澂爲諸雜事多有函商，這便引發了他們之間的一場更具規模和更爲深入的論戰。這場辯論歷時數月，兩人往覆長函有十七封之多。這些信件由呂澂弟子談壯飛輯錄保存，一直到 1984 年才被整理出來，以〈辯佛學根本問題〉爲標題，刊布於《中國哲學》（第十一輯）。在這之後，內院的另一著名人物王恩洋又寫了〈評新唯識論者的思想〉一文，登載在《文教叢刊》上。這期間，太虛也發表了他批評熊十力的第二篇文章〈新唯識論語體本再略評〉。登載此文的《海潮音》還推出了另一篇言辭犀烈的文字，

這就是劉天行的〈新唯識論述評及置疑〉。而此時,《新論》因
有語體文本出,故除了繼續來自釋門的批評外,學術界的各種評
論文字也漸多。爲此,熊十力先後作〈新唯識論問答〉、〈與友
論新唯識論〉、〈略談新論旨要〉等長文,答疑釋難,同時兼有
反駁論敵之意。他的學生周通旦也寫了〈熊十力先生哲學釋疑〉、
〈讀新唯識論〉,闡發其老師的「新唯識」思想。

　　1947 年, 由釋續可主編的《世間解》月刊連載熊十力所著
《讀智論抄》, 並在編輯記語中, 對十力頗多贊譽, 充滿了敬
意。 可是該刊同時卻又登載了站在佛家立場批評 熊氏的 兩篇文
章,一爲子韜的〈讀讀智論抄〉,一爲廢名(馮文炳)的〈體與
用〉。 兩相比照, 令人費解, 這可以說是此公案中最爲弔詭之
事。在這之後, 太虛門下的著名學僧印順法師撰一長文, 題爲
〈評熊十力的新唯識論〉,從八個方面較爲系統地批評了熊氏的
學說。這是自劉定權的《破論》以來,佛教界駁難「新唯識論」
的最有份量之作品,故引起了熊十力的高度重視。當他的一個弟
子從南京抄寫了這篇文章寄給他時,此時已避居在廣州鄉間的熊
氏, 卽刻授命隨侍在側的門人黃艮庸著文反駁, 寫成了〈環繞
「新唯識論」的儒佛諸問題〉一文。這篇長達五萬多字的文章先
是發表在 1949 年 3 月出版的《學原》雜誌上, 隨後又收入了於
同年底出版的《十力語要初續》中, 題目改爲〈新論平章儒佛諸
大問題之申述〉(黃艮庸答子琴)❺❻。至此, 熊十力意猶未了,
在第二年又將此文重新刪改增補, 擴至八萬字, 作爲「十力叢
書」之一種單部刊印, 這就是《摧惑顯宗記》一書。這是他繼

---

❺❻　從現有的材料看,此文實際上是熊氏本人親筆所寫,而只不過是
　　借弟子的名義公諸於世。

《破破論》之後的又一本專門論辯之作，也是此一公案中最富有對抗性和玄學色彩的高頭講章。

五十年代後，內院解散，釋門流離，熊氏亦隱居滬濱，公開的論戰遂歸於消寂。但這一公案並未就此了結，其餘音仍裊裊低鳴，不絕如縷。1984 年，香港中文大學教授劉述先編選的《熊十力與劉靜窗論學書簡》一書問世，它共收錄了熊十力與編者的父親——一位「終極托付在佛」而虔敬篤行的居士之間的往來書信達九十多封。這些通信的前後時間長達十年，差不多貫穿整個五十年代。而信中所及內容，有相當多的是辯論佛學問題，亦兼涉儒佛之爭，這無疑是屬於三十年代以來之論戰的繼續和延伸。除了這一較有系統的整理所得之完整資料外，熊十力在五十年代之後的論學書簡中還時有涉及這場公案的論辯及敍述，惜星散各處，尚有待董理。總之，在五、六十年代的特殊環境下，書信論辯就成為這場公案延續下去的主要方式了。1963 年，熊十力以殘年病軀著《存齋隨筆》，略釋十二緣生，這本書雖不是專為辯論而作，但字裏行間實亦包含了批判佛教的意蘊。就在熊十力去世的當年，臺灣佛教界人士朱世龍撰寫了〈評熊十力哲學〉一文，提交松山寺附設佛學研究會之月會討論。在該年底舉行的專題討論會上，除由朱居士宣讀他的論文外，會長道安法師及黃公偉、程文熙二居士也做了長篇發言，一致對熊十力的「新唯識論」提出嚴厲的批評。在八十年代初，時任中國佛協副會長的巨贊法師，又將他三十年代的文章重加增補，改文言文為語體文，全部發表在佛協主辦的《法音》雜誌上，連載四期，長達幾萬字，成為這重公案直接當事者之間論辯的一個長長的休止符。

除了參加辯論的雙方外，這場現代儒佛之爭的影響所及，亦

使學術界有人出來做客觀的述評和總結工作。而最早開展者，當屬旅美學人陳榮捷教授。陳氏在 1953 年出版了《現代中國宗教之趨勢》一書，第一次向西方介紹了熊十力的哲學。隨後在1963年出版的《中國哲學資料書》中，又明確地將熊十力的「新唯識論」和歐陽漸的復興唯識，以及太虛的「唯識新論」作了比較，認為只有熊十力在這場論辯中建立起了自己的哲學體系，而歐陽、太虛二人均「沒有增添任何新東西」。八十年代初，臺灣出版了由林安梧選編的《當代儒佛之爭》（熊十力「新唯識論」論戰選輯）一書，共收文十一篇，上面提到的一些重要文章均入選，但也有幾篇極重要的文字被遺漏掉了。總的說來，陳、林二位與當代新儒家或多或少的有些淵源關係，故在論例取舍間難免偏袒熊氏而菲薄釋門。所以，客觀地對這場現代儒佛之爭做理論上的概括和總結，昭示這一公案在中國現代思潮中的理境和意義，尚是有待進一步努力的工作。

(二)所辯問題撮要

在這場論辯中，因批評熊十力的一方派屬不同，既有僧人與居士之差別，又有共弘唯識的南歐北韓之相異，再加之時間跨距較大，所以各家的視角和觀點也就不完全一樣。這裏我們輯要歸類，只選取一些帶有根本性並且涉及較為普遍的問題，略予述評。

對「新唯識論」的整體評價：批評者對於熊氏的思想和學風從根本上是持否定態度的，這一點各家相當一致。以關係較近的內學院師友為例，劉定權卽斥之「任情取舍」、「挾私逞妄」、「雜取中土儒道兩家之義，又旁採印度外道之談，懸揣佛法」、「既不能創新而不為物化，而嘐嘐作《新唯識論》，大言欺世，

復何解歟？」⑤歐陽竟無在《破論》序中稱「六十年來閱人多矣，……而過之至於棄聖言量者，唯子真為尤」。又謂：「所可咎者，自既未得真甘露味飫人饞虛，而徒跡襲宗門掃蕩一切之陋習、宋儒鞭僻為己之僻執，遂乃孤冥自許，縱橫恣睢，好作一往之辭，墜入謗十二部位、謗般若波羅密而不自覺。其罪伊何，寧不省惕耶？」⑤王恩洋說：「根本唯識，卽破壞唯識；密朋《大易》，又違《大易》；欲自成體系，又其體系不夠成立。其行文遣辭，更復抨擊先聖，矜夸驕慢，絕無虛心請益之情，以儒佛之道律之，固極不合理，卽以西洋學者治學之態度格之，亦非正道。」⑤呂澂亦詰問：「綴拾佛言，濃妝艷抹，遂可自矜新異乎？」謂熊著「亦只時文濫調而已」⑥。巨贊認為，「熊十力不但昧於唯識家的學說，就是對於中觀宗的了解，也似是而非，所以他在評斥舊師的地方都有問題，在建立思想系統方面都欠妥當。總的說來，熊十力好學深思有餘，而學力及造詣不足，他的思想實在還沒有到達成熟階段」⑥。對於熊十力的根本背棄佛法、任情改造佛學，不但佛教信徒難以見容，就是他的某些同道和弟子也頗有微辭。如梁漱溟在1961年的一篇手稿中寫道：「我們誤以為熊先生在搞佛學，因而對他後來的一切懷疑否認，不免詫訝其入而復出，其實他乃是既不曾入也不曾出」。「始則他有欣賞，轉而又修

---

⑤　劉定權：〈破新唯識論〉，《內學》輯6。
⑤　歐陽漸：〈答陳真如論學書〉，《內院雜刊》入蜀之作五。
⑤　王恩洋：〈評新唯識論者的思想〉，《文教叢刊》1945年1期。
⑥　呂澂：〈辯佛學根本問題〉，《中國哲學》輯11，人民出版社1984年版。
⑥　巨贊：〈評熊十力所著書〉，《法音》，1981年期1、2、4，1982年期2。

改它，末後卒於棄絕了它。熊先生把弄佛典數十年就是如此。然而其於佛法這眞實的學問之全不相干也就明白了」❷。十力弟子張遵驑亦曾爲老師的背棄佛法太過而略進數言，不意竟遭「大加呵斥」，對此張氏也未免嘆息❸。由上述可知，在根本立場上，熊氏卽與佛家見異，而由此引出一系列具體問題之爭執，也就是自然而然的了。

《新唯識論》與佛教的關係：熊十力在《新論》中自稱他的學說實從佛家演變出來，這引起了劉定權的極大不滿，其《破論》卽首以「徵宗」，揭熊著「任意斥破，另加詮解，是已顯與佛說刺謬」。隨後的批評者雖有肯定「新唯識論」與佛學之間的關係的，但大多強調的卻是其乖離佛法、早失宗趣的一面。呂澂指出，熊著與佛法「動輒離異，談師則與師異，說佛則與佛異，涉及龍樹、無著，又與龍樹、無著異」❹。朱世龍亦謂：「熊氏襲取佛家的智慧，採用佛典中某些說法及某些專門名詞，而改變其原義，並參用印度外道的智慧，來破壞佛法原理。他又藉着般若來批判唯識，藉着華嚴涅槃來批判般若，混亂佛法義理的層境，妄構其哲學的體系」❺。對此，熊十力早年尚以「佛家大小乘派別分歧，不可紀極，其互相乖違之處眞不止千節萬目」爲由，盡量證明其與佛家的同（見《破破論》）；而到四十年代後，則公開標舉援佛入儒，強調《新論》與佛家的不同。「新唯識論」與

---

❷　梁漱溟：＜讀熊著各書書後＞，已輯入《勉仁齋讀書錄》，人民日報出版社，1988 年 6 月版。
❸　見張遵驑給劉靜窗的信，載《熊十力與劉靜窗論學書簡》，臺北時報出版公司，1984 年 6 月版，頁 155。
❹　呂澂：＜辯佛學根本問題＞。
❺　朱世龍：＜評熊十力哲學＞。

佛教的關係之問題，還關聯著現代佛學的另一公案，卽關於《大乘起信論》的眞僞之爭。呂澂認爲，「中土僞書由《起信》而《占察》、而《金剛三味》、而《圓覺》、而《楞嚴》，一脈相承，無不從此訛傳而出」。熊之「新唯識論」立說，「與中土一切僞經、僞論同一鼻孔出氣」，「不期與僞說合轍」❻❻。太虛則指出，熊十力的批判唯識、背離師門，恰是對於內學院鄙棄《起信》的一種報應。他說：「疇昔支院師資，據唯識掊擊《起信》，幾將宗《起信》立說之賢首學之類，一蹴而踣之；……頃熊君之論出，本禪宗而尚宋明儒學，斟酌性、台、賢、密，孔、孟、老、莊，而隱撫及數論、進化論、創化論之義，殆成一新賢首學，對於護法、窺基唯識學亦有一蹴而踣之槪」❻❼。雖有太虛的擊節稱快，但熊十力並無意捲入《起信》這重公案，他說：「此等考據問題，力且不欲深論」。「我對於佛，根本不是完全相信的，因此，對於僞不僞的問題，都無所謂。我還是反在自身來找眞理」❻❽。

出世與入世之辯： 熊十力由佛返儒的根本原因之一，卽爲不滿於佛家的觀空出世，故其對於出世法的掊擊特別着力，垂老不減。他說：「佛法無論若何高遠，而其出世之宗敎精神，終無可振起衰疲之族類」❻❾。對此，印順法師之長文專有一節加以辯難，其謂：「出世或者戀世，這由於時代、環境、個性不同，本是不能強同的。戀世，也許有他的長處；出世，也未必如《新論》所

---

❻❻　呂澂：〈辯佛學根本問題〉。
❻❼　太虛：〈略評新唯識論〉，收入《太虛大師全書》雜藏之書評部分。
❻❽　熊十力：〈辯佛學根本問題〉。
❻❾　〈新唯識論語體文本壬辰刪定記〉。

見的『根本差謬』」⑩。他認爲儒家的文化代表了庸衆的人生觀，
局限於平凡而淺近的現實，只「覺得宇宙間充滿了生之和諧，一
片生機！」而佛家的毀訾生死，是覷破了這生生不已的「恒轉」。
「佛家要起來揭穿他，否則將永久的迷醉於現實」。出世不只是否
定、破壞，而更是革新、完成，「行於世間而不染」，「這卽是出
世的眞義，眞出世卽是入世的」。所以，「儒與道的文化，自有他
的價値；佛家的出世人生觀，也別有他徹天徹地的輝光！」⑪佛
敎徒以儒釋之別，強爲佛家出世法作遮護，不違情理，但奇怪的
是被稱作「最後一個儒者」的梁漱溟竟也對十力的批判出世法橫
加指責，謂「新唯識論」在理論上的根本失敗卽因「不達出世之
理」⑫。梁氏一生篤行儒家入世之道，而在情感上卻歸依佛家出
世之法；十力倡揚入世理想、掊擊佛家出世的書齋儒業，卻是
在其生活與現實政治絕緣以後才開始的。這種知行分離的強烈反
差，正是儒學眞精神在現代社會已經完全失落的極好明證。

　　關於性相與體用： 熊十力自認他的「新唯識論」與佛法的根
本不同處，卽在於佛法說性相而《新論》談體用。王恩洋也指
出：「熊氏乃廢緣生而談顯現，廢因緣而立本體，斥因果而談體
用，建立一定性眞常獨立之本體，以爲生化萬象之機」⑬。對於
十力的體用論，佛學界人士多有呵責。呂澂在致熊的信中說：
「足下淺嘗佛說，眞僞不明，乃卽本體揣摩以迎時好（來復謂科

⑩　印順：〈評熊十力的新唯識論〉，收入《中國哲學思想論集》現
　　代篇之三，臺北牧童出版社，1978 年元月版。
⑪　印順：〈評熊十力的新唯識論〉。
⑫　梁氏的〈讀熊著各書書後〉中有一節專論「我執」問題，贊同佛
　　家的出世法，反而斥熊十力對佛敎出世的批評爲「情見」。
⑬　王恩洋：〈評新唯識論者的思想〉。

學萬能之說爲俗見，但以一本體論到處套得上，其去萬能說又有幾何），此尚非曲學乎？」⓻ 印順亦認爲，「《新論》的分辨性相與體用，貶抑佛家，是非常錯誤的」。「《新論》那種玄學式的『用依體現，體待用存』，凡是純正的佛家，是絕不贊同的」。⓼ 劉靜窗在與友人的信中謂：熊公「終日談體用不二」，「此是弟與熊公難相契處」⓽。劉定權和周叔迦均指出，體用義，印度與中國截然不同，「中國體用之說固定，印度則不固定」⓾，「外道體用之說固定，佛敎則不固定」⓻。所以，「熊君體用之旨不明」，「……今熊君旣執體固定，縱使全同佛敎，亦是附內外道，但與佛敎不符合耶」。對此，熊十力在《破破論》中實已作了較有創見性的回應。他撇開了區別中印、分疏釋門與外道的佛法老路，而是從哲學解釋學的角度提撕理境，升華體用，爲他的玄學本體論奠定了一個很好的範式⓹。從早期《破破論》的初釋體用到晚年著《體用論》的獨舉體用，正是其理論戛戛獨造的一條基線。

　　何爲空宗？　熊十力極爲贊賞大乘空宗「以觀空爲利器」、破相顯性、掃除一切情見之氣勢，並以此爲鏡鑒，蕩滌唯識，衝決佛法，這招致了來自多方面的批評。呂澂謂：「尊論談空說有，亦甚縱橫自在矣。然浮光掠影，全按不得實在。佛宗大小之派分離合，一係於一切說與分別說，豈徒謂空有哉？而尊論頗惑之，此乃全爲章疏家所蔽，充其量不過以清辨旁宗上逆《般若》，

⓻　呂澂：〈辯佛學根本問題〉。
⓼　印順：〈評熊十力的新唯識論〉。
⓽　《熊十力與劉靜窗論學書簡》，頁 132。
⓾　劉定權：《破新唯識論》。
⓻　周叔迦：《新唯識三論判》，直隸書局，1933 年版。
⓹　參閱本書之四章三節。

測、基塗說，臆解《瑜伽》，眞有眞空，果如是耶？」⑧印順亦指出，熊十力對空宗的理解多有差失，頗含曲解。「《新論》以空宗爲破相，可說全盤誤解。所以雖贊成空宗遮詮的方式，空宗卻不願接受這番歪曲的同情」⑧。他認爲，熊氏所標揭的「破相顯性」，並不是空宗的空，「決非《般若經》與龍樹論的空義」。「依空宗說『空』，不但不破一切法，反而是成立一切，這是空宗獨到的深義」⑧。劉靜窗也與熊函辯，謂：「學佛正因，率由《般若》，《般若》依二空顯，二空因蘊界出，《般若》由空顯卽可，謂爲滯空，不有期期者乎」⑧。實際上，熊十力彰顯空宗的遮詮和「破而不立」，用意完全在於掃除唯識宗的建賴耶、立種現等「博量構畫」；而當他要闡明儒家的生生之機時，便又轉而呵責空宗「耽空滯寂」。這說明熊氏對空宗並非不理解，而實質是在於活解活用，這當然是不合釋徒口味的。反過來，批評者謂熊氏錯解空宗，主要也是爲了堵住其人借空（宗）打有（宗）的口實。翻檢呂澂、印順等人的其他著作，就不難發現，他們對於空宗的解釋同批評熊氏時的說法也並不是完全一致的⑧。

辯空有之別： 大乘佛法具空有兩輪，義淨之《南海寄歸傳》早有辯析。但因熊十力棄有舉空、以空破有，於二宗分截太甚，

---

⑧　呂澂：〈辯佛學根本問題〉。
⑧⑧　印順：〈評熊十力的新唯識論〉。
⑧　《熊十力與劉靜窗論學書簡》，頁 34。
⑧　關於這一點，可參見呂澂《印度佛學源流略講》第三講第二節中之「龍樹學說對於後來大乘學發展的影響」一段，及第三節中之「破執方法的發展」一段；印順《空之探究》第三章中之四、五、六三節，及《初期大乘佛教之起源與開展》第十章第六節中之「空性」一項。

惹得佛教界人士不得不重剖宗趣。呂澂謂:「龍樹、無著之學，後先融貫(兩家皆對一切有而明空，皆對方廣道人而明中道空。不過一相三相，後先爲說方式不同而已)。乃從清辨立說(章疏家所據在此)，強分空有，二不可也」。熊十力反駁道:「龍樹師弟之四論，與無著兄弟之一本十支，各綜其大旨而觀之，兩家精神與面目，明明不同，如何可並爲一談?」❽印順卻認爲，空有二宗皆嚴守緣起論的立場。空宗之空，是無自性義，無自性即一切都是緣起依待而有;有宗之有，也是依「因果能所成立一切」。故「空與有，是相成而不是相破的」❻。巨贊的說法就更爲獨斷。他認爲龍樹所談的空，雖說依據《大般若經》，而實淵源於《阿含》，「龍樹之學，非唯淵源於《阿含》之談空，並且全部承禀其結生相續、器世構造的說法而略爲闡發擴充之。……至於龍樹承禀《阿含》所說的有，不似無著、世親組成有系統的唯識論的原因，則是時代使然」。所以他堅決反對熊十力強調的「有宗興起，是爲了矯空之弊」這一說法，而認爲無著談有只是爲了「更詳細地說明現象世界構造的原理」，以回應當時印度部派佛教中執著有見的人對龍樹的攻擊。「因此，無著、世親之說有，無異於龍樹、提婆之談空。環境不同，各有詳略，不應該在其中間提出無謂的長短紛爭」❼。由合和龍樹、無著，巨贊更進一步消彌清辯、護法的空有之爭。他將清辯的《掌珍論》、《般若燈論》與護法的《廣百論釋論》加以勘比，認爲「兩家宗旨，絕對相同」。從而得出了「清辯之非沉空，護法之非執有，殆無可疑。空

❽ 呂澂、熊十力:〈辯佛學根本問題〉。
❻ 印順:〈評熊十力的新唯識論〉。
❼ 巨贊:〈評熊十力所著書〉。

有相須，始終一貫，只有憎疾眞理的人，才能加以分割」的結論⑱。這一十分極端的說法，不唯熊十力絕對不能接受，就是佛家中人恐也難得幾許認可⑲。所以，批評者的調和空有，非爲空有之別而辯，用意實在回絕熊氏的以空破有，這是顯而易見的。

關於有宗的性質：熊十力高揚本體論，並自立權衡，謂大乘有宗興，始變原佛人生論爲宇宙構造論。這一說法同樣遭到了佛教界人士的駁斥。呂澂認爲，這是對俗見的「曲意順從」，「如玄哲學、本體論、宇宙論等云云，不過西歐學人據其所有者分判，逾此範圍，寧卽無學可以自存，而必推孔、佛之言入其陷阱？」故熊氏「發軔卽錯者也」⑳。印順指出，佛法並不是爲了滿足求知者的形而上願望，其「中心論題，不是本體論，而是因果相關的緣起論」㉑。所以，熊氏以玄學的立場和要求來評空論有，只能觸處皆錯。巨贊認爲，有宗並非像熊氏所理解的那樣是宇宙構造論。無著談有，本是針對「尋聲逐塊，執而不化」的執著有見之徒，爲破斥計，「必須詳細地說明現象世界構造的原理，才能塞其迷惑比附之源，此源既塞，更無可以爲其借口之處」。所以，有宗的有，只是方便設巧，而其以緣起爲中心的人生論主旨，卻是與空宗相同的。如果說有宗學說爲宇宙構造論，那麼《四阿含》中言「結生相續，器世構造」又何嘗不是？龍樹之學也全部

---

⑱　同前註。
⑲　呂澂卽嚴格區分瑜伽行與中觀兩大派，認爲他們的分歧後來達到了「分河飲水，不可調和」的地步，參見其《印度佛學源流略講》第五講之第四節。另外須指出，由於中國佛學界對於印度中後期中觀學的了解極端貧乏，所以才會出現由今天文獻學家看來是十分無謂的如是爭執。
⑳　呂澂：〈辯佛學根本問題〉。
㉑　印順：〈評熊十力的新唯識論〉。

禀承了其說法並略有擴充，豈又與有宗相異哉？所以，熊氏以宇宙構造論的妄名安立有宗，是「並非眞知有宗」也❾。對於十力以本體論、宇宙論等名目來評品佛法，不只佛敎徒甚反感，就是他的同道，如馬一浮、林宰平、梁漱溟等人，也大多持反對態度。梁漱溟卽謂：「他不循着旣得端倪勉勵此學，舍正路而不由，爲好搞什麼本體論宇宙論，自逞其才。……嗚呼，豈不痛哉！」❾

唯識論淵源辯析： 太虛在批評熊十力時，稱其「新唯識論」爲「唯心的順世外道」❾；有趣的是熊氏在辯大乘唯識論源流時，亦以「外道」呵之。他說：「世親、護法唯識所以爲有宗別派、釋氏末流者，此派學說，實多從數論勝論脫胎而出，如賴耶中種與現行互爲緣起之說，種子卽由數論自性、勝論極微，兩相比較而立。數勝二宗並許有我，賴耶卽變相之神我論，此其脈胳相通，歷然可辯者也」❾。對此，巨贊極表不滿，指斥熊氏「任情作解，不負責任，如使世親、護法聞之，必將笑痛肝腸」。他從五個方面（八識是否爲各個獨立之體？分立心所的道理及其與心王的關係，種子與現行的關係，世親護法是否戲論眞如？立阿賴耶識是否同神我論）對熊十力的說法一一作了批駁❾。特別是「神我」問題，十力堅主阿賴耶識是有宗自「後門延進」，「去後來先做主公」的，實不異外道神我；而巨贊卻認爲，阿賴耶識生滅無常、幻現不實、被縛輪轉、又復求脫，與數論的《金七十

---

❾ 巨贊：〈評熊十力所著書〉。
❾ 梁漱溟：〈讀熊著各書書後〉。
❾ 參見太虛〈新唯識論語體本再略評〉，收入《太虛大師全書》雜藏之書評部分。
❾ 熊十力：《十力論學語輯略》，頁 56。
❾ 巨贊：〈評熊十力所著書〉。

論》所言「非被脫，得自然脫」、「無輪轉生死義」的神我，「剛好相反」[97]。關於阿賴耶識與神我的關係之辯析，是熊十力晚年佛學著作《存齋隨筆》中的一大主題，該著對此論述得頗爲詳細。十力之所以大力掊擊阿賴耶識，譏其爲神我，這與他反宗教、反出世的基本立場，以及本體論中的「卽用顯體」思想有很大的關係。

　　關於相見二分與種子：在論辯中，雙方就有宗教理與唯識細節問題也有頗多爭訟，最著者，除阿賴耶識外，就數種現二界和相見二分了。劉定權指出，《新論》因「不明立種深意，於是緣起之義邃昧；緣起之理不彰，於是外道之說斯起」[98]。熊氏判有宗「以種子爲現界之因」爲多元論，又謂種子分相見兩類，「有二元論的意義」。這一說法，遭到了印順、巨贊等人的反駁。印順認爲，種子與現行的問題在《成唯識論》中已說得明明白白，從種子與所依本識現行說，從種子與所生現行果事說，均爲不一不異，「在種子生現行時，因果俱有」。所以根本不存在熊氏所謂的「種現對立」，也沒有種子與眞如爲兩重本體的發生。「兩重本體，這是本體成見在作怪！」[99]巨贊亦認爲，相分種雖不與見分種同生，但並不害其爲唯識，而熊十力不解此義，「沒有深究相分種之所以立，妄析相見爲二」，故導致「相見分途，虛言唯識」的錯誤，「這是熊十力的思想與佛法乖異的關鍵所在」[100]。有關這一類對唯識學具體問題的理解和討論，是批評者費筆墨最多的地

----

[97]　同前註。
[98]　劉定權：《破新唯識論》。
[99]　印順：〈評熊十力的新唯識論〉。
[100]　巨贊：〈評熊十力所著書〉。

方，也是其揭破時，窮追不捨、最顯得理之處，所以最後以致於說「熊君於唯識學幾於全無所曉」⑩，「熊氏不但於唯識勝義謬解百出，其於般若尤是門外漢」⑫。這種咄咄逼人的口氣，一方面說明，在這場論戰中，佛教徒頗能揚長避短，發揮他們的優勢；另一方面也說明，因爲熊十力與批評者的立場和方法根本相異，所以不只爲道不同難以相謀，簡直是難以相辯了！

「心識」問題：唯識宗於意識領域言八心王、五十一心所，博量鋪排，演繹至繁，熊十力對此深表厭惡。這部分內容，在《新論》明心章中作爲資料尙多有保留，而至《體用論》則刊落殆盡。對於熊氏的「以心代識」、以及於此所做的種種批評，佛教界人士持有不少異議。巨贊認爲，熊十力對唯識家所說的「識」理解根本錯誤，故有所謂「世親以識統攝諸法」、「窺基執識」等等謬說的出現⑩，田光烈則指出，「熊先生所謂心是本有，心所是後起。心卽性，心所卽習。心是虛壹明靜，心所是無始時來、累集經驗而成。這些話純是儒家特別是宋明理學的觀點」⑩。熊十力於人的意識活動中拈出一本心，掃落所有心、心所法，而直徹源底。劉定權認爲，這個主宰自我、恒定天地的本心實已墜入執有之見，「熊君名稱唯識學者，奈何竟立主宰之自我者乎？夫計有主宰之自我者，是我執也。計有一法爲我及天地萬物之所資始者，是法執也。旣爲二執所縛，則以世尊之方便爲戲論，亦勢所必至矣」⑩。熊十力以本心附會佛家之眞如、涅槃，呂澂認爲，

---

⑩ 劉定權：《破新唯識論》。
⑫ 王恩洋〈評新唯識論者的思想〉。
⑩ 巨贊：〈評熊十力所著書〉。
⑩ 田光烈：《玄奘哲學研究》，學林出版社，1986 年 10 月版，頁54。
⑩ 劉定權：《破新唯識論》。

這是「完全從性覺立說」，與《起信》、《圓覺》等中土僞書如
出一轍 ❿。印順在批評熊氏本心說時，將大乘有宗分爲妄心派
（虛妄爲本的唯識論）和眞心派（眞常爲本的唯心論），認爲前
者重識的分析，而後者則直指「眞常淨心」，「《新論》近於此一
系」❿。有關心識方面的論辯常常牽扯到唯識流派的分疏問題。
熊十力很早就指責奘、基定讞於護法，以抑安慧，但限於材料的
缺乏，對此他無法給予更翔實的說明和進一步的展開，最終也僅
止於提出這個問題。而當時的佛學界對於「唯識古學」（呂澂的
稱法）也並沒有多少認識，所以關於這個問題的一些爭議，雙方
均缺少文獻學上的有力根據。以至於近來仍有人謂：「自唐代奘、
基，以至民初章炳麟、歐陽大師，以及熊子眞先生等，在中國談
法相唯識者皆不出奘師所傳德慧一系之籬圍」❿。因無文獻作基
礎，所以雙方只能爭其然，而爭不出其所以然。

　　以上十題，僅擇其大端而已。因熊十力對於佛教唯識學的批
判是全面而又深入的，所以辯論所及，自然是巨細無遺、面面皆
到，凡「新唯識論」有違佛教原意之處，均被批評者所指出並加
以駁正。這樣，它的牽動面就十分之廣，所涉及的內容也是非常
之多的，如果要對其中的隱微曲直做一全面而系統的清理，恐必
得一專著方能爲之，而非此外所可企及。但由上述數辯，我們已

<hr>

❿　呂澂：〈與熊十力論學書〉，轉引自田光烈《玄奘哲學研究》，
　　頁 55。
❿　太虛將大乘佛學分爲唯識、性空、眞心三宗，認爲中國之禪、
　　賢、台屬眞心宗，而「熊論近之」（見其〈新唯識論語體本再略
　　評〉）。印順此處的評論卽基本延借太虛之說法。
❿　孫智燊：〈胡色爾現象學與唯識學思想初探〉（三），載《中國佛
　　教》（臺）1984 年期 2。孫文此處的「德慧一系」，卽指護法奘
　　基一支，呂澂稱之爲「唯識今學」。

能約略看出這場論戰實已超出了一般佛學問題爭論的範圍，同時也超越了佛教內容本身，而具有了一種更爲普遍和更顯深層的意蘊。就這點言，以佛學公案實難以槪之，就是名之爲現代儒佛之爭，恐也難盡其質，此皆權當之而已。所以，儘管這場論戰在現代佛學中的名氣遠不如《起信》眞僞辯、胡適禪學案等那樣噪動一時，但對於佛學體系的根本性震撼和由此所引起的長久回響，卻是此類公案所無法相比的。

四、「新唯識論」在近現代佛學中的價值和意義

　　熊十力的「新唯識論」對現代佛學的衝擊所引起的連鎖震盪，多少含有一種終極性的意義。牟宗三謂：「內學院歐陽竟無及呂秋逸以佛教立場出而與熊先生辯，此爲此時代學術上之大事，亦爲最高宗趣最後決斷之辯也」[109]。近現代佛學自清末以還，由復蘇而轉盛，卽又衰落，走過了一條坎坷而又曲折的道路。這期間雖不乏大德碩士迭出，但多爲人存業舉而人亡業息，思想學術方面更罕有根深葉潤致能風被後世的創造。所以，不管「新唯識論」如何爲釋門所輕慢和詬病，其在中國近現代佛學中的獨創性意義，卻是爲有識之士所共許的。爲了進一步說明「新唯識論」的這重意義，我們有必要先作一番背景還原，疏淸中國近代佛學發展的脈流，以昭示「新唯識論」產生的必然性及其獨特價值。

　　中國近代佛學的興起有多方面的社會原因和學術背景，理論

---

[109] 牟宗三：《生命的學問》，臺北三民書局，1970年9月初版，頁115。

界對此已有不少探討。總的說來，在思想學術方面不外有內外二端。內者，中國學術思潮發展的必然所趨；外者，西學輸入和刺激的結果。

清一代，樸學當令。考據學由顧、閻、胡開其端，倡「舍經學無理學」之說，至三惠、戴段二王達於全盛。考據之業，全在音韻訓詁，而疏於義理；考據家更自詡為「漢學」，力詆宋儒，攻擊理學空疏，對於談心性的陸王一系更是全盤棄絕。佛學自兩宋後本已開始衰落，到清代就更加凋蔽，顧炎武卽始以「生平不讀佛書」為標舉●，後來的考據家基本上漠視和不涉佛學。清代考據學這種在思想上毫無創造而門戶森嚴的畸形學術，經過一百多年的發展，到後期已走入窮途末路而難以為繼，這時便有各種形式的反其道而行之的學術思潮的出現，其中最蔚為大觀的便是公羊學和佛學。公羊學在形式上仍為經學，表面與乾嘉學派只有古、今之別；而實質上，其重微言大意的創造精神已和乾嘉考據家根本不同，越往後便越明顯。公羊學派由莊存與、劉逢祿開山，而影響最大的卻是龔自珍和康有為。龔、康二人，皆涉佛學。龔自珍自稱「幼信輪轉，長窺大乘」●，自小就受到佛教的熏習，青年時又從著名居士江沅學佛，後潛心研習天台，於此頗有心得。康有為早年卽「於海幢華林讀佛典頗多」，又曾居西樵山白雲洞「專講道佛之書」●。他的《大同書》受佛教影響很深，這一點已成學術界的公論。今文經學家對於佛教的態度和乾嘉古文家相比，恰成一鮮明的對照，這說明，近代佛學的復蘇和今文

● 參見《二曲集》卷16，與李顒的信。
● 〈齊天東序〉，《龔自珍全集》輯 11。
● 《康南海自訂年譜》。

經學的興起大有關係❶❸。衝破沉悶的乾嘉考據牢籠，龔、康等人從佛學中吸收了大量的養份和能量，而沉潛久屈的佛教在驚蟄破土之時，同樣也得到了今文經學強有力的回應。心性義理輝光的長久掩埋，不但從經學內部逐漸滋生出了反抗的根芽，而且給佛學的復興提供了絕好的機會。梁啓超說：「晚清所謂新學家者，殆無一不與佛學有關係」❶❹。這一現象正是佛學應機而起，緣時復盛的最好說明。正因有考據經學的崩潰和義理精神的擡頭之背景，才使得佛學重新被掘發和重視，所以，近代佛學的興起可以說是明清以來學術思潮發展演變的必然所致。

　　近代佛學的興起，除了中國學術自身演變的原因之外，還和西學的影響與刺激有關。學術界一般以楊文會爲近代佛學的開山，可謂確當。儘管仁山之佛學在清代也源淵有自，可以上推到彭際清、汪大紳等人❶❺，但如無旅歐的經歷和接觸西學之長，他便絕不會成爲開一代風氣的人物，對後世的影響也不會那麼大。楊文會在 1878 年和 1886 年先後兩次作爲外交隨員出使英法，了解到了當時在歐洲剛剛興起的以文獻學和比較方法爲基礎的東方學研究的情況。尤其是在倫敦結識了受學於梅拉的日僧南條文雄，後在南條的幫助下，從日本、朝鮮訪得許多久佚的漢文佛教

---

❶❸　值得注意的是，熊十力的《續經示要》、《論六經》、《原儒》、《乾坤衍》諸書所表現出的經學面貌，同康有爲的《新學僞經考》、《孔子改制考》如出一轍。所以從某種意義上說，熊十力的新經學基本上是清末今文經學在現代的延伸。而其學術的佛學背景，又使之成爲一肩二挑的人物，不論是今文經學，還是佛教唯識學，熊十力都具有某種終結的象徵意義。這更表明了近代這兩股思潮之間的緊密關係。

❶❹　《清代學術概論》。

❶❺　參見羅光《中國哲學思想史》(清代篇)，第五章之三，臺灣學生書局，1981年11月版。

典籍，由金陵刻經處陸續刊刻流布。這些新資料的出現對激發知識界研究佛教的興趣無疑起了很大的作用，尤其是《成唯識論述記》、《因明大疏》等，成為稍後唯識學復興和因明研究熱興起的重要因緣。同時，楊文會還創辦祇洹精舍和佛學研究會，集合同道，親自講學，為振興佛學培養了一大批人材，成為近代佛學教育開先河的人物。所以，不論從那方面講，楊文會都是中國近代佛學的實際開創者，堪稱為一代先師。但是我們也應看到，楊文會對於西學的引入只是很零碎的一點，更不徹底。他並沒有把當時西方那套文獻學的方法帶回到中國，從而也就不可能從根本格局上衝破傳統的老式佛學研究路子。作為一名出洋考察的官員，楊文會對當時西方學術的了解只能是走馬觀花和浮光掠影式的，而很難深入其堂奧，這和當時沉潛求學於英倫的日僧顯然是不能相比的。所以，當南條文雄、高楠順次郎等學成回國後，即能從根本上改變日本佛學研究的傳統格局，而引領其走上了現代化的文獻學路子。相比之下，楊文會對中國近代佛學只有振興扶起之功，而缺乏創新開掘之力，這與他接受西學的程度太淺不無關係⓪。從這個意義上說，西學對於中國近代佛學實際僅有影響和刺激而已，還談不上真正的輸入。中國近代以來的佛學，振而復衰，始終沒有走出困局，以致於現在遠遠落在國際社會的後面，和這個開局顯然有很大的關係。

中國近現代佛學的內容因淵源不一、起因紛雜，所以表現出

⓪　這裏僅僅是從對西學的了解和引入的程度而言，並不包括中日兩國在近代的不同社會條件和歷史背景諸因素。就像嚴復和伊藤博文，兩人雖先後均求學於英倫，而且嚴的西學功力不一定比伊藤差，但嚴失敗了，而伊藤則成為明治維新的大功臣。

各自不同的方式和面貌，約略歸類，大概有以下五種路向：

一是傳統的僧伽佛學：清末以來，佛學重振，釋門也頗多高僧大德，如禪宗之虛雲、敬安，淨土之印光，天台之諦閑、倓虛，華嚴之月霞，律宗之弘一等。這一類僧人的佛學研究基本上固守中國佛教的傳統，特別強調信仰與實踐的重要性，學術上比較保守，也較封閉。僅管也有個別的趨時之舉（如建立全國性的教會組織、創辦佛教大學等），但總的說來，對傳統佛教的改變不大，而缺乏創造和新意。在佛學義理方面也少有創獲，虛雲所謂：「閉口不話三十年，此是上乘上上上」**⑰**，正是這一情景的寫照。所以，此類佛學雖為釋門正統，但難以救挽宋明以來的凋蔽，守業唯艱；而其對於社會的影響、尤其是對知識界的影響，可以說是微乎其微。

二是太虛一系的新派佛學：太虛和尚是現代佛教復興運動的有力推動者，是一個具有世界性眼光和現代轉換意識的著名高僧。他不僅是一個宗教實踐者，而且也是一位很有素養的佛學理論家。他能以信仰為出發點，融滙佛學各宗和諸子百家，來組成自己的思想體系，故成為近代佛教僧人中最具創造性的人物。太虛門下人才濟濟，最著者有法舫、大勇、法尊、印順等，他們大多能繼承太虛的風格，並學有所專而成就頗高。如法尊入藏學密，譯作甚多，是現代效續最著的佛門翻譯家。而印順著述豐碩，可以說是中國當代學養最深厚的佛學權威，他也是第一個獲得博士學位的中國僧人**⑱**。這一派的佛學研究，因不拘門戶而頗

---

⑰　轉引自岑學呂編《虛雲和尚年譜》，臺北文海出版社，1983 年 9 月版。

⑱　1973 年，日本大正大學授予印順文學博士，這是以他的《中國禪宗史》一書所獲得的論文學位。

具有現代眼光，所以對佛教界和學術界均有較大的影響。

　　三是居士佛學：清末，首先起而重振佛學者，南有楊文會，立金陵刻經處，講學於祇洹精舍，北有徐蔚如，立北京刻經處，講學於功德林，二人皆盛弘華嚴，時稱南楊北徐⑲。入民國，唯識學大興，亦有南北二重鎮，南有歐陽竟無的支那內學院，北有韓清淨的三時學會，時稱南歐北韓。居士不但是中國近世佛學的開創者，而且是近現代佛學研究的中堅力量，他們刊刻佛經，深研釋典，傳播佛法，對中國近現代佛學的發展起了至關重要的作用。所以從一定程度上說，中國近代佛學的復興就是居士佛學的興起。尤其是楊文會和歐陽竟無師徒，皆爲近世佛學的一代宗師，從學者、交游者不計其數，其影響所及，已不止佛學界，而達於社會思想界和整個學術界。從團體流派來看，在現代佛學中，支那內學院扮演着十分重要的角色，它不但培養了一大批學有所長的佛學專家，而且對整個佛學界都有一種定向和指導的作用。居士佛學既有爲學理而深鑽的高深意境，又有爲信仰而宏布的大衆法門，因時不同，因人而異。但總的來講，其介乎信仰與學術之間。

　　四是學術化佛學：這是眞正近代意義的佛教學，是當今國際社會研究佛學的主流，但也是中國近代佛學中最不發達的一支。現代方法的佛教學研究起源於十九世紀下半葉的歐洲，有文化人類學興起的背景，當時屬於東方學或印度學研究的一個部分。這種研究以佛學的原典語文爲基礎，用客觀的態度和科學比較的方法，來究明佛教的歷史及敎理和藝術等。在此之前的東方，雖也

---

⑲　參見褚柏思著《佛門人物誌》，臺北傳記文學出版社，1979 年
　　3 月版，頁 148。

有比較研究的學問，但「均係先有一個自宗的主觀立場；……就處理問題的範圍而言，也不夠廣大，只是對內的、思辯的、哲學的、最要緊是屬於信仰的。此與發生於歐洲而已成爲文化學之一個分野的近代佛教學，是相當不同的」⑳。日本佛學界自南條文雄之後，很快便接受了歐洲人的這套文獻學的方法，以致人才輩出而成績斐然，逐漸成爲國際佛學研究的中心。正像日本的佛教學和其整個社會的現代化是同步發展而相適宜的一樣，中國近代佛學也同整個的中國現代化事業一樣，步履艱辛而難脫困境。檢視中國近百年來的佛學研究，能拿得出的既合乎現代潮流又爲國際學術界所認許和重視的成果，實在是少得可憐！在這方面，中國佛學研究可以說是相當的封閉和落後，比之國際水準，差距甚大。在中國近現代佛學中，走這一路向或受其影響而成績較可觀者，僅有梁啓超、陳垣、湯用彤、胡適，及呂澂等數人。因現代化的文獻學方法，既沒有被完全引進和紮根，也沒有普遍推開或受到應有的重視，所以這一類的佛學研究儘管十分重要，但實際上在中國近現代佛學中所佔的份量卻很輕，影響也是很有限的。

五是創造性佛學：屬於這一類的研究，按照不同的時代大致又可以分爲兩系：一爲早期偏重於社會倫理和政治方面的實用化佛學，以康有爲、譚嗣同和章太炎爲代表。二爲後期偏重於文化及其哲學的哲理化佛學，以熊十力和方東美、唐君毅、牟宗三爲代表。晚清，一班主張革新的仁人志士紛紛求法習佛。他們強調佛學的哲理性、「自尊無畏」和「應務救世」的實際作用⑪，把

佛學作爲向封建統治進行鬥爭的精神武器。他們「那種勇猛精進、大雄無畏的精神，悲天憫人、仁民愛物的胸懷，不少是從學佛中得來」[122]。但他們對於佛學的研究完全取一種實用化的態度，任情作解，隨意發揮，爲其社會理想和政治理論做注腳。這些學說不僅跟佛教原意不相符合，並且內容也不純爲佛學，而是一種雜拌形式。但因其抓住了當時社會現實最急迫的問題，順應了時代的需求和大衆的心理，所以有效地導釋了佛學所蘊含的能量，風氣所至，整個社會爲之震動。辛亥後，近代佛學在民主革命中的政治功能逐漸消失，而作爲中國文化在近代破裂解體之後重新整合的資具之一，它又慢慢在中國哲學的重建方面擔當了一定的角色。熊十力對於佛教唯識學的批判性轉換，就是這一新路向的開步嘗試。作爲當代新儒學本體論的奠基者，熊氏從佛學中有效地吸收了大量的養份，而他的這一行動則昭示和鼓舞了繼之而起的新儒家們。方東美對於華嚴境界與宗教精神卽有相當精采的發揮，尤其是他從《華嚴‧十迴向品》所提拈出來的「上下雙回向」的生命態度，常爲其及門弟子所津津樂道[123]。牟宗三的《佛性與般若》，以西方哲學的敏銳思辯方式來研究中國佛教的天台宗，其分析力和洞見確有一般佛學著作所不能相比之處。僅管當代新儒家因受到時代的影響和感染而不同程度地採納了一些文獻學的方法，但其精神所貫注，仍在於創造性。所以，他們的佛學研究基本上是承續了熊十力所開創的哲學路向。

---

[122]　蘇淵雷：《佛教與中國傳統文化》，湖南教育出版社，1988 年 1 月版，頁 131。

[123]　見張肇祺〈方東美先生的哲學信仰與其哲學之建立〉一文的第十節，載《哲學與文化》（臺）卷 14 期 10，1987 年 10 月。

　　從以上對中國近現代佛學之大勢的簡略分析中，我們可以看出：中國近代佛學是伴隨着近代中國的苦難與憂患而與生共長的，時代的需求和現實的寄望，使得實用心理在佛學研究中佔了絕對的上風，而純客觀的心態卻非常式微。在這種心理情緒的影響和支配下，佛學研究基本上是寄附在特定的社會思潮之中，而難以有自己客觀獨立的形式。研究者亦受制於各種外在因素，在處理學術問題和具體材料時，往往表現出極強的主觀意志色彩。再加之近世以來向西方的學習總是半遮半掩而難得充分，這就使得中國近現代佛學的發展歧出於學術化的近代佛教學大道之外，而另走了一條與衆不同且又艱難坎坷的路。

　　所以，不只是站在信仰者的立場，即便是從客觀的純學術化的角度，人們也無法認可和欣賞熊十力為轉化佛學所做的艱辛努力。誠如一位當代學者所說，熊氏「以儒家完全取代佛教的片面性思想創造」，只能是「一個負面的例子」❷。但我們在探討和評價熊十力的「新唯識論」時，又絕不能脫開中國近現代佛學發展的背景和特點，更不能以應然（當謂）的邏輯演繹來替代對實然的分析。熊十力對於佛教唯識學的批判轉化，顯然是一種創造型的佛學研究，它既不同於信仰者的體知弘法，也不同於文獻學家的搞個清楚明白，而是通過掘發佛學的深層哲理蘊含，為其重建中國哲學尋取可資利用的材具。他的「新唯識論」繼承了維新派志士的實用化佛學之精神，同時也受到今文經學「借古學以濟今世」的影響，前後所不同的只是，因時代變換而由社會倫理和現實政治的發揮轉向了哲學理論的建構。

---

　　❷　傅偉勳：《批判的繼承與創造的發展》，臺北東大圖書公司，1986 年 6 月版，頁 8。

　　實用化和預世性是中國近現代佛學的特點，而熊十力對於唯識學所做的改造恰恰也透顯着這樣的精神氣質。他的佛學研究並不是爲了純學術，而是深深寄寓着其振興中華文化的苦心和重建中國哲學的宏願。面對傳統文化大厦已覆而殘象可哀的情景，他所致力的是要扶其本根，從本體意識上重樹中國文化的自尊和自信，他的「由佛轉儒」的思想蛻變和從根本上對佛教所做的批判都是圍繞着這樣的信念而展開的。所以，佛學和其它傳統學術一樣，只不過是他整合和重構中國文化核心精神的憑藉和資具而已。作爲傳統文化的一部分，中國佛教在西潮的衝擊下，同樣也棲身艱難、瀕臨絕境，是否只能甘願淪爲古董而供後人作純客觀的解剖式研究之用，還是尚有一線生機融合於某種新的文化精神而得活潑潑地生存下去，這確是一個重大的時代抉擇。同時，在中國文化的重建中也包含着佛學的現代轉化問題，而傳統的中國佛學有它自身的特點，如何在這一轉型過程中儘量保持並發揮其長處，可能是能否完成一種有生命力的嫁接工作的關鍵。熊十力的「新唯識論」正是在這些方面作了大膽而有益的嘗試，爲當代中國文化的建設提供了可資借鑒的豐富內容。從學術化的角度看，中國近現代佛學所表現出的極強的主觀心態，以及對現實的過分關注和寄靠，無疑影響了佛學的現代化；甚至堵塞了其通向客觀的文獻學研究的道路。但這並不意味着中國近現代佛學就沒有意義。同樣，「新唯識論」的價值也不能單從純學術化的角度，尤其是不能用西方文獻學的眼光來衡量和評估，而應將其置身於整個中國近代文化的大背景中和大範圍內，才會恰如其分地顯現出它的創造性的意義。

　　肯定熊十力研究佛學的哲學路向，並無貶低文獻學方法的意

思。恰恰相反，「新唯識論」的不足正在於沒有很好地吸收這種現代化的學術手段，以致於在某種程度上影響了其語言表達的精細化和思想理論的深度。在這一點上，我們可將熊十力與京都學派略作比較。由西田幾多郎開創的京都學派是近代日本佛學研究中結出的一大碩果，它的進路也是哲學的，但又有深厚的文獻學根底。因有較好的語言訓練，他們能透徹地理解和消化近代西方的文化思想，並透過比較宗教與比較哲學的方法來顯現其自身的立場。在邏輯思辯方面，亦能準確地接受和轉換西方人的表達，從而展開真正的東西文化之比較和對談。更因其有較為開闊的文化學視野和現代型學術研究的心態，所以能建立一種新的宗教哲學觀，而對佛教有更具分析力和更為透徹的現代闡釋⑫⑤。總之，因有整個日本佛學的現代化為背景，京都學派無論是在學術方面，還是在哲學創造力方面，都達到了相當的水準，以致自西田創出「場所哲學」之後，這個學派英才輩出，而且大多都能對國際學術界產生一定的影響。相比之下，熊十力的「新唯識論」卻基本上未脫東方古典文化的整體形貌，和現代學術難以榫合，更難和現代西方的哲學有所溝通和接談。在這種情形下，勢所必致的封閉狀態，不但遏止了其影響力的伸展，而且也會阻斷他所開創的路向進一步發展的可能。所以，在現代中國哲學（包括佛學）的重建和整合中，「新唯識論」僅僅是一個開端和一種昭示，對於它的後繼者來說，還有相當多的空缺需要填補，恐怕只有再做一番批判性的轉換工作，才有可能使它真正成其為「現代」意義的哲學。熊十力在晚年的一封信中說：「我相信，我如生在西

---

⑫⑤　關於京都學派的方法，可參閱吳汝鈞的《佛學研究方法論》，臺灣學生書局，1983 年 3 月初版，頁 151-153。

洋，或少時喝了洋水，我有科學上的許多材料，哲學上有許多問題和理論，我敢斷言，我出入百家，一定要本諸優厚的憑藉，而發出萬丈的光芒」[126]。這一相當銳敏而又有些自知之明的感嘆，不僅是他對自身缺陷的一種照察和惋惜，而且也是對整個中國現代學術的一種哀怨。

---

[126]　1957 年 6 月 25 日寫給梁漱溟的信，見《中國文化與中國哲學》(1987)，三聯書店，1988 年 3 月版，頁 16。

第四章　體用觀的形而上終結

　　熊十力對中國哲學的重大貢獻，卽在於對體用問題作了歸結
性的闡明。其創獲一如朱子之於理氣、陽明之於知行、船山之於
道器，乃具有劃時代的意義和恒久的理論價值。

　　十力哲學以本體論爲歸宿，而體用觀又是其本體論的核心，
所以，熊氏窮畢生精力以闡發體用、明辯體用，他的幾本最重要
的著作差不多都是圍繞着這一中心問題而展開論述的。熊十力認
爲，「哲學之本務，要在窮究宇宙基源（基源爲本體之代詞，亦
可說爲本體之形容詞），故談宇宙論者（此中宇宙論是廣義，卽
通本體與現象而言之），未可茫然不辯體用」❶。對於「究萬物之
本命，窮變化之大原」的哲學來說，「體和用是宇宙人生根本問
題，未可忽視而不究」❷。他的哲學代表作《新唯識論》在三十
年代初以文言本問世，四十年代中期改譯爲語體文本，至五十年
代初，又有重新簡寫精縮的刪定本出。「《新論》本爲發明體用
而作」，全部《新唯識論》「卽以體用不二立宗」❸。故在五十年
代末，他寫出自己的「晚年定論」時，便以《體用論》直標其

---

❶　《原儒》下卷，頁25。
❷　《乾坤衍》，1961年自印本，下，頁40。
❸　《十力語要初續》，頁5。

名，「此書，實依據舊撰《新唯識論》而改作」，聲稱「此書既成，《新論》兩本俱毀棄，無保存之必要」❹，可見體用問題在其「新唯識論」體系中所占的核心地位。熊十力曾無限感慨地說:「難言哉，體用也! 哲學所窮究者，唯此一根本問題。哲學家若於此未了，雖著書極多，且能自鳴一家之學，終是與眞理無干」❺。

一、體用釋義

體和用是中國哲學中最爲重要的一對本體論範疇，也是最能表達中國哲學特有思維方式的範疇之一。它不但形成和演變的歷史悠長，使用得相當普遍，而且內涵豐富，極具包容性和靈活性，最能體現中國哲學的傳統。體用的基本含義，按照西方哲學的術語就是指本體與現象，「哲學上的根本問題就是 本 體 與 現象，此在《新論》卽名之爲體用」❻。在此對應意義上，它亦相當於佛教所說的性相。但正如熊十力所分析的那樣，不論是西方哲學，還是印度佛教，都很難找出與中國哲學中的體用範疇涵義完全相同的概念來。一則體用二字在運用上極爲靈活，概念的外延也就相當寬泛，除上述本體與現象的含義外，它還涵括了諸如整體與部分（一多）、內容與形式（形質）、主要與次要（本末）、原因與結果（因果）、具象與抽象（隱顯）、常與變（動靜）等概念的部分意義。二則體用觀念包含着極強的人之主體意識，屬於

---

❹ 《體用論・贅語》，上海龍門聯合書局，1958年4月版。
❺ 《新唯識論》（語體文本），頁47。
❻ 《十力論學語輯略》，頁30。

一種主客聯動的認知結構，所以很難用外緣的、純客觀的現代認識論範疇來加以剖判和轉釋。三則體用概念的使用到後來泛濫至極，以致於使它逐漸變成了一種具有普遍效應的、用來表達相關思維內容的模式，從而在一定程度上獲得了方法論的意義。正因如此，中國哲學的體用範疇不僅在本體論方面擔當着重要的角色，而且在其他認知領域也得到了普遍的使用。無論是魏晉玄學的有無、本末之辯，還是南北朝時期的形神之爭，以及隋唐佛學的證體、定慧、佛性等問題，宋明理學家的理氣、知行諸說，無一不和體用有關。就是到了近代西學東漸，中西學術發生衝突和融合，用以衡定二者的還是體用說。所以，這對靈活至極而內涵豐富，同時又略顯隨意而不易把捉的範疇，實爲中國哲學所特有。

　　體用概念在中國古代文獻中早已有之，而作爲一對高度抽象的哲學範疇卻是魏晉南北朝以後才逐漸形成的。在先秦典籍中，儘管體用二字時有並提，但基本上沒有什麼內在的聯繫，二者作爲概念基本上是被單獨使用的。如《荀子·富國》有「萬物同宇而異體，無宜而有用」之說，張岱年指出：「荀子此處偶以體用二字並舉，與後世所謂體用，似無若何聯繫」❼。這是的當之論。作爲表達思維活動的概念，體用二字的含義在先秦時代經歷過繁複的變化。尤其是「體」，內容由簡至繁，抽穗分权，逐漸形成了一個聯帶極廣的詞族。對體用概念略作詞源上的追溯和發生語義的分析，有助於我們理清體用觀念的來龍去脈，對中國哲學體用範疇以及與之相關的一些問題的理解也會隨之轉深，而思想史

❼ 《中國哲學大綱》，中國社會科學出版社，1982年8月版，頁7。

上的各種體用學說也就易於析疏和衡定了。

(一)釋「體」

「體」的詞根當爲一實體性的名詞，最初的含義即指具象之物，《易‧繫辭》所謂:「聖人有以見天下之賾，而擬諸其形容，象其物宜，是故謂之象」,「見乃謂之象， 形乃謂之器」。這類可見可感、 有形具象的存在物即是「體」。最早的「體」主要包括兩類事物: 一是指人的身體，如《論語‧微子》「四體不勤，五穀不分」，《墨子‧節用下》「足以朽體」，《孟子‧梁惠王上》「輕煖不足於體與」。二是指一般的物體（含動植物），如《詩‧行葦》「方苞方體， 維葉泥泥」， 《周禮》「牲體貴右， 吉禮用右胖， 凶禮用左胖」，《莊子‧天地》「形體保神，各有儀則謂之性」。這裏的人之「體」，僅指血肉之軀，而不包含其他的意思，如後來常用的體重、體質、體格、體態、體能、體貌、體力、體氣、體魄，以及形體、 軀體、 病體和體育等詞語中的「體」，皆屬此類。而物之「體」，後來由形象質感之不同，又區分爲兩類，一示物形， 一表物態。前者如立體、 圓錐體、 球體等「體」字（幾何屬性）， 後者如固體、 液體、 氣體等「體」字 （物理屬性）。總之，上述所說的「體」，都是指具象之物，皆表示一形而下的存有，這可能就是「體」的最初含義。

由表示具象之物的「體」， 一根衍爲三支， 逐漸轉換出了「體」的其他含意，一是「體」的延伸意，二是「體」的比擬意，三是「體」的嫁接意，前二支仍爲名詞，後一支則變成了動詞。

先說延伸意。表示具象之物的「體」，主要是指人和動物的身體，而人和動物的身體既是一個整體，又有四肢的分別，這便包

含了整體與部分、一和多的關係。《說文》釋「體」爲:「總十二屬之名也」,《說文通訓定聲》和《說文段注》皆解「十二屬」爲:首屬三(頂、面、頤),身屬三(肩、脊、臀),手屬三(肱、臂、手),足屬三(股、脛、足),此意爲人之一體具五官百骸,由不同的部分組合而成。《孫臏兵法·奇正》有「故一節痛,百節不用,同體也;前敗而後不用,同形也」之說,也是就人之一體與百節的關係來比喩戰爭中各個環節的一體化和聯帶性。《墨子·經上》謂:「體,分於兼也」,體和兼卽指整全與部分。《左傳》所言「王享有體薦,宴有折俎」❽,這裏的「體薦」卽指解牲爲七體,置於俎以進獻。而《周禮》於此「體薦」之「體」有更爲複雜的分法。總之,由人和動物的身體之一體具四肢、十二屬、百節,引伸出了整體與部分的關係,而全體、個體、整體等詞語中的「體」字,也就自然包含了這層一多之辯的意思在內。

次說比擬意。具象之物的「體」皆爲形而下的存有,這是感性認識所把握的對象,而當古代人的理性思維活動能夠衝破形感之拘,由個別歸納到一般,由具體上升爲抽象,那麼,從形而下的存有之體就可以類比推演出形而上的存有之體,「體」的意義也就有了一個質的飛躍,由有限的具象之物的世界進入了無限的非具象的存有世界。「體」之具象意義向抽象意義的轉化,也有一個循序漸進而逐步加深的過程。從邏輯的發展看,這一過程大致可分三層:一是擬象的,二是象徵性的,三是純觀念的。屬於擬象的「體」,最早的卽是卦體,如《詩·氓》「爾卜爾筮,體無咎言」,《中庸》「見乎龜蓍,動乎四體」,《易·坤·文言》「君子

---

❽　《左傳·宣公十六年》。

黃中通理，正位居體」，〈繫辭下〉「陰陽合德而剛柔有體」，這
裏的「體」皆謂卦體。卦體雖非具象之物，然尙有擬象之形（卦
畫），在觀念中雖爲無物之象，但仍有一定的形跡可察。所以，
擬象之「體」雖然已經是屬於抽象的事物，但它仍然含有一定的
具象之物的意義，因而與具象之「體」有較爲緊密的聯繫。屬於
象徵性的「體」，用法極爲多樣，如《孟子・告子上》「體有貴
賤有大小，從其大體爲大人，從其小體爲小人」，《孟子・公孫
丑下》「子夏、子游、子張，皆有聖人之一體；冉牛、閔子、顏
淵則具體而微」，《墨子・尙賢下》「是以使百姓皆攸心解體」，
《易・繫辭上》「故神無方而易無體」，《荀子・天論》「君子有
常體也」。這一類抽象的「體」，皆取其象徵意義，它不拘於物
形，所以使用起來很靈活，也很隨意，這無疑爲後來體用說的隨
處濫用埋下了最早的種子。屬於純觀念的「體」，在先秦典籍中
尙不可見，它的出現和哲學體用觀的形成在邏輯上應該是同時
的。所以，儘管惠施「歷物十事」中有所謂「泛愛萬物，天地一
體也」的命題，但這句話裏的「體」基本上屬於延伸意，卽主要
從一多關係和同異之辯的角度立論，與《荀子》所言「萬物同宇
而異體」的「體」字，層次相近。而眞正純觀念的「體」，可能
是魏晉玄學中才開始出現的，如王弼《老子注》「雖貴以無爲
用，不能舍無以爲體也」。這裏的「體」便完全脫開了形與象，
遁形寓於萬物之中，而與借形以明無形之理的象徵性之「體」，
已有根本的不同。所以，它是象徵性之「體」的進一步發展，已
基本上具備了哲學範疇的意義。從這一點上，我們可以說純觀念
的「體」，是具象之物的「體」向抽象意義的「體」轉化的最高
形式。總之，「體」的比擬意大大拓展了概念的外延，使它的含

蘊更加豐富。由形而下的器之體升進爲形而上的道之體，既包含了具體與抽象的關係，也有了隱與顯的區別。而從隱顯問題，又必然地導出本質與現象的關係，以及動與靜、常與變等問題。當然，這些哲學範疇自有其本身所面對的意義世界，以及獨特的思維內容和演變過程，但從詞源上來講，它們確與「體」之間有着某種必然的邏輯聯繫，這是顯而易見的。

「體」的比擬意還使這個概念獲得了一種普泛化的效應。就具象之物說，萬物各有其體；而泯絕形上形下，只要是存在，就莫不有體：字有字體，文有文體，政有政體，國有國體，心體、仁體，亦皆可導出，正程頤所謂：「雖無形聲可求，而物物皆體」❾。所以，「體」幾乎又成了存有的代名詞。

「體」的延伸意和比擬意在一定的邏輯層次上相合，卽逐漸演化出了哲學上所說的實體、本體的含義。不論是整體與部分（一多），還是具體與抽象（隱顯），都牽扯到一個本末問題，卽定主次、別輕重、分先後。在一事物與他事物之間，在一事物之內部各個環節之間，孰爲因？孰爲果？孰爲本？孰爲末？這是必須要搞清楚的，正《大學》所謂「物有本末，事有終始」。我們常用的主體、體要、體統等概念中的「體」字，皆含有這層意思。由辯一多（王弼所謂衆寡之辯），別本末（道玄所謂有無之辯），最後必然會執定一個最高的體。同樣，由具象之物比擬抽象之物，由顯發隱，人人有體，萬物各個有體，正像四肢百節統於一體，天地萬物亦必有同體之歸，由小推及大，便會產生「天地一體」、「萬物一體」的觀念，這種「體」的抽象意義經過不斷的擴延、提煉，哲學上的實體、本體觀念就逐漸產生了。作爲存有

❾　《河南程氏經說》卷8。

的根據，「體」終歸獲得了其哲學上的最高意義，這正是後來中國哲學體用範疇中「體」字的純正含蘊。

「體」字的意思，除了延伸和比擬二支的衍化外，還有一特殊的嫁接義，這是由身體的「體」字翻轉出來的。人的身體既是血肉之軀，又是心靈的寄所，所以一「體」實含有心物二意。人的身體不是僵死之物，它有特殊的感知能力和心靈活動，充滿着主觀能動的精神，所以，它必然的要和客境有所觸接，而人體與外界發生關係的過程便稱之為「體」。如《易・乾・文言》「君子體仁足以長人」，〈繫辭下〉「以體天地之撰，以通神明之德」，《中庸》「體物而不可遺」，「體羣臣則士之極禮重」，《莊子》「體盡無窮」，「能體純素」，「體性抱神」，「大方體之」，《荀子・解蔽》「體道者也」，這裏所謂的「體」，皆表示的是這方面的意思。「體」作為動詞，主要表達認知方面的意義，所以含有一明顯的主體意識和主客二分的前提。根據主客體在這一聯動結構中所居位置的不同，我們又可以把動詞「體」的意思細分為三類：一是表示以主體來感知客體，卽體察、體味、體認、體踐、體會、體知、體悟、體驗等詞語中所謂的「體」；二是言主體之間的相互溝通，卽體貼、體諒、體恤之「體」；三是用主體來表達客體，卽體物、體證、體現的「體」。

「體」的動詞含義打通了心物二境，將主、客體融合為一，這最充分地顯現了中國哲學認識論的特點。作為認知的主體，不僅僅局限於眼耳鼻舌身這些純感官，而是人的全付身心的綜統，每個個體通過身體力行的社會實踐活動來認識、察覺、品味、會通和驗證自己所面對的客觀世界，得出具有鮮明個性的認知結果。這種以「體」（察、驗）為核心的認識活動，突出的是主體

的獨特性（只此人）和過程的瞬間性（當此時），所以不可理喻、傳感，也不能無條件的反覆獲得。這正是直覺主義思維方式的一些基本特徵，也是貫穿于整個中國哲學認識論領域的主導精神，而從對「體」字的語義分析中，我們不難發現這種方式的某些基源。「體」的認識意義和實踐意義，使體用範疇和心物、知行二範疇間，建立起了一種內在的邏輯聯繫，所以談體用，往往要涉及到心物、知行問題。

「體」的動詞含義不但能融貫心物，而且也溝通了天人。人能體察、體會、體驗大自然，並能體現之。西漢揚雄所謂「天有其德，而體之自人，不有人體之，則德不流矣」⑩，正表達了這樣的意思。體現義充分顯示了天人關係中，人的主觀能動作用和積極向上的意識，所以熊十力對此頗多昭揭，他說：「體字有二義，曰體認，曰體現。人能體認乎天德而實現之，則德乃流行盛大」⑪。又解〈繫辭〉「以體天地之撰」句時說：「此處體字有二義，一體悟義，謂徹悟乾道生生之理也；二體現義，謂徹悟不是一個空洞的見解，須於自家生活中實現此理，是爲體現」⑫。體現義所蘊含的主體意識和「天行君健」的自強不息精神是儒家哲學的一大特質，如《易》「裁成天地，輔相萬物」，《中庸》「位天地，育萬物」，《論語》「人能弘道」諸義，皆透顯着這樣的理性主義氣質，所以後儒往往對此體現之「體」字發揮得很詳盡。有時乾脆體用二字聯用，即直指體現之義，如北宋晁說之謂：「心也，性也，天也，非有異也，人皆有是道，唯君子爲能

---

⑩　《法言‧君子》。
⑪　《原儒》卷下，頁7。
⑫　《存齋隨筆》。

體而用之，不能體用之者，皆自棄也」❸。所以，體現之「體」不但揭櫫了天人關係中人的主觀能動性和主導作用，而且將人事與自然(天人)、道德實踐與求知活動（知行）融通為一，展現了更為廣闊的理境。

(二)解「用」

「用」的含義比之「體」要簡單的多。最初名詞指用處、功能；動詞卽意為使用、發用。此二意在先秦典籍中均屢見不鮮，不像「體」雖義豐卻較少見。如《論語》中「體」僅一見，而「用」卻有二十處之多，這個懸殊比例在其他諸子書中也大致相同。「用」不像「體」本身有實存性的意義，而是一個附屬性的概念，必有所依，必有所自。正像王夫之說的:「用者必有體而後可用」，「用卽體之用，要不可分」❹。作為具象之物的「體」，必有其用處和功能，也必能發用而為事、而生果，這是古人對「體」的最素樸的認識和寄念，所以有一物卽必有其用。對於具象之物來說，功用的觀念較為簡單，也很顯著；但當「體」衝破形器之拘而變得越來越抽象時，「用」的含義也就隨之複雜起來。首先，不僅是作為形而下的具象之物各有其用，而且作為形而上的抽象事理也有它的功能，形器之用實而著，事理之用微妙不可察。具用者，由形而下世界擴展到了整個存有世界，「用」的類別和內容也就大大豐富了。其次，物不但有功用，而且具屬性,功用往往依附於一定的屬性，物具一屬性便有其功用，所以功用和屬性是密不可分的。從功用、用處過渡到屬性，「用」的含義便更廣

---

❸　《晁氏客語》。
❹　《讀四書大全說》卷4。

了，舉凡「體」的性質、關係、狀態、式樣等等內容，皆屬於
「用」的範圍。《莊子‧天道》云:「故視而可見者，形與色也，
聽而可聞者，名與聲也。悲夫，世人以形色名聲爲足以得彼之
情，夫形色名聲果不足以得彼之情，則知者不言，言者不知，而
世豈識之哉！」「體」之情狀僅從形色名聲等顯著之「用」不足
以發現，而必須掘隱扶微，從更精細、更本質的屬性來識「體」，
所以體之「用」的範圍擴大到了其屬性的所有方面。亞里士多德
的範疇論，以「本體」與其餘九範疇對列，將九範疇通稱爲「屬
性」，這和中國哲學所講的體用關係有點相似。最後，「用」不僅
是指「體」的功能或屬性，而且就是「體」自身的顯現。純觀念
的「體」往往隱微難察，而唯一可把握的就是其「化迹」，卽「體」
的動態的功能顯露，這便是「用」。「用」是「體」的顯現，離「用」
無從識「體」，識「體」必依其「用」，這是中國哲學體用觀的眞
正妙諦。「用」作爲「體」的功能或屬性，尙有二分和對待的意
思，卽體用有別；但作爲「體」的顯現，則二者完全合一，體卽
用，用卽體，體用相卽。所以，「體」之顯現的「用」，是形而上
意義的「用」，也是後來中國哲學體用範疇中「用」字的眞實意
義之所在。

　　由上述對「體」、「用」二字所作的語義分析，我們可以看
出: 這兩個概念的自身演變，以及體用觀念的萌芽和生成，經歷
了一個十分複雜的過程。從思維活動和概念發展的邏輯順序而
言，體用也是由簡單到複雜、由具體到抽象，從表達形而下存有
的一般性實體概念變成了一對高度抽象的哲學範疇。雖說實體及
其功用、現象與其本體，是這對範疇的兩個基本含義，也是中國
哲學史上最爲常見的兩種使用情況，但因它的內含包容太廣，外

延聯帶性極強，故意義又不僅限於此。體用不只是重要的本體論範疇，而且被廣泛地運用到自然觀、認識論、工夫論、歷史觀、政治倫理等各個領域，成爲中國哲學中應用最爲普遍的範疇之一。正因體用在傳統哲學中有着衆目之綱的意義，所以熊十力將它作爲建構自己本體學說的主要資具，並以之來統攝天人、心物、知行等範疇，將本體論和宇宙論、知識論、人生論融成一片，收到了綱舉目張的效果。除了內涵豐富、使用廣泛的特點之外，體和用之間本身也有着一種「分而不分，不分而分」的特殊關係，熊十力稱這種情形爲「恰善形容眞實道理」。他指出，西方哲學家「言有實體與現象二名，儼然表有兩重世界，足以徵其妄執難除，東土哲人只言體用，便說得靈活，便極應理」❶。故說明世界的最高本體與事物現象間的關係，描述這些錯綜複雜的樣式和狀態，用體用範疇比用實體與現象的名目要準確得多，也更爲有效，更能「寄言以達意」。這也能充分體現中華民族理論思維方式的特色，反映出中國哲學的眞實精神來。所以，熊十力闡發他的哲學本體論思想，獨於中國哲學衆多範疇之中拈出體用二字，是自有他的深意的。

二、中國哲學體用論的源與流

體用範疇萌芽於先秦，而成熟於魏晉，這是學術界的一般看法。

體用說到底起於何時？始自何人？王夫之謂：「夫能、所之異其名，釋氏著之，實非釋氏昉之也。其所謂能者卽用也，所謂

---

❶　《破破新唯識論》，頁57。

所者即體也，漢儒之已言者也」⑯。但究竟此已言「所體能用」
的漢儒是誰，至今尚難確考。兩漢有無體用說還是一個有待進一
步研究的問題，而先秦絕無此說卻早已爲宋明儒所肯定。魏了翁
說：「六經《語》《孟》發多少義理，不曾有體用二字，逮後世
方有此字，先儒不以人廢言，取之以明理」⑰。這裏所謂不逮體
用二字，當然不僅僅是就文字說，而且也是指義理言。許衡亦
謂：「先儒說出體用，常謂孔孟未嘗言此」⑱。李顒則進一步指
出：「體用二字相連並稱，不但六經之所未有，即《十三經注疏》
亦未有也」⑲。正因之故，體用說究竟出自何處？始於何人？這
是宋明儒常表關切的問題，也是頗使他們感到困擾而鬱抑難舒的
心病。因爲先於他們的隋唐佛教各宗派，無一不言體用，體用說
的繁盛，實始於釋氏。這對於闢佛老、重道統的理學家來說，不
免有點心虛甚或難堪。

　　理學興起之初，程頤首標「體用一源，顯微無間」，倡發體用
之說。稍後於他的晁說之著《儒言》，即謂：「經言體而不及用，
其言用而不及乎體，是今人之所急者，古人之所緩也。究其所
自，乃本乎釋氏體用事理之學，今儒者迷於釋氏而不自知者，豈
一端哉！」⑳王應麟《困學記聞》也記載了這條，「晁景迂曰：
體用本乎釋氏」。可見在兩宋間，體用出自佛家的說法還是相當
流行的。正因如此，宋明儒在談體用時，往往曲引先秦儒典，廣
爲發揮，以竭力表明先儒於體用，雖言未及而意實達的眞情苦

⑯　《尚書引義》卷5。
⑰　《鶴山集》卷109，〈師友雅言‧下〉。
⑱　《魯齋遺書》卷2，〈語錄‧下〉。
⑲　《二曲集》卷16，〈答顧寧人先生〉。
⑳　《景迂生集》卷13。

心。如二程謂：「上天之載，無聲無臭之可聞。其體則謂之易，其理則謂之道，其命在人則謂之性，其用無窮則謂之神，一而已矣」❷。許衡謂：孔孟未嘗言體用，然「仔細讀之，每言無非有體有用者。如忠告而善道之，忠告體也，善道之用也。……又如居上不寬，為敬不禮，臨喪不哀，寬、敬、哀，其體也，體立而後用行」❷。這類說詞，在宋明儒的著作中，觸處皆是，不勝枚舉。

但不管怎樣巧言曲護，體用說究非出自先儒，這是顯而易見的事實。所以，當明末清初的顧炎武與李顒就體用的源頭問題往復三辯時，衛道排佛的顧氏就終難免處於下風。李顒認為，「體用二字，出於佛書」。顧炎武不同意這一觀點，特舉《易》、《禮記》、《論語》等儒典中語，以說明先儒早有此論。李顒謂：「〈繫辭〉暨《禮記》，『禮者體也』等語，言體用者固多，然皆就事上言事，拈體或不及用，語用則遺夫體」，而真正體用並舉的，始於《六祖壇經》。顧炎武指出：「體用二字並舉而言，不始於此。魏伯陽《參同契》首章云『春夏據內體，秋冬當外用』。伯陽東漢人也，在惠能之前，是則並舉體用始於伯陽」。並認為惠能和朱熹言體用皆源於此。李顒考辨了惠能、朱子與魏伯陽之間並無思想淵源，「況伯陽本納甲作《參同》，所云『二用無爻位，周流游六虛』，及春夏秋冬內體外用之言，皆修煉工夫次第，非若惠能之專明心性，朱子之專為全體大用而發也」。他特引二程語：「學也者，使人求於本也，不求於本而求於末，

---

❷ 《河南程氏粹言》卷1。
❷ 《魯齋遺書》卷2，〈語錄·下〉。

非聖人之學也」，以抨刺亭林對體用問題理解的支離和膚淺㉓。
顧李之辯，暫且不論其所言是否都能成立，就客觀而包容的心態
和對體用問題的實質性把握來說，李顒顯然要略勝顧炎武一籌，
這頗能給後人的研究以某種啓迪。

　　體用，由一般概念上升爲哲學範疇，由字源學上的本意演
化爲一普遍的觀念，顯然非一人一世之力。王弼和合《易》、
《老》，爲體用的本體意義奠定了初基，其《老子注》三十八章
「雖貴以無爲用，不能舍無以爲體也」一語，常爲後人所稱引。
但他的思想並未完全擺脫《老子》「道」生化之義的影響，主有
因於無，以寡御衆，而體用終難圓融，這集中表現在其釋大衍
義。按照王弼的說法，〈繫辭上〉「大衍之數五十」之中不用的
「一」，卽爲「太極」，也就是世界萬物的本原「無」，而「其用四十
有九」之數爲有限的天地萬物，也就是「有」，無爲本，有爲末，
有以無爲根據。雖然有無之間不完全像《老子》所言道生萬物那
樣的母子關係，但仍存在着明顯的對待之意，「就其釋大衍義說，
此實體並沒有下降到天體萬物之中，它居於『有物之極』，並
非居於萬物之中」㉔。也就是說，他所謂的「無」仍是居於天地
萬物之上的實體，可以不依賴於天地萬物而存在，而不是與天
體萬物融合爲一體。這種體用殊絕的太極觀在宋明時期遭到了王
夫之等人的批評。再者，王弼的體用說主要從其易學出，雖經
授《老》入《易》，但易學自身發展的線索不容忽視。「體」的
擬象意義在先秦典籍中最常見的就是指卦體，而漢易中此「體」

㉓　上引均見《二曲集》卷16，〈答顧寧人先生〉。
㉔　朱伯崑：《易學哲學史》（上册），北京大學出版社，1986年11月
　　版，頁285。

字用得極泛，意思也富有變化。王弼注《易》，雖擯象數而重義理，但「體」的用法還是大多承續了漢儒。如解〈乾〉九四爻「去下體之極，居上體之下，乾道革之時也」，〈乾‧文言〉九三句「處一體之極，是至也」，「居下體之上，在上體之下，明夫終敝，故不驕也」。又《周易略例》謂：「尋名以觀其吉凶，舉時以觀其動靜，則一體之變，由斯見矣」，「凡〈象〉者，統論一卦之體者也」。此擬象之卦體皆代表具體的事物，正如馮友蘭所說：「象如符號邏輯中所謂變項。一變項可以代入一類或許多類事物，不論什麼類事物，只要合乎某種條件，都可以代入某一變項」❷❺。王弼以卦體擬天地之大象，引入《老子》中的「無」，爲其玄學本體論奠定了基礎。這一方面是易象抽象化而發展到極致的結果，另一方面也是卦體在觀念中所能推演出的最高形式，所以王弼的體用觀和漢易的卦體諸說之間，顯然存在着一定的承接關係。

魏晉南北朝，是玄學興盛的時代，同時也是佛道二教大發展的時期，尤其是佛教，由格義比附而趨自創宗義，逐漸取玄學而代之，成爲思想界的盟主。湯用彤謂：「魏晉以迄南北朝，中華學術界異說繁興，爭論雜出，其表面上雖非常複雜，但其所爭論實不離體用觀念。而玄學、佛學同主貴無賤有。以無爲本，以萬有爲末。本末即謂體用，《般若》之七宗十二家，咸研求此一問題，而所說各異」❷❻。當時六家七宗的體用學說究竟是從印度傳來的，還是中國哲學自身發展的產物？這是一個歷來爭執不下的問題。但有一點可以肯定：即印度佛教中確有自身的體用觀念，而且在流行於中國之初，就已顯露出這方面的豐富思想。所以，

---

❷❺　《三松堂全集》卷5，頁71。
❷❻　《漢魏兩晉南北朝佛教史》，頁236。

那種認爲中國佛敎的體用論完全是受了魏晉玄學的影響之後才產生的觀點，恐難成立。印度勝論師立「六句義」而有「實德業」之分，佛敎因之立「體相用」三大，然後「性相」、「理事」諸範疇相繼出現，均用以探討本質與現象的關係❷。印度佛敎的體用觀念與中國傳統的體用意識不一定完全相符，再加之佛經翻譯的語言轉換和意義接受問題，兩晉以後之佛家所講的體用不完全等同於印度佛敎所說的體用，這也是毫無疑問的。魏晉時代，玄學講體用，佛學也講體用，各有所資而交相融攝，使這一觀念逐漸由隱而顯，溶鑄成了一對較爲固定的哲學範疇。

雅尙莊玄的支遁卽有「無名無始，道之體也」❷的說法。及羅什來華，盛弘《般若》，使以虛無解《易》的玄風更得與大乘佛敎「空」的理論相結合，正是在這種學術背景下，產生了中國佛敎史上的第一個「玄宗大師」僧肇。湯用彤認爲，「肇公之學說，一言以蔽之曰：卽體卽用」❷。柳田聖山在其《初期的中國佛敎》一書中也指出：僧肇所發揮的「體用邏輯」是般若與玄學結合的最初嘗試，「倘若把中國佛敎看成是印度佛敎的延長，則這結合顯然是一種逸脫的表現」，「這足以決定佛敎自身的命運」❸。僧肇之「本無、實相、法性、性空、緣會，一義耳」❸，及「用卽寂，寂卽用，用寂體一，同出而異名，更無無用之寂而主於用

---

❷　參見蘇淵雷《佛敎與中國傳統文化》一書之＜佛學對中國古典哲學的影響＞一節。

❷　《中國佛敎思想資料選編》卷1，中華書局，1981年6月版，頁60。

❷　《漢魏兩晉南北朝佛敎史》，頁236。

❸　轉引自吳汝鈞《佛學研究方法論》之資料部分，頁272。

❸　《肇論・宗本義》。

也」❸ 的說法，顯然比王弼的體用觀更具有形而上的色彩。故湯用形說，僧肇所作諸論「已談至『有無』、『體用』問題之最高峰，後出諸公，已難乎爲繼也」❸ 。

南朝齊梁間的神滅與神不滅之爭，對體用問題也作了較多的展開。無神論者范縝主「形質神用」說，其〈神滅論〉一文云：「形者神之質，神者形之用，是則形稱其質，神言其用，形之與神，不得相異也」。這裏的「形」卽指人的身體，而「神」則是人體之功用，故神依形存，形滅而神滅。對於這種樸素的唯物論觀點，篤信佛敎的梁武帝不但親自撰文反對，而且發動王公朝貴寫了七十多篇論文，羣起攻之。這些辯難的文章多在本末意義上論說體用，卽「神」爲不滅之本體，而「形」爲可變之效用，用變體不變，故形滅而神存。沈績在爲梁武帝〈立神明成佛義記〉一文所作的注中，對此體用義論述的頗爲詳細，如說：「旣有其體，便有其用，語用非體，論體非用，用有興廢，體無生滅者也」。「不有一本，則用無所依」。又謂：「夫體之與用，不離不卽。離體無用，故云不離；用義非體，故云不卽。見其不離，而迷其不卽；迷其不卽，便謂心隨境滅」❸ 。詩人沈約在〈難范縝神滅論〉一文中討論了體與用可分不可分的問題，他說：「若謂總百體之質謂之形，總百體之用謂之神，今百體各有其分，則眼是眼形，耳是耳形，眼形非耳形，耳形非眼形，則神亦隨百體而分，則眼有眼神，耳有耳神，耳神非眼神，眼神非耳神也」❸ 。實際上，形可分而神不可分，形中有形而各有其用，形分百體而不能

---

❸　《肇論・般若無知論》。
❸　《漢魏兩晉南北朝佛敎史》，頁236。
❸　上引見《弘明集》卷9。
❸　《廣弘明集》卷22。

如一，「言神唯有一名，而用分百體」，故可分者爲用，不可分者爲體，體一用多，神體形用。

「形體神用」的觀點在崔憬的《易探玄》中得到了更爲明確的表述，其注《易·繫辭》「形而上者謂之道，形而下者謂之器」時說：「凡天地萬物皆有形質，就形質之中，有體有用。體者，卽形質也；用者，卽形質之妙用也。言有妙理之用以扶起體，則是道也。其體比用，若器之於物，則是體爲形而上，謂之爲器也。假令天地圓蓋方軫爲體爲器，以萬物資始資生爲用爲道；動物以形軀爲體爲器，以靈識爲用爲道；植物以枝幹爲器爲體，以生性爲道爲用」❸❻。崔氏所論，以形而下者爲「體」，以形而上者爲「用」，體卽爲器，用卽爲道。所以，這裏的「體」並不是哲學意義上的本體，而只是感覺所把握的物質實體。對「體」的形而下詮解，雖說自唐以還，不絕其人，但均不能影響到魏晉以來玄佛共創的形而上體用觀之大流。

崔氏之說，在唐代影響甚微，而當時據主導地位的，則是佛家各派的體用論。隋唐佛敎之天台、三論、華嚴、禪諸宗，皆循僧肇開闢的玄學化佛學之理路而大談體用，百家競和，勝意疊出，頗有波瀾壯闊之氣象。智顗以「禮」訓「體」，賦予「體」規範法度之意，「體字訓禮。禮，法也。各親其親，各子其子，君臣樽節，若無禮者，則非法也。出世法體，亦復如是。善、惡、凡、聖、菩薩、佛，一切不出法性，正指實相以爲正體也」❸❼。又以「體」對「理」，以「用」舉「事」，謂「顯體專論理，宗用但論事」❸❾，將體用和理事這兩對重要範疇融通起來。智

---

❸❻　見李鼎祚《周易集解》卷14，〈周易繫辭〉引。
❸❼ ❸❽　《妙法蓮華經玄義》卷1。

顗以下，灌頂、湛然諸天台大師莫不盛張體用，尤其是湛然之〈十不二門〉，完全依體用不二義立論，語極精當❸。三論之吉藏以「八不」結合「二諦」來闡明中道，明確提出了「體用相即」的說法。「二諦唯一，約用有二」，「以體爲用，以用爲體，體用平等，不二中道，方是佛性」❹。其破邪顯正亦借體用二字簡別，謂：「舊宗但得用門，未識其體，故亦失旨也」。僅得「用」之觀，卽爲「用觀」（藉二諦用，生二諦觀）；僅得「用」之論，卽爲「用論」（說於用）。而識「體」之觀，則名「體觀」（因於體正，發生正觀）；識「體」之論，則名「體論」（如實說體）。故「觀具二，論亦具二也」❹。按照印順的說法，以體用之體爲眞如實性，起於南北朝時期的中國佛教學者❹。而吉藏則進一步用體用之體來解涅槃法身，謂「昔日二種涅槃，有餘時身智在，解脫不滿，無餘時解脫滿，身智不在。今日涅槃、身智在、解脫滿三德之中，法身爲體，般若解脫爲用」❹。華嚴宗因有如來藏學說爲軸心，在本體論架構方面更見系統，故體用觀亦達於極致。法藏論華嚴奧旨，首顯一體，此體謂「自性清淨圓明體」，也就是「如來藏中法性之體」。依此體起二用：「一者海印森羅常住用」，卽「海印三昧」；「二者法界圓明自在用」，卽「華嚴三昧」❹，這兩種三昧均用來說明佛的最高境界，並融

---

❸　知禮有〈十不二門指要鈔〉，對湛然文疏解甚詳。牟宗三之《佛性與般若》一書對此二文作了極富思辯色彩的現代闡釋，堪稱是當代中國哲學中的傑作。見該書之第三部第一分第三章「〈十不二門指要鈔〉之精簡」。

❹　《大乘玄論》卷3。

❹　《三論玄義》卷上。

❹　參閱其〈評熊十力的新唯識論〉一文。

❹　《大乘玄論》卷3。

❹　《修華嚴奧旨妄盡還源觀》。

貫四法界、六相、十玄諸說。華嚴宗以《華嚴經》爲根本佛典，宗密解《大方廣佛華嚴經》之「大方廣」曰：「大者，體也，諸佛眾生之心體。方廣，卽體之相用」❹。華嚴諸師於體用關係論說繁蕪，不勝枚舉，常見的說法就有：「三性體用同時」、「體用相伴而行」、「依體起用」、「攝用歸體」（智儼），「依體與起萬用」、「用非乖體，用不異體」、「相亡體顯」、「用卽體，體卽用」、「理事互融，體用自在」、「體爲用本，用依體起」、「體用雙融」、「體用交徹，圓融一味」、「體用玄通」（法藏），「體用一味」、「一體十用」、「體用無二」（澄觀）、「從體起用」、「舉體全遍」（宗密）。李顒謂體用並舉始於《壇經》，這顯然是錯誤的說法。慧能非但不具起始之功，而且實際上論體用，禪宗也遠不及華嚴宗之廣泛和細密。隋唐佛教中的體用觀至華嚴法藏已達其極，後人鮮能超出。據淨覺《楞伽師資記》載北宗神秀語謂：「我之道法，總會歸體用二字」。呂澂認爲，這一思想並未越出從道信以來所特別倡導的智敏《禪訓》中所講的學禪先要懂體用這一範圍，而神秀之體用觀在於統一「屈曲直」，「將動靜一體作爲究竟」❹。南宗慧能《壇經》的特點之一，卽在於以體用觀論說定慧之學，這已爲後人所指出（如晁迥、凌廷堪）。慧能說：「我此法門，以定慧爲本」，而「定慧一體，不是二，定是慧體，慧是定用，卽慧之時定在慧，卽定之時慧在定，若識此義，卽是定慧等學」❹。六祖以下之禪宗大德於體用義

---

❹ 《注華嚴法界觀門》。
❹ 《中國佛學源流略講》，頁216。
❹ 《壇經・定慧品第四》。

也多有發揮，如「體用不二」一語卽是首先由道一門人慧海提出的[48]。

隋唐佛教的體用論，內容十分淵廣，其中關於「體」和「用」的具體說法也有相當的不同，但「體」基本上是承示着精神意義的內涵，而「用」則相對展現爲事相的層面。作爲宗教神學，佛家各派所講的體用理境多有一層撲朔迷離的虛幻色彩，而不像源於《易》、《老》傳統的體用觀那樣易於把握和辯析。但不管怎樣，這一階段的體用學說實爲中國哲學體用論形而上玄理的淵藪，它不但構成了隋唐佛教諸宗本體學說的重要基礎，而且對唐宋以後的中國哲學本體論理論也產生了深刻的影響。

隋唐佛學之後，理學繼之而起，全祖望謂：「兩宋諸儒，門庭徑路半出佛老」[49]。在體用學說方面，可以說也不例外。宋初晁迥著《法藏碎金錄》，除了繼續發揮佛教教義本身的體用之說外，還注意援釋入儒，力圖把佛教的體用說和中國傳統的體用觀融合起來。他說：「周孔經制之術，黃老清靜之敎，釋梵薰修之法，歷觀體用，各無相妨，人多取捨，妄分憎愛」。又說：「道家之言虛無，但得其體；佛教之言寂照，體用兼備」[50]。儘管晁氏當時是站在佛家的立場來衡定三敎之體用觀的，但他的思想已約略呈現出會三歸一的端倪，這同時也表明了佛教體用學說在北宋初年的絕對影響。

程頤之〈易傳序〉首揭「體用一源，顯微無間」，後儒奉爲圭臬，廣作傳釋。程子語本是就易卦之理象論事物之「本」與

---

[48]　《大珠禪師語錄》卷下云：「淨者本體也，名者迹用也，從本體起迹用，從迹用歸本體，體用不二，本迹非殊。」

[49]　《鮚埼亭集外編》卷31。

[50]　《法藏碎金錄》卷9。

「迹」，易理爲本，卦象爲迹，理象一體，顯微從出。「不排釋老」的程頤曾問學於靈源禪師，有人認爲「體用一源，顯微無間」一語就是取自佛家❺。不管這句話是否眞的語出禪師，程頤的思想確實受到佛教體用觀的影響，這是可以肯定的，其對「體」的形而上理解和體用一如的基本認識完全延續了隋唐佛學家的看法，只不過對「體」的具體內容作了抽換而已。由周張二程開山的理學，其體用論基本上是承續了兩個傳統，一是《易》、《老》之偏重宇宙生化的體用觀，二是佛學之偏重心性玄理的體用觀。相比之下，周敦頤和張載受前者的影響大些，而二程則較爲接近後者。

宋明理學家喜談體用，甚至有弟子直稱其老師的學問爲「明體達用之學」（劉彝言胡瑗）或「明體適用之學」（張珥言李顒）的。但因理學之體用觀源從二出，故各家的理解和論說都相當的駁雜，遠不如隋唐佛學之精一。以朱熹談體用爲例。在其《語類》和《文集》中，有以實體與功能的關係而言者，如「耳便是體，聽便是用；目是體，見是用」。有以潛能和現實的關係而言者，如「心有體用，未發之前是心之體，已發之際乃心之用」。有從本末而言者，如「禮儀三百，威儀三千，須是仁做始得，凡言體，便是做他那骨子」。有從主次而言者，如「性是體，情是用」。有就問題的不同層面而言者，如「看文字須活着意思，不可局定。知對仁言則仁是體，知是用；只就知言，則知又自有體用」。有就本體意義上的理事二端而言者，如「體是這個道理，用是他用處」，「不是本體中原來有此，如何用處發得此物出來」

---

❺　參見蘇淵雷的《佛教與中國傳統文化》一書，頁23。

❷。總之，其論體用，義無定所，而比較多地展現了這對範疇在方法論上的意義。對於形而上和形而下之兩類不同的本體觀，朱熹作了十分明確的剖判，「若以形而上者言之，則沖漠者固爲體，而其發於事物之間者爲之用；若以形而下者言之，則事物又爲體，而其理之發見者爲之用」❸。王夫之完全承續朱子形上形下之二分，進一步辯析了體用範疇的兩重涵義，他說：「體可見，用不可見；川流可見，道不可見，則川流爲道之體，而道以善川流之用。此一義也。必有體而後有用，唯有道而後有川流，非有川流而後有道，則道爲川流之體，而川流是道之用。此亦一義也」❹。站在唯物主義的立場，船山的「天下唯器」之本體觀當然是取體用的前一義立說，卽「據器而道存，離器而道毀」❺，器爲體，道爲用，這和張載以太虛之氣爲體，以一氣之聚散爲用的大化本體觀顯然一脈相承。二程謂：「子厚以清虛一大名天道，是以器言，非形而上者」❻。同樣，船山哲學所執持的「體」，亦非形而上者。唯物和唯心之兩條不同的哲學路線，在解答究竟何爲體的問題時，異常鮮明地顯露了出來。王夫之除了對「體」詳加辯析外，還區分了「用」的不同意義。他說：「蓋視聽色貌者，卽體之用；喜怒哀樂者，離體之用。離體之用者，體生用生，則有生有不生；而其生也，因於物感，故有發有未發。卽體之用者，卽以體爲用，不因物感而生，不待發而亦無未發矣」❼。

---

❷　上引朱熹語，均轉引自錢穆《朱子新學案》（第一册）之＜朱子論體用＞一節，臺北三民書局，1982年4月再版，頁429—440。

❸　《朱文公文集》卷48。

❹　《讀四書大全說》卷5。

❺　《周易外傳》卷2。

❻　《河南程氏粹言》卷1。

❼　《讀四書大全說》卷7。

這裏對「卽體之用」和「離體之用」的分別，同樣也表明了體用
範疇在內涵方面的複雜性。

　　中國古代哲學體用論發展至明末清初的王夫之已達到高峰，
體用範疇的不同層面和豐富內涵已基本上得到了揭示，其方法論
上的意義也有相當的展開。但只因諸說並立，歧義紛陳，相互間
的關係未得董理，論例間的蕪雜亦未能澄清，故爾引出了近代自
「中體西用」說開始的一段混亂。改良派的代表人物都喜以體用
二字來衡定中西學術，如鄭觀應謂：「中學其本也，西學其末也，
主以中學，輔以西學。知其緩急，審其變通，操縱剛柔，洞達政
體」⑱。孫家鼎也說：「應以中學為主，西學為輔；中學為體，西
學為用。中學有未備者，以西學補之，中學有失傳者，以西學還
之。以中學包羅西學，不能以西學凌駕中學」⑲。張之洞作《勸
學篇》，集「中體西用」思想之大成，並「挾朝廷之力而行之，
不脛而遍於海內」（梁啓超語），使這一觀念浸潤人心，瀰漫於整
個思想界。流俗所至，「體用」二字被隨意濫用而混亂已極，早
失原來之宗趣。改良派人物的本意原是針對朝野大多數之守舊心
態，不得不擇取世人習用之稍可類通的語句而比附張皇，使守舊
之徒樂聞而不為峻拒，這番苦心實在是迫不得已而為之，不想竟
然殃及魚池，把一對重要的傳統哲學範疇搞了個非驢非馬，不成
模樣。

　　對此，自近代以來的許多有識者已從不同角度給予了駁正。
如嚴復說：「體用者，卽一物而言之也。有牛之體，則有負重
之用；有馬之體，則有致遠之用。未聞以牛為體，以馬為用者

---

⑱　《盛世危言・西學》。
⑲　〈議復開辦京師大學堂摺〉。

也。……故中學有中學之體用，西學有西學之體用，分之則兩立，合之則兩亡」[60]。熊十力也說：「蓋自其辭言之，則中學有體而無用，將何以解於中學亦自有經濟考據諸學耶？西學爲有用而無體，將何以解於西人本其科學、哲學、文藝、宗教之見地與信念，亦自有其人生觀、宇宙觀，理解所至，竭力赴之，彼自有其所追求與向往之深遠理境，非止限於實用之知識技能耶！故南皮立辭未妥也」[61]。殷海光在其《中國文化的展望》一書中，專立一章，對「中體西用」說的時代背景、中心論旨、影響廣大之原因等等，作了較爲全面而透徹的分析，可以說已經對這個問題有一歸結性的說明。但正如殷氏所論：「張之洞這種想法，近幾十年來，已經被鑄成半新半舊人物的文化思想之基本型模」[62]。故不管你三七二十一，還是非驢非馬下去，只要中西文化仍然衝突，濫用體用概念的誤習就堅持不改。時至今日，以體用說「起爐作灶」(借用象山語)者，還大有人在；而諸如：社會存在和意識形態二分前提的「西學爲體，中學爲用」[63]，「中國本位的（卽爲了創造地轉化中國傳統思想與文化着想的）中西互爲體用論」[64]等等「重床疊架」(借用伊川語)的說法，仍然不絕於耳。不知是「體」、「用」二字特別招人喜歡，用來得心應手，還是因爲這對範疇確乎網羅天地、無所不及。總之，大有談中西非「體用」概莫能言之的光景，眞是令人不可思議！

---

[60]　<與外交報主人論教育書>。

[61]　《讀經示要》卷1，正中書局，1949年2月版，頁3。

[62]　《中國文化的展望》，香港文星書店版，頁419。

[63]　李澤厚：《中國現代思想史論》，東方出版社，1987年6月版，頁336。

[64]　傅偉勳：《批判的繼承與創造的發展》，頁58。

　　體用說在近代以來的隨意濫用，反而遮掩了這對範疇哲學意義的輝光，熊十力起而矯之，正是起到了一種正本清源的作用。於一片浮泛混亂的知見和解說之中作獅子吼，足以使未了解體用真諦的迷誤者驚心自省：究竟什麼是「體用」？因而，我認為熊十力的體用論是對近現代泛濫已極的形形色色體用說詞的一大掃蕩，也為近代以來的體用觀作了一個回溯式的批判性終結。

三、對體用觀的批判性梳理

　　因體用範疇的內涵極為豐富，極有靈活性，其使用的範圍也就很廣，再加之中國哲學儒釋道各家都談體用，而所據不一[65]，就使得這樣一對歷史悠久、使用普遍、極具包容性的邊緣範疇，理解難免發生歧義，更有牽強附會、生拉硬扯的現象出現，有的哲學家用之幾乎到了泛濫的地步。作為中國哲學本體論的核心觀念之一，體用的闡發往往標示着某個哲學家或某一哲學派別對於世界本原問題的基本認識和看法，故究其所持，卽能提綱挈領，以收「表裏精粗無不到」之效。熊十力正是抓住了中國哲學的這一福機，以批判性的眼光和借用佛家遮詮之法，對歷史上的體用觀做了一次全面的清理。他對體用含義的分條析疏，承接船山而又超出之，並多少引入了一些現代哲學的觀念；而對於體用觀形而上意義的昭揭和闡釋，卻完全是跨越傳統的創造性知見，這和「新唯識論」的本體架構是緊密地聯繫在一起的。熊十力檢視舊

---

[65]　如佛教之體用說就始終有自己獨立的形貌，而不與世俗相雜。二十年代初，歐陽竟無作《唯識抉擇談》，分體用義為體中之體、體中之用、用中之體、用中之用，以闡釋唯識學說。其所說體用與一般時論所談體用幾乎了無所涉，基本沒有關係。

說，澄清雜冗，首先將體用說分爲一般意義上的和哲學意義上的兩種，「體用之名，大概有一般通用及玄學上所用之不同」。

先說哲學意義上的。「玄學用爲表示眞實之詞，則體用之名似分而實不分，不分而又無妨於分」⑥，哲學意義上的體用，是就宇宙人生之基源、大化之本始處立言，其體用雖有分而實不可分。一言乎體，便有用在；一言乎用，便有體在。體用相卽，不可割離爲二。王弼說「有無」，開哲學意義上的體用之先河，繼之南北朝時期的「形神」之辯，也含有一定的本源之意蘊。「中國宋明諸子說體用，大抵不外此旨，而王陽明尤透徹」⑥。理學家談到「體」字，多能緊握玄機，「程朱之天理，象山之本心，陽明之良知，實是一物而異其名耳。此個根荄，千聖同尋到」⑥。熊十力肯定他自己所說的體用「亦是此物也」。除此而外，佛家所說的「眞如」、「法性」、「如來藏」、「涅槃體」等，亦是宇宙本體之稱。僧肇證「般若無知」、「涅槃無名」，法藏論「理事無礙」、「一多相卽」，慧能言「眞如爲體」、「定慧不二」，都是就本體上立論，他們所表達的體用關係都具有哲學上的意義。

熊十力指出，體用除了哲學上的意義外，更多地是被作爲一般意義來使用。「所謂一般通用者，卽此體用名非依眞實義立」，「並非最極普遍而無所不冒之名」⑥。它們都是隨機而設，並不專指宇宙本體言，沒有哲學上的意義。其使用的範圍極廣泛，含義也很複雜，凡主次、輕重、本末、先後、緩急等等不同，都可以用體用來表達。熊十力將此非哲學意義的體用又總分爲兩類，

---

⑥⑥　《破破新唯識論》，頁56、58。

⑥　〈讀智論抄〉，《東方與西方》卷1期4，1947年7月。

⑥　《破破新唯識論》，頁58。

「甲類中，卽如隨舉一法而斥其自相，皆可名之爲體，如云瓶體；隨舉一法而言其作用，皆可名之爲用，如云瓶有盛貯用」[70]。就是說一切事物都有自己的體，也有自己的用，有實體，便有其功用。如朱熹說的，「譬如此扇子，有骨、有柄、用紙糊，此則體也；人搖之，則用也。如尺與秤相似，上有分寸星銖，則體也；將去秤量物事，則用也」[71]。王夫之所謂「陰陽爲體，動靜爲用」，「所爲體，能爲用」等等。孫中山言「譬如人之一身，五官百骸皆爲體，屬於物質；其能言語動作者，卽爲用，由人之精神爲之」[72]。這裏所說的體用都是就一件具體的事物立言，而非指宇宙的本體。「乙類中，如思想所構種種分劑義相，亦得依其分劑義相而設爲體用之目」。熊十力舉例說：「卽如吾方作『無』想時，此『無』之有以異於『有』，而同時不能以無爲有者，此卽『無』之分劑義相」。因有此差別，無卽有其自體，無有體，則亦有其用可言。「夫無且有體用可言，況其它無量分劑義相乎？」[73]這裏所說的體用，已經與其本義相距甚遠，而且極易流於泛濫，近代的「中體西用」說就是一個典型的例子。

熊十力分疏體用的不同蘊含而凸顯其形而上的意義，他的體用不二論正是在加以肯定和大力昭揭這種玄學意義的基礎上，建立起來的。關於體用不二論的確立過程，熊十力在其晚年的著作中有一番總結，認爲他思想上經歷了三次重大的變化。「一者，始假設有造物主」，卽迷信天帝和篤信輪迴。後遠取近觀，「觸處窮理」，不能成證，遂「放棄此一假設」，是爲第一變。二者，「造

[70] 《破破新唯識論》，頁59。
[71] 《朱子語類》卷6。
[72] ＜軍人精神教育＞。
[73] 《破破新唯識論》，頁60。

物主既不容成立，始假設萬物無源」，卽用自然論的觀點看待宇宙生化。此爲「無源之論」，成無體之用，自度「殆將放捨宇宙論，不堪致廣大、盡精微也」，於是放棄此一假設，是爲第二變。三者，「余乃復爲窮源之學」，深信萬物必有其本體，而「實體決不是潛隱於萬有之後或超越乎萬有之上，亦決不是恒常不變，離物獨存」，本體卽顯現爲大用，卽用識體，體用不二。「余學至此，爲第三變」❼❹。熊十力體用觀變化的三個階級，也就是其出入釋老，比較東西，對各家本體學說梳理批判，最後確立自己體用不二論的過程。

熊十力建立自己的體用不二學說，在方法上深受大乘空宗以破顯立的影響。他極爲欣賞空宗的遮詮法，認爲空宗「空法相以識體，蓋莫妙於遮詮之法」❼❺。熊十力闡發自己的體用觀，正是借用遮詮法，每立一義，必先破難，通過對各家本體觀的分析和批判來建立他自己的學說。

(一)儒　家

熊十力考辯孔子以後的儒家，認爲「孔門大道學派今可考者只游夏二人，二子之外皆小康之儒」。孟荀「同是堅守小康之壁壘，與大道學說之主旨根本無可相容」，「宗法思想狹隘一團」❼❻。秦漢以後，更是小儒獨盛，「孔子遭誣，六經被廢，大道淪亡」，此「一團黑暗」的局面，「至於今，歷時近三千年矣」❼❼。除了對一個陶俑式的孔夫子的推崇外，他對儒家抨擊之烈，並不亞於對

---

❼❹　上引見《體用論》，頁149-151。
❼❺　《新唯識論》(文言本)，頁24。
❼❻❼❼《乾坤衍》上，頁45、82。

佛道二氏。他說:「吾國自漢以後，儒生爲僞朝之僕隸，而儒學早絕其源」⑱。「漢宋羣儒，以易學名家者，無一不是僞學，其遺毒甚深，直令夏族萎靡莫振，余實痛心」⑲。他認爲漢儒「陽尊孔子而陰變其質」，「以種種頑陋不堪之論迎合皇帝」⑳，早已拋棄了孔子的內聖學，於本體無絲毫體悟神解，根本就不值一提。他將漢儒學問槪括爲三論，「一曰三綱五常論，二曰天人感應論，三曰陰陽五行論」。認爲這些都是「擁護帝制之敎義」，「不徵於實事，無干於理道，未可言學術」㉑。熊十力凤厭象數，「不喜漢易」，認爲「漢易家雖多，皆講象數，而與孔子之易無關」㉒。在他看來，源於占卜的象數之學和《大易》明辯體用、根於理道的傳統是根本不相容的。對於經學考據，他亦凤無好感，認爲「漢唐經師考據之業於儒家精神不相涉也」㉓。

　　熊十力認爲自佛敎傳入，不但眞儒學亡絕，就是假儒學也一蹶不振，日漸式微。宋儒雖有「拒佛掊禪」，提振學術之功，然只是「閉門謝寇」，不敢正視佛法，於理論上毫無建樹。所以他說:「余平生於宋學無甚好感。兩宋以來理學之徒尊程朱以繼孔。而孔學眞絕矣」㉔。他認爲宋儒「嚴於治心」而「疏於治物」，有絕物或遺物之意，所以「其道拘促」，於人生有「枯窘之虞」。他指出: 程朱雖樹儒家旗幟，而實受禪宗影響太深，未能完全承續儒家精神，「所以骨子裏還是禪的氣味多」㉕。就本體論說，理學

---

⑱　《十力語要》卷1，頁14。
⑲㉑　《乾坤衍》上，頁8、100。
⑳　《原儒》卷下，頁53。
㉒　《論六經》，頁106。
㉓　《與友人論張江陵》，1950年自印本，頁12。
㉔　《乾坤衍》下，頁58。
㉕　《尊聞錄》，頁72。

家一味主靜，「往往求所謂靜若山，而失其所謂動若水，此其流弊甚大」。其以寂靜言體，「多緣於道而稍參以禪」⑧⑥，言天理而未嘗用心於格物，將體用割裂爲二事。熊十力認爲「理學家於立體功夫未嘗無，而有欠缺，於致用功夫更缺」，不能把本體推到事事物物上去，卽沒有顯用，「夫用虧，卽體亦虧，故云立體功夫有欠缺也」⑧⑦。宋儒不但立體欠缺，不能統一體用，而且其「以靜屬體，以動屬用，此等處亦有病」。熊十力指出：不能把體看做是「兀然凝固不動的物事」，如果不動，體便不能現爲大用流行，「如此，則體也不成爲用之體，如何講的通？」⑧⑧宋儒以靜識體、求體遺用，在理氣觀和理欲觀上都有體用分離之失，熊十力對此一一作了分析批判。熊十力對王夫之夙有崇敬之情，少年學易，卽深受其樸素唯物主義自然觀的影響，後來確立自己的思想體系，又覺船山「乾坤並建」說在本體論上有二元之失，每加責難。對宋明時期的另一唯物主義哲學家張載的氣一元論本體學說，他也是極不贊同的。但相較而言，在衆多的宋明哲學家中，他最爲推崇的還是這兩位唯物主義思想家，認爲「漢以下，有哲學天才者，莫如橫渠、船山」⑧⑨，對理學正宗的程朱諸老先生反到是常懷不敬，責難更多些。

　　熊十力對儒學的分流吸納，完全是擇優採用，而不拘於「道統」。對秦漢以後的儒家常有全盤推到、重新檢討之勢，就是對他自稱要「直續慧命」的先秦儒家，也是用自己的立場和觀點去

---

⑧⑥　〈論關老之學書〉，1947年《龍門》卷1，期4。
⑧⑦　《與友人論張江陵》，頁50。
⑧⑧　《十力語要》卷2，頁80。
⑧⑨　《原儒》卷下，頁30。

隨意剪裁和闡釋， 早已面貌全非。 所以他對儒家本體學說有吸收，也有批判；是揚棄，而非「皈依」。

(二)道　　家

熊十力認爲， 先秦諸子中本體學說完備的唯有儒道二家，「以中國哲學思想而論， 則儒家而外，其巍然成大國者，獨道家耳」[90]。老子爲易之別派，「老子之學源出於易」[91]，「道生一、一生二、二生三、三生萬物」即闡發「易有太極，是生兩儀，兩儀生四象，四象生八卦」， 以推衍萬物之旨。 但「老學本出於易而適毀易」[92]，「《大易》創明體用不二，道家起而首離其宗」，在晚周「幾奪孔子之席」[93]，所以熊十力要「大開眼孔，從儒與道之根本不可混雜處討個分曉」[94]。他對道家本體觀的批判主要有三個方面：

一是「老言混成， 歸本虛無」； 他認爲老子的道「卽實體之名」，此道「載其清淨」，「蓋合虛神質三者， 而爲混然不可分割之全體」[95]。但「老氏歸本虛無」，以虛無爲體。「老氏以虛無立本，其所謂道根本不是孔子之道」， 儒者言體， 亦曰無聲無臭，「何嘗不虛無」？「然不於此處扼重」， 特於天而指名曰誠，有健行開發的勢用，而「老者以虛無言道體，其體悟及此而止矣」[96]。故體成虛無， 亦無用可言，體用之辯不存。

---

[90] 《原儒》卷下，頁18。
[91] 《十力語要》卷2，頁38。
[92] 《原儒》卷上，頁61。
[93] 《明心篇》，頁21。
[94] 《存齋隨筆》。
[95] 《原儒》卷下，頁15。
[96] 《韓非子評論》，頁14。

二是「物外求道」，「攝用歸體」；熊十力指出：「老莊皆以爲道是超越乎萬物之上」，這是不辯體用，「倘眞知體用不二，則道卽是萬物之自身，何至有太一、眞宰在萬物之上乎？」❾⁷《莊子·天下篇》稱「老與關尹皆主之以太一」，太一卽絕對義，「卽指道而稱之也」。熊十力認爲「老雖反對天帝，而以道爲絕對，爲萬物之主，則近於變相的天帝」❾⁸，用外求體，必然重蹈宗敎迷途。他指出：老子說有無，本是體用之辯，而「道家之學在攝用歸體」，以虛無爲本，以主一爲究竟，有歸於無，用便被完全取消了。所以「攝用歸體。將只求證會本體，皈依本體，將對本體起超越感，不悟本體無窮德用」❾⁹，成無用之體，體本身亦不可存。

三是以虛靜識體，以柔弱爲用；熊十力認爲，道家說本體唯是虛靜，「偏向虛靜中去領會道，此與《大易》從剛健與變動的功用上指點，令人於此悟實體者，便極端相反」⓿。老氏以歸根復命爲旨歸，而其根命「終未免耽無而滯空矣」，其本體觀「無有發育」、「缺乎創化」、「探原於幽冥」，把自然界看做是停滯和寂死的狀態。熊十力具體分析了道家的「返樸歸眞」，指出發展變化正是自然之理，是萬物的本性，而老氏試圖把自然界和人類社會停留在一個沒有發展變化的靜止狀態，「正是逆自然，豈任自然乎？」⓫ 這是道家不識本體特性，以虛靜爲體的結果。熊十力還批判了老氏的「以柔弱爲用」，「老氏談體，遺卻人能而言」⓬，故道家「雖忿嫉統治階層，而不敢爲天下先，不肯革命」⓭，

---

❾⁷ 《體用論》贅語。
❾⁸❾⁹《原儒》卷上，頁16。
⓿ 《體用論》，頁2。
⓫ 《原儒》卷上，頁55。
⓬ 《十力論學語輯略》，頁67。
⓭ 同⓿。

助長了封建專制之毒，　對中國社會和思想界造成極壞影響。「學者趨求此種實體，　必至於反人生、離世間，　其影響大壞尤過於佛家矣」❿，　所以老氏之「致虛極、守靜篤、黜人能」，　又與佛教的出世理想暗合。　佛道二氏同以寂靜言體，　是「耽無滯空之宇宙觀」，　所以熊十力往往並稱二者作爲批判的對象。　但他又認爲「佛氏明空與老氏親無本相似，而實不相同也」❾，佛法以「快刀斬亂絲手段」，遺除一切法相，破相顯性，　證會實體，　就「空寂方顯生化」言，佛氏明空比之道家以虛無爲本、以柔弱爲用，　更能透悟本體。所以熊十力說：「佛氏一轉手便是孔，　老氏卻不能爲孔」❿，認爲「佛法確高於老」❿。

(三)佛　敎

　　熊十力深研唯識，出入空有二宗，雖最終歸宗《大易》，「然對於釋尊及諸菩薩之敬仰則垂老不渝」❿。他自始至終將佛法作爲哲學思想來看待，　認爲「佛家確富於哲學方面的思想，且具偉大精密的哲學體系，有高深的理境」❿，「至今讀其譯籍，　眞有長風鼓衆竅之浩大氣勢，　而字裏行間實挾大悲宏願以同流」❿，「其體系偉大無涯，唯儒家與之相類」❿。他說：「佛法，若謂其爲宗敎而富於哲學思想，不如謂其爲哲學中最宏闊深遠之人

---

❿　《乾坤衍》下，頁26。
❾　《論六經》，　頁117。
❿　《原儒》卷上，頁47。
❿　《論六經》，頁117。
❿　《新唯識論》(刪簡本)，卷上，頁3。
❿　《十力語要》卷2，頁80。
❿　同❿，頁4。
❿　同❿，頁122。

生論而富於宗教情感」❶❷。然熊十力畢竟不甘「爲佛家作概論或歷史」，還是「從根本旨趣上」對其本體學說予以破斥。他對佛教本體論的批判，前面談其思想轉變時已有涉及，這裏再從總體上概略談幾點：

一是「以寂靜言性體」；熊十力認爲「佛家宗派縱極紛繁，要必有共同之宗趣」❶❸，這就是大乘提出的三法印。「三法印者，空寂義也」，「雖有三印，要歸於一，卽第三涅槃寂靜。佛家顯體，究歸於寂，不涉生化，此其究竟宗趣」❶❹。所以佛家的本體觀是以寂靜識體，其本體名爲「大寶藏」，而其所謂大寶藏「究是不生滅、不變化之大寶藏」，畢竟歸於空寂。佛家以寂靜言體，於本體作空觀，「將導羣生以同歸於寂滅之鄉」❶❺，這和它的出世法是相應的。熊十力用兩句詩來形容儒佛識體的不同，佛家的本體是「月到上方諸品靜」，只有窺於性體寂靜的方面；而儒家的本體則是「日暮天無雲，春風扇微和」，不但有窺於寂靜，而且能識「生生之機」，不逆絕大宇的「渾然流行」。就「耽空滯寂」言，佛道二氏的本體有相似處，均與儒家的生化之體截然反對。

二是「談體遺用」、「離用言體」；熊十力指出，佛家不但消除宇宙萬有，只承認無對的實體，而且消除實體的功用，留下一個不生不滅的死體。「故攝用歸體之主張，至佛氏而已極矣」❶❻。佛家雖以悟入涅槃爲究竟，以見體爲根極，然其「談體而遺用」，「其所證會於本體者，只是無相無爲、無造無作，而於其生生化

❶❷　《原儒》卷上，頁117。
❶❸　同❶❽，頁2。
❶❹　＜讀智論抄＞，1947年《世間解》期5，頁11。
❶❺　《體用論》，頁49。
❶❻　《乾坤衍》下，頁40。

化流行不息眞幾，畢竟不曾領會到。所以只說無爲，而不許說無爲無不爲，遂有離用言體之失」⑰。玄奘譏孔子不見體，其上唐太宗表云：「蓋聞六爻深賾，拘於生滅之場；百物正名，未涉眞如之境」。歐陽竟無據此認爲「儒家之學，只是談用」，不及佛法「以見體爲根極」⑱。熊十力以體用不二的觀點駁之，認爲「體用可分，而畢竟非二」⑲，「用是生化之幾，不由體顯，如何憑空起用？體唯空寂，不說生化，非獨是死物，亦是閑物矣」⑳。所以佛氏將體用分而言之，離用談體，這是根本錯誤的。

三是將體用對立，成二重本體之過；熊十力指出：「佛家自釋迦至小大諸宗後先相繼，總是憑主觀空想肯定生滅法，亦名緣生法，所謂諸行是爲虛幻的世界，是爲空。又復憑主觀空想堅執有不生不滅法，亦名無爲法，所謂眞如，是爲眞實的世界，是爲法界大我」㉑。此生滅法與不生不滅法的劃分，不但成「夢幻與眞實之兩重世界」，墜入宗敎邪見，而且體用成兩橛，「互不可相通，互不可溶合」，有二重本體之嫌。熊十力認爲，佛氏於體上不言生化，而謂諸行爲變易法，眞如與現行截成二片，「分明與體用不二之旨相背」㉒，其立賴耶，劃種現，分本有新熏，及言有情世間與器世間，都是體用對立的。佛氏以靜言體，以動言用，說眞如無爲，現行有爲，熊十力認爲這種體用觀也是錯誤的，「無爲常靜，有爲常動，明明有動靜對立、不得統一之過」㉓。

⑰ 《新唯識論》（刪簡本）卷上，頁48。
⑱ 參見《體用論》，頁54。
⑲ 《十力語要》卷2，頁80。
⑳ 《新唯識論》（語體文本），頁111。
㉑ 《存齋隨筆》。
㉒ 《十力語要》卷3，頁74。
㉓ 《原儒》卷下，頁43。

熊十力的體用觀脫胎於佛法，採補於佛法，但每立一義又必以佛法爲矢的，責難不止，所以他對佛家本體學說的批判在「新唯識論」體系中是一項很重要的內容。

(四)西方哲學

熊十力考察體用，董理舊說，以中印相印證，又以東西相比較。在他看來，作爲東方學術代表的儒釋道三家，在本體學說方面雖觀念不同、立論互異，然仍有很多相通處。不但佛道二氏差可相比，就是儒佛兩家亦能相融。而東方學術與西方學術之間卻疊影重牆，在本體論上「有天壤懸隔在」，無法相通。對西方哲學的本體學說，他是從根本上予以否定的，只要談及，便多是破斥。

熊十力認爲，「西洋近世，罕言本體」，哲學已轉向了認識論。而其「昔之談本體者」雖「以精密擅勝」，然「皆以思構而成戲論」，始終向外推求，「如盲人摸象耳」[124]。他指出西哲本體學說不外兩大路向，「其一只是把本體當做外在的東西來胡亂猜擬；其次便走入否認本體一路」[125]。而他們都是「以思辯之術層層推究」，「總誤將宇宙人生分割爲二」，「向外求體」[126]。不論是柏拉圖的理念世界、康德的自在之物、黑格爾的絕對精神，還是亞里士多德的第一實體、英國經驗論者的「第一推動力」，都是把本體作爲超越現象的絕對存在來推求，是用外求體。因割裂了本體和現象的辯證關係，「其實體與現象終欠圓融」，「西洋哲學家談本體與現象，縱不似佛家分截太甚，而終有不得圓融之感」[127]。

---

[124] 《十力語要》卷3，頁24。
[125] [126] 《新唯識論》(刪簡本)，卷上，頁11、7。
[127] 《十力語要初續》，頁7。

他分析了西方哲學家用因果關係推論本體，視本體爲第一因的做法，指出：「夫第一因者，自下向上推去，重重因果，推至無可推，始建第一因。再從上向下，順序而玩之，因果重重，遞相鉤鎖，則吾人與天地萬物眞是一副機械耳」❿。所以他認爲本體不卽是原因，不能用因果關係來理解本體與現象，若如此錯解，「便將現象本體打成二片，便成死症」。他對體用和因果加以區別，指出「從來哲學家談本體者，都於體字不求正解，而與原因意義相混。須知言因，則以彼爲此因；言體，則斥指此物之體，無所謂彼也。故體非原因之謂，卽是現象之本體固非立於現象背後而爲其原因也」❿。假如硬要以因喻體，那麼體也是「萬物之內自本因」，「與西哲之第一因無可印可」❿。熊十力分析西方哲學何以有以第一因爲體的錯誤，認爲這是於本體有一種超越感，延襲了宗教的上帝觀念所致。「其談本體，把本體和現象對立起來，一方面以現象爲實有，一方面便將本體置於現象之背後或超越於現象界之上，爲現象做根源。此種錯誤大概沿襲宗教」❿。他指出西方哲學思想的來源有二：「一爲希臘思想，一爲希伯來宗教思想。其來自希臘者，在哲學方面爲理智之向外追求；其來自宗教者，爲情感上有超越萬有之神之信仰」❿。而「其哲學上之一元唯心論則受希伯來宗教之影響爲最深」❿。所以西方哲學的本體學說常帶有濃厚的宗教色彩，其本體難脫上帝的影子。熊十力認爲，西方哲學用外求體，割裂本體和現象的關係，必然導致懷

⓬⓭ 《原儒》卷下，頁11。
⓬⓮ 《十力論學語輯略》，頁6。
⓭⓪⓭⓭ 《原儒》卷下，頁12、32。
⓭⓵ 《新唯識論》（刪簡本），卷上，頁26。
⓭⓶ 《十力語要初續》，頁38。

疑本體存在的不可知論，最終陷入求用廢體的無體論。這樣也就取消了本體論，失去了哲學獨有的領地，使哲學陷入困境。

除指出西方哲學在本體觀念上的根本錯誤外，熊十力還分析了其探求本體的方法之失。認爲「西學所以迷謬而終不悟者，根本由於偏用分析法，遂致將萬物渾淪的全體妄行割裂，旣已割裂，則隨其意之所樂， 執取一片， 捨棄一片， 此乃必至之勢」❹。在給米蘭大學教授馬格里尼的信中，他指出了東西方哲學在這個問題上的根本差異。認爲中國哲學對本體的探尋有一「特別精神」，卽注重體認的方法。「體認者，能覺入所覺，渾然一體而不可分，所謂內外、 物我、 一異， 種種差別相都不可得。 唯其如此，故在中國哲學中無有像西洋形而上學以宇宙實體當作外界存在的物事而推窮之者」。西方哲學把本體「當作外界存在的物事，憑着自己的知識去推窮他」，把本體「看作有數量、 性質、 關係等等可析」，必然陷入迷途而不悟❺。

熊十力對於西方哲學本體學說的批判，顯然受到了東方文化派觀點的影響，其文化保守主義的基本立場也隱約可見。限於西學知識的缺乏，他不可能對此作出更爲精細和更具現代意味的批判性闡釋，在有些方面也失之武斷，難免粗略、偏頗。但不管怎麼說，他對西方哲學史上實體學說的神學性，以及機械唯物論用因果關係的「遞相鈎鎖」來推論世界本原所必然陷入的矛盾，都作了相當有見地的分析，頗能切中要害，表現了他的哲學慧識。熊十力對西方本體論的根本特徵之一——機械性的大力搒擊，說明了這樣一個道理：卽用形而上學的觀點和方法不能解決本體與

❹ 《乾坤衍》下，頁49。
❺ 《十力語要》卷 2，頁22。

現象的關係問題，只有辯證法的光輝才能透視這個哲學迷宮中的漆室。

四、體用不二論

熊十力用遮詮之法考辯儒道，平章華梵，比較東西，將不同文化區域、不同學術背景的各種本體學說一一加以梳理，看到此「恒爲千古哲人之所鑽研不捨」的問題，確是「無上甚深微妙而難窮」❿。本體究竟是什麼？「本體爲超越於萬有之上而獨在乎？抑隱於萬有之背後而爲萬有基乎？將於流行識主宰、於變易見眞常乎？」又如何認識本體？「將持理智推求，即於宇宙萬象層層推究，推至最後有第一因乎？抑反已體認，灼然知吾生與天地萬物同體無二本乎？」❿ 熊十力認爲，中外哲學家在解答上述問題時，雖派別紛繁，錯漏百端，然概括起來，不外有以下三個方面的「極大謬誤」。

其一，求絕對於相對之外：「從來談本體者，大概向天地萬物之外去找宇宙本源」❿，熊十力認爲這種錯誤觀念最典型，也最普遍。他指出：「哲學家運用推論成立實體，以說明萬物所由生，其結果自然不得不擡高實體，降低萬物。如莊子之天地精神，黑格爾之絕對精神，即唯心一元論者之實體也，此與天帝有何甚大不同乎？」❿ 老子的物外求道，佛家的離用談體，均是此病。熊十力認爲「此乃古代一神教之錮疾，後來學術雖興，猶未

---

❿❿ 《摧惑顯宗記》，頁158、162。
❿❿ 《體用論》，頁52、147。
❿ 《乾坤衍》下，頁25。

離其竅臼」⑩， 總以爲一元實體是超越萬物之上而獨在的東西，「是乃近於一神教之迷情」。他指出這是典型的割裂體用， 用外求體，是「將上帝這一想頭稍變一下，來談體用。良由未悟體用不二， 故有夾雜宗教迷信之過」⑪。 熊十力又將用外求體、談體遺用的錯誤細分爲三類。第一種是「計執實體是超脫乎法象之上而獨在」，其談體「或承襲宗教之上帝」，或自造一宇宙實體， 如佛家之眞如、 涅槃，「唯心論者之絕對精神」等； 第二種是「計執實體是潛隱於法象之背後」， 如唯識家之種子， 康德之物自體等， 老子的道亦含有此意；第三種是「計執實體是空洞寂寥，包含宇宙萬象」，此爲道家所獨有，張橫渠之太虛亦「頗襲其說」。他認爲「上述三種見，同犯一大過，卽皆脫離宇宙萬有而純任空想去造出一種宇宙實體」⑫，求絕對於相對之外。

　　其二， 無體之論： 熊十力認爲「西學不談本體者且勿論，卽在談本體者，亦是徒涅偏見，終成無體之論」⑬。西方哲學家純任分析術，因不能證得實體而導向不可知論，遂厭談本體，諱談本體，否認本體的存在，熊十力認爲這是因其臭氣而棄蒜精之美。他說：「談本體者雖有許多任意構畫，吾人卻不能因此置本體而不肯究，甚至不承認有本體。譬如病者因食而噎，遂乃惡噎而廢食，此乃自絕之道，雖至愚亦知其不可。今之不承認有本體者，與惡噎廢食何異？」⑭ 在他看來， 哲學家談本體者各有所見，千差萬別，「此等差別不須厭棄， 直大可玩味」⑮， 如果因其有種

⑪ 《乾坤衍》上，頁84。
⑫ 《明心篇》，頁204—206。
⑬ 《體用論》，頁148。
⑭ 《新唯識論》（刪簡本），卷上，頁29。
⑮ 《尊聞錄》，頁56。

種差別和偏失，便「遂以談本體爲戒，此大謬也」。熊十力指出，「哲學家不談本體者，便成無因論」[146]，是無體之用。「有用而無體，則用乃無原而憑空突現，如木無根而生，如水無源而流，高空無可立基而樓閣千萬重居然建築，宇宙間那有此等怪事？應知，無體則用之名亦無由立」[147]。所以無體之論實際上取消了體用關係，與體用不二義極相違背。

其三，以用爲體：熊十力認爲「西學蔽於用而不見體」[148]。西方哲學雖學派分歧，但「始終不外唯心唯物兩大宗」。唯心論者以精神爲萬有之元，「直以物質爲精神之副產物耳」；唯物論者以物質爲萬有之元，「直以精神爲物質之副產物耳」。熊十力認爲這是「在宇宙基源處橫行割裂，各執一性，說爲本體」[149]，「二宗各執一端，同成無體之論」[150]。在他看來，心物都屬於現象，「精神物質都是本體之功用」。是本體顯現爲大用流行的兩個方面。「一元唯心論者以精神爲宇宙本體，一元唯物論者以物質爲宇宙本體，殊不知神質以相對立名，皆現象也。凡現象皆是本體之功用，而不即是本體」[151]。所以唯心唯物都是以用爲體，「實則此二宗者，皆是無元之論；易言之，皆是無體論」[152]。以用爲體也就是取消了本體，本體不存，體用之名亦不可立。

熊十力在概括了古今中外本體學說中的三個「極大謬誤」後，認爲：「古代哲學之本體論，大概罕能拔出於三見窠臼之外，尤

---

[146][148][151] 《原儒》卷下，頁12、33、25。
[147] 《體用論》，頁109。
[149] 《乾坤衍》下，頁132。
[150] 《明心篇》，頁13。
[152] 《原儒》卷下，頁71。

以第一見爲大多數哲人所最易游屐之通途」⓹ 。 他正是針對 這些
錯誤而闡發他的體用不二論， 在批判前人本體學說的基礎上來建
立他自己的體用觀。

　　熊十力認爲， 本體論上的種種錯誤都是因爲割裂了 體 用 關
係， 將體用看作二事， 執用失體或離用求體所致。執用失體將陷
入無體論， 離用求體則「遺棄現實世界而別尋眞宰， 其失與宗敎
同」⓾， 所以他堅主體用不二。 「以體用不二立宗， 本原現象不
許離而爲二， 眞實變異不許離而爲二， 絕對相對不許離而爲二，
心物不許離而爲二，天人不許離而爲二」⓾。 所謂體， 就是「宇宙
本體之省稱」；所謂用， 就是「本體之流行」。他強調， 體是對用
而得名， 「它是舉其自身全現爲分殊的大用， 所以說它是用的本
體，絕不是超脫於用之外而獨存的東西」⓾。 用外無體， 絕不可離
用覓體。用則是本體之功用或作用， 「這種作用或功用的本身，
只是一種動勢（亦名勢用）， 而不是具有實在性或固定性的東西」
⓾ 。 用無自性， 必依體而現。用的含義相當於現象界， 但又略有
不同， 「不曰現象而曰用者， 現象界卽是萬有之總名， 而所謂萬
有， 實卽依本體現起之作用而假立種種名， 故非離作用別有實物
可名現象界， 是以不言現象而言用也」⓾。 體用二詞只是隨義異
名， 「其實不二」， 絕不可將體用作二事看， 「若親與子， 非一
身也」。 無「異體而獨存之用」， 卽用卽體；亦無「異用而獨存之
體」， 卽體卽用。「是故用外無體， 體外無用， 體用只是隨義異

⓹　《明心篇》，頁206。
⓾　《原儒》卷上，頁26。
⓾　《體用論》，頁169。
⓾⓾　《新唯識論》（語體文本），頁93。
⓾　《十力論學語輯略》，頁30 。

名，二之則不是」⑲。故強調：「創明體用不二，所以肯定功用，而不許於功用以外求實體，實體已變成功用故；肯定現象，而不許於現象以外尋根源，根源已變成現象故；肯定萬有，而不許於萬有以外索一元，一元已變成萬有故」⑩。這就是他所說的體用不二論。熊十力的體用觀「以體用不二爲宗極」，此體用不二的思想發軔於二十年代，幾經變化，於三十年代中期始初具輪廓，以後又時時磨礪，不斷修改，一直到他的晚年。他住憶及這一過程時說：「求源之學所最費尋思者，厥爲本體與現象是否可析而爲二，此一問題常在吾腦中」⑯，「苦參實究，老夫揮了許多血汗……」。

　　熊十力爲了更形象地說明體用不二的含義，不厭其煩地舉大海水與衆漚的關係，以喩體用。「體，喩如淵深停蓄之大海水；用，喩如起滅不住之衆漚」⑯，「大海水全體現作衆漚，不可於衆漚外別覓大海水；又衆漚各各以大海水爲其體，非離大海水而各有自體」⑯。衆漚與大海水實是一物，只因大海水有起作，顯爲衆漚相，才有種種分別，「其實，唯大海水有實自體，而衆漚非離大海水別有自體也」⑯。有時他也舉大米與粥飯的例子來形容體用之間的關係。

　　杜維明指出：「熊十力的體用論把體用關係比喩爲大海與衆漚的動態和整合的關係，是中國傳統哲學體用範疇的現代詮釋，

---

⑲　《新唯識論》（語體文本），頁177。
⑩　《乾坤衍》下，頁5。
⑯　《存齋隨筆》。
⑯　《新唯識論》（刪簡本），卷上，頁59。
⑯　《十力論學語輯略》，頁31。
⑯　《十力語要》卷3，頁62。

很有啓發新思的作用」⑯。實際上， 熊氏用來形容體用關係的波水之喩也是淵源有自的，它首出於佛教華嚴宗。華嚴初祖杜順卽以波水關係喩「事理圓融」、生死涅槃不一不殊，他說：「其猶水波爲喩，高下相形是波， 濕性平等是水。 波無異水之波， 卽波以明水；水無異波之水，卽水以成波。波水一而不礙殊，水波殊而不礙一。不礙一，故處水卽住波；不礙殊，故住波而居水。何以故？水之與波別而不別」⑯。 法藏舉百川與大海的關係， 來說明「理事互融， 體用自在」，以及「用卽體」、「體卽用」的道理⑰。澄觀除了「以海喩理，以波喩事」，以明理事無礙之外， 還用了大海與一波的例子來比喩一卽一切，一切卽一，「大海全遍一波時，不妨舉體全遍於諸波，一波全匝大海時，諸波亦各全匝，互不相礙」⑯。 總之，華嚴諸師在論述理事法界和一多關係時，往往喜用波水之喩來形象地說明之。華嚴以外的隋唐佛教其他宗派，也偶有使用這個比喩的。如天台湛然之〈十不二門〉，卽以波水關係分別喩示「修性不二」和「染淨不二」兩門。禪師語錄中亦有以海與漚來說明「空」與「性」的，「師云：空喩於漚，海喩於性，自己靈覺之性，過於虛空，故云空生大覺中，如海一漚發」⑯。玄覺之〈永嘉證道歌〉有「一月普現一切水， 一切水月一月攝」句，這同波水之喩在意思上也是極爲相近的。

但正如熊十力所批評的那樣， 佛家往往 「以寂靜言性體」，或是「談體遺用」、「離用言體」，故其波水之喩亦有截然二分和

---

⑯　見《中國哲學範疇集》，人民出版社，1985年8月版，頁435。
⑯　《華嚴五教止觀》。
⑰　見《華嚴經義海百門》之「體用開合門第九」。
⑯　《華嚴法界玄鏡》卷2。
⑯　《古尊宿語錄》卷2。

去波談水之失。如智儼論如來藏體本無起滅，「喻如波依水，水即作波，風因緣故有波，非水體有波」[170]。意成波從水生，水可以無波。這樣，波水相離，水亦爲寂靜之死體。湛然在《金剛錍》中說的更爲明確：「若唯從理，只可云水本無波，必不得云波中無水」。可見佛家所言波水關係，從根本上還是體用兩橛的，波水難得圓融，這和熊十力以波水之喻明體用不二的最終旨趣是截然不同的。

佛教的波水之喻實際上也影響到了宋明理學。張載以氣之聚散論生死之理，謂「海水凝則冰，浮則漚；然冰之才，漚之性，其存其亡，海不得而與焉。推是足以究死生之說」[171]。又以冰與水的關係比喻氣和太虛，「氣之聚散於太虛，猶冰凝釋於水，知太虛即氣，則無無」[172]。這些說法，明顯地借用了佛家的波水比喻，故朱熹謂其近釋氏[173]。朱子雖說有見於此，但他本人的理一分殊說又何嘗不是襲取了禪師的月印萬川之比喻呢？所以，王夫之的本體論即從根本上擯棄佛家的說法。對張載以漚冰之喻論人之生死，他也很不以爲然，云：「水之爲漚爲冰，激之而成，變之失其正也。漚冰之還爲水，和而釋也。人之生也，孰爲固有之質激於氣化之變而成形？其死也，豈遇其和而得釋乎？君子之知生也，知良能之妙也；知死，知人道之化也。奚漚冰之足云！」[174]因王夫之是據器以言道，對本體的理解較爲實體化，故很難運用波水之比喻來說明他的道器觀。熊十力在批判總結前人體用觀

---

[170]　《華嚴五十要問答》卷下。
[171]　《正蒙‧動物篇》第五。
[172]　《正蒙‧太和篇》第一。
[173]　見《朱子語類》卷99。
[174]　《思問錄》內篇。

的同時，也掘發了波水之喩，賦予其整體和動態的意義，以明體用不二之旨。但從淵源上來講，這個說法與隋唐佛敎及宋明理學都不無關係。

　　熊十力的體用不二論繼承和發揚了中國傳統哲學中辯證思維的特點，運用動態的過程觀念來闡發體用關係，較好地解決了本體與現象關係的認識問題，旣克服了機械追尋實體存有的宗敎錮疾，又矯正了近代哲學離體談用、只着眼於現象界的無根浮見。張東蓀、謝幼偉等人曾將熊十力的本體觀與現代西方大哲懷特海的本體論作了參比，認爲二者頗爲相像。對此，熊氏本人未置可否。實際上，懷特海的本體觀念在西方哲學史上可以溯源到古希臘的柏拉圖，他也確以柏拉圖的繼承人自命⑯。按照熊十力的觀點，柏拉圖的理念論當屬於體用殊絕的一類：獨立於現實之外的理念世界是永恒不變的原型，而現實世界僅僅是理念的摹本和幻影，兩者截然對立。儘管懷特海的本體理論強調本體與現象界二者相互關聯，任何一方都不是獨立的存在，但他還是做了兩重世界的劃分，卽永恒不朽的價值世界和變化生滅的事實世界。這樣，在根本上仍難以達到體用一如的境地，與柏拉圖的本體觀並無質的差別。懷特海的體系在西方哲學史上已經是整體主義色彩最爲強烈的了，但當他把「評價」作爲兩個世界的中介，貫穿縫綴之際，仍不免機械和僵化的氣味，這同熊十力所說的體用不二之圓融理境，還是有着天壤之別的。所以，熊十力的體用不二論完全是植根於中國傳統思維方式土壤之中的奇葩，很難用西方哲學的觀念來照察和剪理。

---

⑯　參見賀麟：《現代西方哲學講演集》，上海人民出版社，1984年版，頁105。

　　體用不二的觀點雖非熊十力首創，但如此全面而又系統的批判性梳理和富有哲學創見的深刻闡釋，他確是無可置疑的第一人。尤其是他對體用觀的形而上發揮，使這對哲學範疇在本體論中所能顯現的意境已達到前所未有的高度，遠遠超出了宋明諸儒。所以體用觀就成爲他建構玄學本體論的先導，在某種程度上，這二者幾乎又是合一的狀態。正因如此，熊十力自認他的體用不二論已解決了本體論的根本問題，「此論卽出，不獨天帝無可迷信，而古今哲學家談本體者之種種錯誤，皆可避免」。⑯「體用不二義自《新唯識論》出，始圓融無礙」⑰。他說：「王陽明自謂發現良知爲千古之一快，余發現體用亦可引陽明之一快以自慰」⑱。熊十力的體用觀集中國傳統哲學之精義，採印度學術之英華，於體用問題確有歷史性的總結和獨創性的慧見，這在中國哲學發展史上無疑會留下其長久的影響。

---

⑯　《乾坤衍》下，頁4。
⑰　《十力語要》卷3，頁68。
⑱　《明心篇》，頁197。

第五章　本體論架構

體用不二之說，如果僅限於結論式的描述，則不足以顯現熊十力哲學形而上的創造性價值，也不能表明這一古老命題現代闡釋的意義。所以，下面我們將具體考察熊氏對體用不二所做的哲學論證，看看他究竟是怎樣解決本體與現象之關係問題的。熊十力對體用不二的論證過程大致可分為四個步驟，也是他進行邏輯上推理的四個層次，我們可用四個字來簡單概括，即空、變、顯、一。空，就是破除一切實體觀念，否定一切實體存在的假設，掃相證體；變，就是以大化流行識體，在翕闢成變中昭示本體的真實意蘊；顯，就是即用顯體，通過現象來認識和把握本體；一，就是攝體歸用，由體用的融合無間而最終達到本體與現象的有機統一。

熊十力對體用不二的論證也就是其玄學本體論構架的撐開，因為體用不二論不但為本體的確立奠定了穩固的基礎，而且也為其形而上具體內容之展開做了必要的預設。

一、空：掃相證體

熊十力的形而上本體之建構始於證「空」。所謂「空」，並非

虛無，而只是破除本體意識中的一切實存觀念，由辯證的否定達到泯絕體相和對體用一如的深刻認識。

前面已經提到，熊十力去除實體觀念，悟入體用不二，實深受大乘空宗破相顯性、「以空寂顯本體」的啓發，他說：「《新論》根本在明體用，首須識得體。其討論及於空宗者，特取其第一義諦，破相顯性之方便法門，實則此方便法門卽是究竟理趣」❶。空宗談空，不外乎有三層觀析方式：一曰析物質至極微而物相空；二曰析時間至刹那則物相心相俱空；三曰觀諸法由因緣和合而生，諸法無自性，無獨立的實自體，故本來空。此三層意思，熊十力均有吸收。他認爲「在本體論上是要遣除一切法相的」，如迷執現象爲實有，「卽不能空現象而透悟其本體」❷。只有空寂方顯生化，只有生化方識本體，故識體必先空體，「《新論》談空，揭明從認識論方面破相顯性，此是正眼法藏」❸。

佛教之「空」，含義甚深微妙，其複雜性絕不亞於道家的「無」。原始佛教之《中阿含經》中，卽有《小空》、《大空》二經，《大空經》首立「內空」、「外空」、「內外空」三種。至《舍利弗阿毘曇論》，對「空」的意義加以綜合說明，就有「內空」、「外空」、「內外空」、「空空」、「大空」、「第一義空」等六種❹。「佛法演化到大乘佛法時代，空與空性，成爲非常重要，可說是大乘佛法的核心。大乘法門，是以發菩提心，修菩薩行，圓成無上佛果爲主題的。然在因行──發心與修行中，是不離空觀與空慧的；果證──菩提與涅槃，也是不離空性的圓滿證得。所

---

❶❸ 《十力語要初續》，頁69、72。
　❷ 《新唯識論》(刪簡本)，卷上，頁26。
　❹ 《大正藏》，册28，頁633。

以空的意義，在經、論的解說中，也許不一致，而空確是遍於一
切經的」❺。被稱爲「空經之王」的《般若經》中，《中本般若》
共說「七空」，其〈後分〉又有十四種空的類集，如《放光般若
經》、《摩訶般若經》等，都明確地說到了「十四空」。而《大
般若波羅密多經》〈第三分〉在〈中分〉說明「大乘相」時，立
「十六空」；〈第二分〉在〈中分〉「大乘相」中，又立「十
八空」。《光讚般若波羅密經》在勸學中更提到了二十一種空。
總之，在《般若經》中，「空」的意義非常廣泛，說法也十分的
繁雜。龍樹之《中論》第二十四品〈觀四諦品〉中有一頌曰：「汝
今實不能，知空空因緣，及知於空義，是故自生惱」。按照呂澂
的說法，此頌意在點破大眾不明空的三重意義，故才有種種誤
解。空的三重意義是：空的本身；空的因緣（所爲）；空的意義
（用處）。所以，「佛學所施設的一切，都是放在空的方面來講
的，要先將不正確的看法去掉（空），才能給予正確的安排」❻。
在本體意義上，空甚至可以看作與眞如、涅槃、法性等爲同義異
名，而空的特性也和法住、法性、眞如等是同一內容的❼。「諸
行無常一切空」（玄覺語），這是佛教對宇宙和人生的根本看法；
而「了夢幻，曉鏡像」（法藏語），則是其在現實世界中所執最高
宗趣的追求。

　　大乘空宗談「空」，雖演繹至繁，說項百端，然概而言之，
最突出的意指，不外有二：一爲空無義，謂一切法相都無實自
性，皆因緣和合而成，不實故空；二爲空理義，空理卽是本體，

---

❺　印順：《空之探究》，臺北正聞出版社，1987年3月版，頁137。
❻　呂澂：《印度佛學源流略講》，頁106。
❼　參見印順《空之探究》第三章中「空之雙關意義」一節。

亦名眞如，因空諸妄相而始呈現，故名空理，意同於破相顯性。熊十力所說的本體空寂較爲接近空理義，是說本體的狀態和性質，而非空無義。他說：「空者，無形無象，無分畛，無限量，無作意，故名空，非空無之謂；寂者，無昏擾，無滯礙，無迷暗，淸淨炤明，故名寂」❽，「空故神，寂故化」，「於空寂而識生化之神，於虛靜而見剛健之德」❾。爲了和佛家的觀空出世宗旨劃淸界線，熊十力特別指出：空宗言空寂、說無常，對於諸行「有呵毀的意思」，最後未免耽空滯寂，歸於「涅槃寂靜」。而他所說的空卻是「雙顯空寂與生化二義」，「此與佛說諸行無常旨趣似相通而實有天淵懸隔在」❿。所以他認爲他所說的本體空寂，不但保持了本體的「淸淨炤明」本性，而且矯正了空宗一往談空的弊病，「《新論》融《般若》之空與《易》之健以動，而顯卽寂卽生，始救偏於趣寂之失」⓫。熊十力的本體論談空說無，於佛道二氏的思想均有吸收，但他又能從根本上改造之，將它們溶入精進健動的《大易》傳統，正如他自己所說的：「余著《新唯識論》，始明空故生生不息（不空卽有礙，有礙卽成機械，不得生生），無故神化無窮（無者，無形無象，而非無有之謂，是以大化不測，無有窮盡；神者，不測之稱，形容大化之妙），生而不息，化而無窮，健之至也。於是融二氏以歸宗《大易》，始遺偏執而顯眞際」⓬。

　　空，作爲否定性的認識，對形而上本體之確立是一個必不可

❽　《十力語要》卷1，頁6。
❾　《十力語要初續》，頁4。
❿　《體用論》，頁2。
⓫　《讀智論抄》。
⓬　《與友人論張江陵》，頁19。

少的環節。馮友蘭在《新知言》中對這個問題作了充分的探討，他說：「真正底形上學，必須是一片空靈。哲學史中底哲學家底形上學，其合乎真正底形上學的標準的多少，視其空靈的程度。其不空靈者，即是壞底形上學」⑬。如不空，即像禪宗所說的「拖泥帶水」者，其本體學說也必然是「披枷帶鎖」，而難得伸展。空是對現實的否定，但並不意味着一定會走向虛無；相反，它是更充實、更深刻地認識和把握現實的一種有效途徑。京都學派的阿部正雄對禪宗思維方法所作的現代闡釋，對於我們理解熊十力的空體極富啓發和鏡鑒的意義。阿部舉了唐代禪師青原惟信的一段話來說明：「老僧三十年前未參禪時，見山是山，見水是水。及至後來，親見知識，有個入處，見山不是山，見水不是水。而今得個休歇處，依前見山只是山，見水只是水。」⑭在這個過程第一階段的見解中，存在着主、客二分和主體性自我的意識，除了區別性與肯定性之外，還有着客觀性。而第二階段是對第一階段見解的否定，泯絕主客二元對立，破除一切肯定性，「在這個階段必須說萬物皆空，爲了揭示最高實在，這種否定性認識是重要的，也是必要的」。但第二階段所認識到的「無執着」中，仍潛存着一種隱蔽的、消極性的執着形式，使人生的一切活動都失去了價值的基礎。所以，由否定（空）必須回歸肯定（有），這就是否定之否定的階段。此「第三階段並不是從低到高漸次達到一種靜態的終極，而是一種動態的整體，它包括絕對否定和絕對肯定」⑮。熊十力的以空識體和對本體空寂特性的描述，恰恰表現

---

⑬　《三松堂全集》（卷5），頁179。
⑭　《五燈會元》卷17。
⑮　上引見《禪與西方思想》，上海譯文出版社，1989年2月版，頁8—21。

了這一辯證過程之否定的本質。他不滿足於證得空寂本身，也並未終止在空體的階段，而是通過空寂的體以顯生化之用，完成對本體的更深刻的把握和論證。

這裏也應指出，熊十力雖反對佛道二氏的耽空滯無，在相當程度上肯定現實世界的眞實存在，但他過分強調生化對空寂的依賴性，對宗教的虛無主義表現出了一定的妥協。他承襲佛教「二諦」義，有所謂「順俗」、「證眞」之分，常常在抉擇處爲宗教神學彌縫缺失，作一種生硬的調和，表現出了其「脫胎換骨」的不徹底性。他一方面肯定物質世界爲實有，以爲「此在世間，自是誠諦」；另一方面又贊成佛家的緣起說，認爲萬物皆無自性，皆是一種虛幻的假象。他說：「稱實而談，萬物本空；隨情設施，則由小一系羣有跡象現，亦云化跡，卽依化跡假說萬物」[16]。「一方面隨順俗諦成立心物萬象，卽所謂宇宙；一方面明翕闢與生滅都無暫住的實法，卽無實宇宙，只是本體之流行幻現宇宙萬象而已」[17]。印度古代唯物論者，如古薩婆多師、正理師等，皆肯定物質世界的眞實性，認爲萬物都是由衆多的「極微」所組成。佛教極力破斥極微說，將萬物說爲假法，否定「極微」的存在。熊十力承續佛說，竭力否認物質的客觀實在性，認爲「科學家計元子電子等等爲實質的物事，在經驗的範圍內固可云爾，在玄學或哲學中必欲窮究所謂物質的小塊粒，如元子電子等等者是否果爲實質，則大是問題。依吾人之見解，分析物質至最終之小塊粒，實不應執爲固定的實質，只是一個翕的勢用所形成的動點而

---

[16] 《新唯識論》（刪簡本），卷下，頁4。
[17] 《十力語要》卷1，頁32。

已。動點幻似有質，究無實質」⑱。佛教利用物質的無限可分性，推至其極，「命之曰鄰虛」，破斥「極微」，以而否定了物質的眞實存在。熊十力的說法雖不似這般機械，但他還是用另一種形而上學的態度和方式，割裂運動的絕對性和靜止的相對性之關係，將原子、電子說成是「究無實質」的動點，同樣否定了物質的客觀實在性，倒向唯心論一邊。

熊十力證本體空寂還深受佛家緣生義的影響。大乘有宗以四緣攝一切緣，構成宏整之體系；又別立種子爲萬物之因緣，成一套宇宙構造論。熊十力厭其煩瑣，「不堪堅立其義」。他對大乘空宗利用緣生說以破法相，證成空寂，反倒很感興趣。他指出：「般若家空法相以識體，蓋莫妙於緣生之說」⑲，「人生與宇宙都有衆緣生故，不可說有造物主，又以由衆緣生故，萬有都無獨立的自體，都無固定性，應說五蘊皆空。易言之，緣生義卽是空義」⑳。佛家以物無自性，皆是因緣和合爲由，將萬物說成是一堆條件的聚集，以示空相，熊十力認爲「此僅注目於現象界之聯繫，要非窮源之論也」㉑。他從物質的運動變化着眼，將萬物看作是能量的聚合、作用的顯現，是一種「化跡」。他說：「世俗見有天地萬物，其實天地萬物皆依大用流行而假立之名。如當前桌子，實卽一團作用現起，似有跡象，世間卽依如是跡象計爲實桌子，而不悟桌子本無，原來只是一團作用。桌子如是，萬物皆然，全宇宙都是大用流行滌然宛然現種種相，都無實物」㉒。儘管否認

⑱ 《十力論學語輯略》，頁31。
⑲ 《新唯識論》（文言本），頁15。
⑳ 《存齋隨筆》。
㉑ 《體用論》，頁89。
㉒ 《十力語要》卷3，頁31。

物質客觀實在性的方式與佛教不同，但他所得出的結論卻與之殊途同歸，區別甚微，而且明顯的帶有緣生說的痕跡。

　　熊十力不滿本體論上的實體觀念和求絕對於相對之外的錮疾，力圖借助大乘空宗一往破盡的空觀，將此種種謬見根本拔除，掃相證體，以空寂顯示體之本性。但宗教神學的影響又常常使他陷入虛無主義，以致否定客觀世界的眞實存在，否定物質運動變化中相對靜止的一面，這便使其求體證眞的理論構造和精進健動的人生理想皆有失去根本依托的危險。這種尖銳的體系內在之矛盾和觀念上的直接衝突，使他的思想常常在一種痛苦中扭曲和掙扎，一方面他對宗教的神學性給予相當嚴厲的批判，另一方面卻又對佛教的理論表現出靑睞和妥協。他竭力遮掩佛家的宗教本質，將它描繪成一個純思辯的哲學體系，同時又採取神學主義的態度，借用「二諦」說爲佛教教義保留地盤。

　　熊十力認爲，證體必須掃相，只有本體空寂方能識大化流行。但他又強調「宇宙畢竟無有一瞬一息或空無」[23]，「講哲學，須肯定當前生生化化、變動不居的無量宇宙、無量世界」[24]。他認爲善談本體者，一方面須掃相證體，另一方面又必須施設現象界，「否則吾人所日常生活之宇宙，卽經驗界，不得成立」，「知識無安足處所」[25]，科學亦不能存在。所以現實世界的眞實性應當加以肯定，而不能一空到底，滯寂淪空，「宇宙全是眞實瀰滿，恒久不息，學者不可墮虛無而與戲論」[26]。站在這樣的立場，他又常常批評般若家以物質無自性，視物質本來空的錯誤，認爲

---

[23]　《乾坤衍》上，頁33。
[24]　《存齋隨筆》。
[25]　《十力語要》卷2，頁13。
[26]　《新唯識論》（刪簡本），卷上，頁29。

「此其說與《大易》極相反，蓋病在淪空而猶挾偏見以觀物也」[27]。熊十力在某種程度上肯定物質世界的客觀存在，肯定現象界的真實性，這和大乘空宗的一往破盡、「性相雙遣」是有一定的區別。正像有人指出的：「熊先生乃滙通儒佛，於寂靜的體上加以生化的用。此外更於生化的妙用上，施設一個物理世界，或外在世界，以爲科學知識的安足處，於是西方的科學在東方的哲學中似乎也有地位了。這是《新唯識論》中最要緊的意思」[28]。正是因爲肯定了現象界的真實存在，他的人生觀才能有別於佛家的出世法，其精進健動的人生理想也才有了理論上的依托。但是我們必須看到，熊十力對宗教神學的清除是不徹底的，他把現象界的真實存在僅僅作爲一種理智上的假設，認爲現象界不可執着，只能隨設隨掃。熊十力的本體觀所反映出的真實與虛幻的矛盾，一方面說明他深厭用外求體、將實體看作是超越萬有之上的絕對存在、求絕對於相對之外的宗教錮習，唯恐破斥不盡而重蹈覆轍；另一方面也表現出他在方法論上的重大缺陷，因受大乘空宗的影響太深，而常常在不知不覺間落入宗教虛無主義的窠臼。

　　肯定現實世界的真實性是暢揚精進健動之人生理想的基礎，這也是熊十力棄佛返儒的真實意義之所在。爲了杜絕悲觀厭世的絕對之虛無，必須堅豎實存的信念，對現象界有所執取。但痛感於近代資產階級在理論上的混亂、浮泛、淺薄和形而上本根的缺失，他又不得不大施攻訐、隨說隨掃，把定一種哲學上的玄遠追求。在永恒與歷史之間，在事實判斷與價值判斷之間，在超越的理智創造與塵俗的情感抉擇之間，熊十力進行着十分艱難的調

[27]　《體用論》，頁87。
[28]　周谷城：〈評熊十力的新唯識論〉。

適。他力圖在這吊詭而困苦的擔當之中尋求一種平衡，既要達到
「迴脫根塵， 體露眞常」的高深理境， 又要不流於虛無而消解
掉理論創造的現實意義。

二、 翕闢大化論

熊十力認爲，顯本體空寂是爲了識生化之妙，如果只言「空
體」而不識「變體」，就會耽空滯寂，流於佛道。他指出：「空宗
偏向空寂處領會， 則本體爲無用之體， 而宇宙無發育可言」㉙，
「空寂之旨與生化之妙必兩相融貫，而後全體大用始彰」㉚。他用
《周易》大化流行的宇宙觀來補救空宗一往破盡、體歸寂滅的缺
失， 認爲不能只言性體空寂，「卻須於生生化化、 流行不息眞機
認識性體」㉛， 這便是由空靈之體向大化之體的過渡。

以《物理學之道》一書而聞名東西方的卡普拉 (F. Capra)
在他的另一本新著中寫到：「事實上， 古代中國文化最偉大的洞
見之一， 乃是它深刻體認到活動 (卽莊子所稱的 『變動不居』)
爲宇宙運行的要角。據此， 變動並不是因某種力量而發生的，而
是內在於一切事物與狀況的一種自然趨勢」。「中國哲學幾乎完全
沒有絕對靜止或不動的觀念。《易經》西方的主要詮釋者之一韋
爾姆認爲： 絕對靜止狀態，這種抽象性，是中國人無法理解的」
㉜。能夠代表中國文化的這種洞見和慧識之大流的， 當推《易》、

㉙㉛ 《新唯識論》（刪簡本），卷上，頁1、47。
㉚ 《十力語要》卷３，頁13。
㉜ 卡普拉：《轉捩點──科學、社會與新興文化》，蔡伸章譯，臺
北牛頓出版社，1986年12月版，頁25。

道傳統。而熊十力正是繼承和發揚了《易》、道觀變閱化的精
神，將《易》、道的大化流行觀與大乘空宗的掃相顯體說有機地
結合起來，由「空體」轉而化之爲「變體」。這個變體引《莊子》
語形容：「其居也，淵而靜；其動也，懸而天」。「尸居而龍見，
淵默而雷聲」。亦是船山詩句「拔地雷聲驚笋夢，彌天雨色養花
神」所描繪的那般意境。熊十力認爲，變體是「至靜而健以動，
至寂而生化無窮」，「終與佛氏有判若天淵者在」❸。由空寂顯現
生化，以大用流行識體，正是熊氏走出佛家而「歸宗《大易》」
的重要標誌。也正是由於確立了這種精進健動的本體觀，他才能
對佛教「毀宇宙，反人生，抗造化」的出世理想有較爲深刻的認
識和反省，進而奮起批判。正像他自己所說的，「依據此種宇宙
觀，人生只有精進向上，其於諸行無可呵毀，此其根底與出世法
全不相似也」❸。

(一)變　體

本體空寂而非空無，是不斷生成變化的，欲識變體必先明
變。熊十力初以三義詮變：一者非動義，二者活義，三者不可思
議義。後來又進一步概括爲五義：一幻有義，萬物「雲峰幻似，
率而移形，頓起頓滅」，無固定相，「故狀之以幻」；二眞實義，
「萬變皆是眞實流行」，不可謂之虛幻；三圓滿義，「從萬物並生
言，無有孤立，一味平等」，「千形萬狀互相含攝，一切處無虧
欠」；四交遍義，萬物各成變化，又相互制約和聯繫，「如一室千
燈，交光相網」；五無盡義，變化永無窮盡，「萬流澎湃，過去已

❸　《十力語要初續》，頁36。
❸　《體用論》，頁2。

滅，現在不住，未來將新新而起」❸。熊十力認爲，「宇宙間沒有舊東西滯積在」，一切皆變，萬物常新。這種變化不僅包括物理的、化學的和生物的，而且也包括社會運動，「所謂人羣，所謂社會，無實物也，只是無量勢力摩蕩運行而已矣。質言之，只是變而已矣」❸。他還將變的方式分爲三種：一是頓變，「凡物皆利那變易，都不暫住」，「刹刹舍故而新生」。這種利那利那的才生即滅，變化密移，便謂之頓變，「實則每一刹，皆是頓變」❸。二是漸變，「通常以事物之變化由積漸而至者，謂之漸變」❸。漸變是由無數利那的頓變「屢積而成」，如「涓涓之流積成江河」。萬物生成「莫不由微小積成粗大」，大變化皆由小變化「積漸而至」。三是突變，突變是「不循漸變之規，乃有飛躍而至者」。但飛躍「亦非不經過漸變」❸，而是「確已經過無量數利那之漸變」，才能達到的。

熊十力對事物變化的性質和方式的理解，有許多地方同黑格爾辯證法的量變質變規律十分接近，超出了中國古代哲學變化觀之素樸和直觀的範圍。如他特別強調變化過程中的新舊聯繫和量的積累，他說：「新必依故方生，非前不有故而後忽有新也。突變還從漸變積久，而後有此一頓」❹。同時，他還嚴格區分突變和頓變，重視質的飛躍，「凡物之變，時有突化。凡物皆不固定，只是變而已，變力盛大，決非一往平平沓沓去，此宜深究。但此

---

❸ ≪概論≫三本和≪新論≫文言、語體二本皆作三義，≪新論≫刪簡本和≪體用論≫作五義。
❸ ≪尊聞錄≫，信札，頁5。
❸ ≪論六經≫，頁80。
❸ ≪原儒≫卷下，頁69。
❸ ≪原儒≫卷下，頁69。
❹ ≪與友人論張江陵≫，頁16。

云突化，非約一剎那頃言，若約一剎那頃言者，則凡物皆剎那剎那頓變，何又別言突化乎？」❹但另一方面，因熊十力受佛教「五蘊皆空」和剎那生滅義的影響太深，而過分強調「物無暫住」，漠視事物變化過程中相對靜止的一面，甚爾以頓變取消漸變、取代突變，最終難免落入相對主義。

　　熊十力強調變化的連續性和無間隙，認爲萬物皆是「才生即滅，無暫時住」。他說：「今試深進而體察一切物，則知凡物皆屬變動不居之過程，一切物剎那剎那變化密移，方其如是，即已不如是。如是與不如是，相反而相俱，蓋莫得而分焉」❷。他借用佛說剎那義來形容這種變化之速，「生滅同在一剎那頃」，「剎那生滅是頓變義」❸。有人反駁熊十力的觀點，詰難他：你說一切東西都是剎那滅，假如這兒有一塊石頭，此石頭如剎那滅，即根本不會存在，我拿它打你的頭，看你疼不疼。熊十力認爲這只是從大化流行的迹象上去着眼，而沒有理會其微妙之處，「只看到事物，而不能了解事物之內蘊」❹。所以他所說的剎那生滅，並非指顯著的變化，而是「密移」；不能靠感官證得，只能「體察」。正如伊川所謂：「學者要默體天地之化」❺。熊十力在《體用論》明變章中，從十一個方面對「萬變常新，無有故物暫住」的觀點作了全面論證，並對物常住或物有暫住的理由一一進行了反駁。他說：「剎那生滅，不必驚疑。如生理學者言新陳代謝，七日之間

---

❹　《論六經》，頁80。
❷　《原儒》卷下，頁2。
❸　同上，頁69。
❹　《新唯識論》（刪簡本），卷上，頁34。
❺　《河南程氏遺書》卷25。

而全身盡易其故，此與利那滅相距雖甚遠，然可從此悟入」❹ 他
還舉《易‧繫辭》「不疾而速，不行而至」和《論語》「子在川
上」章，認爲「此卽明示利那滅義」，「方生卽滅，方滅卽生，化
化之妙，滅滅不停，卽生生不已，於變易見不易也」❹。熊十力
指出，他的利那義和佛家雖同一說法，但實質上是有區別的，「佛
氏以利那滅卽是無常，而作空觀，卒流於反人生」❹，而他強調
的是「體現天行之健，常去故取新」，以自強不息。「佛氏雖明明
見到利那生滅，而實着重於滅亡方面，非着重於生之方面也。余
作《新論》，便救其失」❹。

　　將利那生滅義（佛氏專言識之流轉、念之相繼）引入大化流
行的本體觀，同《易》理相結合，這確是熊十力改造佛學的一大
成果。如果從人生觀的意義看，其應遷流不住之大化而蛻然變
改、奮然起作，也與佛氏的悲觀厭世有着天淵之別。但熊氏的論
證並非無疵，就其理論上的缺陷來說，至少可以舉出兩點：一是
混淆了頓變和突變，以利那生滅代替質變，否定了量變階段的存
在，抹殺了事物之間的界限，從而導致相對主義。二是割斷了事
物之間的聯繫，否定變化的因果連續性，將變化看成是沒有發展
和飛躍的「忽起突滅」。熊十力的變化觀不僅深受佛家利那生滅
義的影響，而且固守僧肇《物不遷論》的思想，堅持「事各性住
於一世」的觀點。認爲事物的變化「前不至後，後不承前，此不
至彼，彼不因此」❺，相互之間絕沒有聯繫。他說：「窗前綠葉，

❹ 《十力語要》卷3，頁67。
❹ 《尊聞錄》，頁54。
❹ 《新唯識論》(刪簡本)，卷上，頁37。
❹ 《原儒》卷下，頁66。
❺ 《新唯識論》(刪簡本)，卷下，頁3。

繼續昨日之綠葉而生，實則今之綠葉不卽是昨日之綠葉，形式如昨，而實質已新也」⑤。其割裂運動連續性和變化承接性的錯誤，可以說與僧肇如出一轍。

　　熊十力對「變體」的描述是和體用不二的思想結合在一起的。他認爲「本體非兀然疆固之體，而是流行不已」⑤，這個流行不已的本體不是超乎萬有之上而別有一物，實際上它本身就是這豐富無竭的大用流行。「本體空寂而剛健，故恒生生不已，化化不停，卽此生生化化說爲流行，亦名爲用」⑤。本體流行顯現爲大用，宇宙萬物的變化卽是本體之流行，不能「懸空去想一個不變易法以爲根底，來說明變易」，而是「只在變易法中見不變易」⑤，於流行本身識體。大化流行的過程卽是本體的顯現，而體用不二亦「是就本體流行上立言」。所以熊十力說的變動之體就是指宇宙的大化本身，也就是萬有去故取新的整全過程。他說：「流行卽爲萬有，不可說萬有以外別有流行的東西。萬有皆流行也，無有固定之物故」⑤。卽流行識本體是體用不二論的核心思想，它充分表達了卽體卽用、體用一如的觀念，閃爍着辯證思維的光輝。由此，熊十力認爲體不能離用，離用則無從言體；「體不可直揭，而從其流行強爲擬似，流行卽體，元非異體有別實物」⑤。他正是通過對本體流行的「強爲擬似」，肯定了現象界的眞實存在，揭示了宇宙萬物生成變化的必然性。他指出，宇宙從過去至現在，由現在奔趨無窮無盡之未來，是無有間隙的「渾

⑤　《乾坤衍》上，頁36。
⑤　《摧惑顯宗記》，頁161。
⑤　同⑤，頁59。
⑤　《破破新唯識論》，頁34。
⑤　《乾坤衍》上，頁84。
⑤　《破破新唯識論》，頁35。

然之大流」。其變化不僅是連續的，而且是升進的，「宇宙進展不是如一條直道向前，而是多方面或旁蹊曲徑，轉折多端，卻無礙於前進」❺⃝。他將這種變化發展稱爲「盈虛與消息」，「消息從大化言」，盈虛交替，「從消之一方言是故故不留，從息之一方言是新新而起，萬物皆在大化消息之過程中」❺⃝。

實際上熊十力揭示本體的生化流行，意在肯定宇宙萬物的生成變化，肯定「豐富無竭」的現象界。但他又吞吞吐吐，閃爍其辭，不敢直言其實，而假說萬物爲流行，使流行成爲一種沒有主體的運動，從而將物質和運動強行割裂。他矢口否認運動着的卽是物質，非要在無限豐富的物質世界之上別立一流行的主體，這無異是頭上安頭，重床疊架。

熊十力以生化言體，卽流行識體，迴別佛氏而「完成自己的形貌」，實多得力於他在本體觀上的辯證思維方式。熊著中論述大化之體的部分，無疑是其辯證法思想最爲充盈之處，這也是他的哲學體系中最爲燦爛和最富有生機的內容之一。熊十力強調辯證法是「無往而不在」，把它看作是認識世界最有效的武器。他說：「萬變萬化，萬物萬事，相反相成。繁頤至極，譎怪至極，其顯可見，其隱難知，析其分者昧其全，察其小者遺其大，不有咨於辯證法，哲學可得而言歟？」❺⃝熊氏十分注意吸收古代哲學中辯證思維的精華，他對佛學的揚棄、對道家的吸納、對儒學的改造，以及最終的「歸宗《大易》」，都充分地表明了這一點。他認爲中國哲學中的辯證思維方法是一個取之不盡的養料庫，「大地上凡有高深文化之國，其發明辯證法最早者，莫有如中國」❻⃝，

❻⃝　《原儒》卷上，頁2。
❺⃝❺⃝　《原儒》卷下，頁67、48。
❺⃝　《體用論》，頁169。

中國哲學中的天人、心物問題，「則亦因辯證法之發現而不墮一偏之執」❻ 。正是因爲對辯證法的敬奉，作爲一個堅持唯心主義立場的哲學家，他對那些愚蠢的唯心論者每加斥責，而對辯證唯物主義卻發出了由衷的讚嘆：「辯證法唯物論興，其所融會貫穿者弘遠精確，而後有總攬科學各門類而指導之之偉績，不得不驚嘆也」❻ 。上述思想在他晚年的著作中表現的尤爲明顯，這不能不說是他在一定程度上接受了唯物辯證法的影響，其哲學立場也開始發生了某些變化的結果。

(二)翕闢說

熊十力在解釋本體的生化，回答「有能變否？」「如何成功此變？」兩問題時，提出了頗具特色的「翕闢成變」論，成爲其本體學說最爲重要的理論支柱。他說：「《新論》主張卽用顯體，卽變易卽不易，卽流行卽主宰，卽用卽體。而其立論，系統謹嚴，實以翕闢概念爲之樞紐，若於翕闢義一有誤會，卽全書便不可通，直可謂爲毫無價值之書」❻ 。可見，翕闢說是其本體觀的主腦和精髓。

翕的原意爲收縮、收歛，如《詩·小雅·大東》「維南有箕，載翕其舌」，《荀子·議兵》「代翕代張，代存代亡，相爲雌雄耳」，枚乘〈七發〉「飛鳥聞之，翕翼而不能去」。就收歛講，翕、盍通用，《爾雅》曰：「盍、翕，合也」。所以《易·繫辭》以翕闢對舉，又以盍闢並稱，兩意相同。翕還當和好、和諧

---

❻　《原儒》卷下，頁26。
❻　《原儒》卷下，頁33。
❻　《十力論學語輯略》，頁35。

講，如《詩・小雅・常棣》「妻子好合，如鼓瑟琴；兄弟既翕，和樂且湛」。闢的意思就是打開、開闢，在先秦典籍中隨處可見。首先將這兩個詞並稱作爲一對哲學概念使用的是《周易・繫辭傳》曰：「夫坤，其靜也翕，其動也闢，是以廣生焉」。又曰：「是故盍戶謂之坤，闢戶謂之乾，一盍一闢謂之變」。這裏所言，均是指宇宙生成變化的勢用。《老子》中雖無翕闢二字，但類似的生化思想已明顯存在，如五章曰：「天地之間，其猶橐籥乎，虛而不屈，動而愈出」。十章曰：「天門開盍，能無雌乎？」這兩句話的意思和〈繫辭〉所言翕闢義基本接近，所以程明道說：「老子之言，竊弄盍闢者也」[64]。清人易順鼎解《老》亦謂：「天地之門猶橐籥者，橐主入物，故曰盍戶，謂之乾；籥主出物，故曰闢戶，謂之坤矣」[65]。

　　源於《易》、《老》的翕闢生化觀念，在宋明理學中得到了更爲明確的使用和普遍的發揮。理學家談天地陰陽大化，多喜以翕闢言之。張載雜揉《易》《老》，其「太虛卽氣」的氣化一元論思想卽吸收了翕闢義，如《正蒙・大易》曰：「盍戶，靜密也；闢戶，動達也」。程頤解《易・繫辭》語謂：「坤，靜翕動闢。坤體動則開，應乾開盍而廣生萬物」[66]。他將天地之化比作兩扇磨，「動已不齊」，此卽爲一盍一闢。而涵育天地萬物的「眞元之氣」和人的關係，猶如魚之在水，人居天地之氣中，一切「涵養之道」，亦皆「盍闢之機而已」[67]。以翕闢言大化，雖說先儒中不乏其人，然精微而又系統者，莫過於船山。王夫之論翕闢，要

----

[64]《河南程氏遺書》卷11。
[65]《寶瓠齋雜組》中之〈續老札記〉。
[66]《河南程氏經說》卷1。
[67]《河南程氏遺書》卷15。

點有四：一者翕闢卽陰陽二氣，「陰陽者，元氣之翕闢也」[68]，其「一噓一吸，一舒一歛，升降離合於太虛之中」，一氣之變化卽顯翕闢二勢。二者翕闢不離；「翕有闢，闢有翕，故往不窮來，來不窮往」，陰陽消長，變化無竭，「然而以翕故闢，無翕則何闢？以闢故翕，無闢則何翕？」[69] 所以既不可離翕言闢，也不可離闢言翕。三者翕闢皆言乎動；雖說翕闢一言靜一言動，然靜亦是動之靜，「由翕而闢，由闢而翕，皆動也。廢然之靜，則是息矣」[70]。故爾「靜以居動，則動者不離乎靜，動以動其靜，則靜者亦動而靈，此一翕一闢所以爲道也」[71]。四者陽翕陰闢；船山解《易》，以翕言陽，以闢指陰，卽乾德翕，坤德闢。此頗與衆不同。他說：「陽翕以固，景融所涵，極碧霄，達黃壚，而輪困不捨。陰闢以演，滋膏所沁，極碧霄，達黃壚，而洋溢無餘」。「陽實而翕，故晝明者必聚而爲日；陰虛而闢，故夜明者必凝而爲月」[72]。又因「翕而致一」、「闢而眩衆」，故謂之「陽翕而專，陰闢而化」[73]。

　　熊十力的「翕闢成變」論卽在一定程度上承續了《易》、道的生生大化傳統，並且吸取了前人有關翕闢的一些說法，特別是王夫之《周易外傳》中的論述。至於近代嚴復譯介《天演論》，發揮斯賓塞的進化學說，有所謂「天演者，翕以聚質，闢以散力」之說[74]，有人指出熊氏的翕闢論與嚴復的說法相同。對於這

---

[68]　《周易外傳》卷5。
[69]　《周易外傳》卷7。
[70]　《思問錄》內篇。
[71]　《張子正蒙注》卷7。
[72]　《周易外傳》卷6。
[73]　《周易外傳》卷3。
[74]　見《天演論》卷上，導言二〈廣義〉之按語。

一點，熊十力本人是堅決否定的，他說：「嚴復天演界說以無數無盡之天體或萬象皆由原始物質的存在及由物質的運動而成，此乃依據自然科學而組成之理論」。而翕闢成變論則是「綜觀宇宙，會通生命心靈與物質能力兩方面而建立一元，以明此兩方面所由成」[75]。所以這二者的層次是完全不一樣的。

熊十力認爲，「宇宙開闢，必由於實體內部隱含矛盾，即有兩相反的性質蘊伏動機，遂成變化」[76]，此「兩相反的性質」即稱之爲翕闢。「一翕一闢所以成變，此即流行之妙也，即神用之不測也」[77]。本體大化流行，全顯現爲宇宙萬物的變動不已，「此種不已之動，自不是單純的勢用」，每一動都有攝聚的一方面，同時也有開闢升進的一方面，前者即名之爲翕，後者即名之爲闢。「若無攝聚便浮游無據，莽蕩無物，所以動的勢用方起，即有一種攝聚」[78]，此攝聚的勢用「威勢猛極」，乃形成無量數的細微質點，名爲「翕圈」，物質宇宙即由此開始。熊十力認爲，至此變化形成爲「質礙之物」，失去了本體生化流行的本性，「殆將完全物化」，所以他將翕勢稱之爲反作用。當翕勢方起，「卻有別一方面的勢用反乎翕而與翕俱起」，此勢用能健以自勝而不肯物化，正與翕勢相反，是一種開發升進的力量，「卒能轉化翕，終使翕隨己俱升」[79]，此種勢用即名之爲闢。

熊十力指出，翕闢既是宇宙萬物凝聚生成和開發升進的一種勢用，同時也是本體流行之本身，「翕闢便是本體之流行」[80]。這

[75] 《明心篇》，頁215。
[76] 《乾坤衍》下，頁11。
[77] 《破破新唯識論》，頁36。
[78] 《體用論》，頁8。
[79] 《新唯識論》(刪簡本)，卷上，頁30。
[80] 《十力語要》卷1，頁33。

個流行的作用不是單獨的，而是相反相成，「才有翕，便有闢，唯其有對，所以成變」❽。不能把一翕一闢的顯現看作是一個交替的過程，它們之間絕沒有時間和順序的先後可言，而是同時俱有，永遠並存。熊十力以「翕闢成變」說明宇宙本體的大化流行，他強調翕闢只是一種勢用，而「不是兩種實在物事」。因翕勢收凝，現似物相，不守本體自性而至物化，闢勢終不舍失本體之自性，以「剛健、純粹、開發、升進」之勢運行於翕，破除翕勢之凝固，轉翕以從己。「據此，則翕闢同爲純一之本體所顯現之兩種作用，乃相反相成，相待相涵，而爲萬化之源」❽。熊十力認爲，本體之流行卽顯現爲翕闢兩種勢用，宇宙萬物的生成變化「只此翕闢之流」，離翕闢，則無所謂本體，無所謂宇宙。所以翕闢不僅僅是生成的勢用，而且也是本體流行、宇宙萬物之本身，二者是完全合一的。這與他的卽體卽用、體用一如的思想是一致的。

就本體的生化流行言，翕闢爲相反相成的兩大勢用，成就大化；就本體全顯現爲大用言，翕闢卽爲用的兩個方面，說爲心物。「本體之流行有翕闢二勢，是名爲用」❽，「就大用而言，闢是健動、升進、開發之勢，所謂精神是也；翕是凝斂、攝聚、而有趣於固閉之勢，所謂物質是也」❽。熊十力認爲，翕之凝聚勢用和其「幻成乎物」是一致的，故假說翕爲物；闢之開發升進勢用和其「健而神」的生命力是相合的，故假說闢爲心。這樣，翕闢便成爲體用關係的中介，在本體中，它是流行的兩種勢用；在

❽　《體用論》，頁9。
❽　《十力語要》卷1，頁20。
❽　《摧惑顯宗記》，頁2。
❽　《體用論》，頁113。

現象界，它就成爲大用的兩個方面。從邏輯上說，不論是體向用的過渡，還是體和用的相合，都在「翕闢成變」中實現。所以熊十力對翕闢論最感得意，他借一個學生的口說：「心物問題唯《新論》解決最圓滿，翕闢成變義可借用伊川語：眞泄盡天機。然非深心體之，則亦莫知其妙也」[85]。因翕闢旣屬體，也屬用，所以熊十力在討論心物問題時，往往要重複述之。

　　熊十力的「翕闢之論，乃由反對印度佛家思想而出」[86]。大乘有宗於諸行之上別立種子，名爲功能，爲產生諸行做因緣，將功能作爲「潛在於現象界背後」的本體，於眞如之外「妄行安立，明明犯二重本體過」。所以「《新論》以翕闢義破舊師聚集名心之說」[87]，用翕闢來取代唯識家的種子，將本體與功能合一，避免了二重本體之失。他說：「吾於翕闢義，固非率爾偶立」[88]。「唯識家因爲把諸行看做實物，所以又進而尋找諸行之來由，因此成立了他底種子說。《新論》不把諸行執實，所以假說翕闢以施設色心萬象，用不着種子了。翕闢的道理雖是本之《大易》，卻是自家隨處體察此理，久而益自信，乃敢說出」[89]。可見熊十力的「翕闢成變」論是經過了多年的思考才確立的，其中溶攝了儒釋道各家的思想，並且成爲他走出佛家、「歸宗《大易》」的一個重要楔機。正像賀麟說的，「假如他單講本心而不言翕闢，單講本體而不講大化流行之用，卽不免陷於空寂。然而他發揮翕闢義蘊，提出體用不二，卽流行見本體的說法，以爲基礎，這就

[85]　《十力語要》卷3，〈王準記語〉。
[86]　《十力語要》卷2，頁85。
[87]　《十力語要》卷1，頁33。
[88]　《破破新唯識論》，頁74。
[89]　《佛家名相通釋》卷上，頁13。

是他超出『離用言體、未免索隱行怪』，『於性體無生而生之眞機不曾領會』的佛家思想的地方」⑩。

　　熊十力的翕闢大化論以流行變化的觀念論說本體，將本體描繪成一個舍故取新、變動不居的過程，這個過程無始無終，無消歇，無滯留，它既是萬事萬物存在的根據和樣態，也是我們認識和把握現象界的唯一背景場所。本體卽流變，而非實存，這是對實體化形而上學的突破，就這點說來，熊氏的翕闢論同懷特海的思想頗有點相像。懷氏在《過程與實在》中稱:「機體哲學的形上學主張，基本上就是要完全摒棄那種把本體 (actual entity) 看作是變化中不變的東西的想法」⑨。故他將「歷程」作爲本體的質的規定，認爲任何意義的存在都不能脫離歷程，歷程與存在是相互預設的。換句話說，一個 actual entity 的存在不可能是完全不變的、無歷程的，亦卽它的存在不可能是永恆的，因爲變化的歷程乃是內在於它的存在。所以本體不是實體化的物有，而只是它的作用和活動，更準確地說，本體的存在是由它自身的歷程所構成的⑫。熊十力的翕闢論恰恰也是揭示了本體的生化流變本質，用對立統一的矛盾法則辯證地說明了這一過程。他在論述體用不二的原則時，曾大力掊擊求絕對於相對之外的宗教錮疾，同時也否定以用爲體的做法，這些都是爲了要說明本體不是一個可執著的實物，它的存在只能由大化流行的過程來確證這樣一個道理。所以從根本上來說，大化就是本體的本質，離開大化無所謂本體；翕闢成變的永恆過程就是本體，無翕闢也

⑩　賀麟:《當代中國哲學》，勝利出版社，1947年1月版，頁15。
⑨　懷特海:《過程與實在》，頁43。
⑫　參見《現代形上學的祭酒懷特海》(朱建民編譯)，臺北允晨文化公司，1982年11月版，頁107-109。

就無本體可言。明白了這一點，便能悟了本體的究竟義，熊十力持重翕闢說的深心也就朗然可見了。

三、卽用顯體與攝體歸用

熊十力以流行言體，以翕闢爲生成變化的兩種勢用，回答了「有能變否？」和「如何成功此變？」兩個問題，揭示了本性生化的必然性，爲「繁然萬殊」的現象界找到了現實的依托。但究竟怎樣認識和把握流行的本體？此本體與生成變化的宇宙萬物是一種什麼樣的關係？熊十力在解答這些問題時，闡發了「卽用顯體」的思想。他指出：所謂「體用不二」，就是「卽體卽用，卽用卽體」，用是體的眞實顯現，「用者體之顯，體者用之體，無體卽無用，離用原無體」❾❸。絕不可離用言體，用外求體，所以「從用上解析明白，卽可以顯示本體」，認識了用，也就把握了體，這就是「卽用顯體」。「由體用不二故，方說卽用可以顯體」，因爲用卽是於本體之流行、本體之顯現而言，故卽用可以顯體。熊十力認爲，卽用顯體旣可救有宗「妄構之迷執」，又可補空宗「遮詮之善巧」，將本體與現象界打成一片，體用關係巧妙合一，天衣無縫，所以他說：「本論宗趣唯在卽用顯體」❾❹。他是從以下三個方面去論證的：

首先，本體流行卽全顯現爲萬殊的大用，用外無體；他指出：「實體是完完全全的變成萬有不齊的大用，卽大用流行之外無有實體。」❾❺因爲本體是流行不已的，流行卽成大用，變之體

---

❾❸❾❹ 《新唯識論》（刪簡本），卷上，頁27，48。
❾❺ 《體用論》，頁6。

必顯爲用；反過來，變動卽是實體之功用，體必有用，方成爲
體，無用卽無體可言。所以「體要非超越流行之外而別爲獨存之
死體」，體定不離用、定不離流行，「故乃於流行中識體」。熊十
力認爲，從本體的生化流行角度言，體盡管不等於用，但確已全
顯現爲用，「卽無有離用而獨存之體，譬如大海水成爲衆漚，無
有離衆漚而獨存之大海水」❾❻，所以「用固不卽是體，而不可離
用覓體，本體全顯現爲用。卽一一用上都具全體，故卽用顯體，
始免支離，離用言體，終乖至道」❾❼。

其次，用是體的完整顯現，離用無從識體；熊十力認爲,「體
成爲用，卽無離用而獨存之體」，唯有從用上來說明本體。「談
實體者，應以現象爲主，肯定現象眞實。一元實體是由萬物各各
皆資取之，以成就自己；皆禀受之，以爲其內在根源，不可將實
體推出於萬物以外也」❾❽。現象是實體的眞實反映，實體卽通過
現象而顯現出來，體用本不二，若悟此，「則體上無多說話，唯
有從大用流行處推顯至隱而已。全體變成大用，用上發見日新，
卽是體上開闢無盡，顯微無間，表裏不二故」❾❾。所以熊十力以
翕闢說本體流行，又將翕闢說爲大用，揭示翕闢的性質，既是言
用，也是明體，「亦是於現象上識體」。他批評不重視現象、離用
識體的作法是「騎驢覓驢」，本體已全顯現爲大用，現象卽是本
體的呈現，「色色現成，頭頭眞實，何不當下識取，豈可騎驢覓
驢？」❿

---

❾❻ 《體用論》，頁15。
❾❼ 《新唯識論》(刪簡本)，卷上，頁48。
❾❽ 《乾坤衍》下，頁43。
❾❾ 《體用論》，頁113。
❿ 《十力語要初續》，頁76。

最後，熊十力認爲體只能由用上來識得，卽用顯體；他說：「實體變動而成功用，只有就功用上領會實體的性質」，「汝若欲離開功用而別求實體的性質，將無所得。汝若徹悟體用不二，當信離用便無體可說」[101]。宇宙萬象皆眞實呈現，變動不居，無有一瞬間或空無，由此卽可證得本體眞實不虛。用是體的顯現，實已涵攝了體的眞實本性，故爾從現象界入手便可把握眞實本體。並且只有從用才得識體，識體必依用，「譬如依衆漚之活活躍躍而顯示大海水爲流動體也。道體不可目睹，不依用以顯之，便無從說」[102]。所以熊十力認爲，悟體必須識用，卽用識體，「卽萬象是用，卽用是眞體之顯現，用外無體。但於用上而不泥其迹，直悟其爲眞體之顯，便是卽用識體」[103]。簡言之，卽用識體就是通過對現象的認識來體悟本體，「卽於流行而識主宰，於化跡而悟眞實」[104]，「於變易而識不易，於無常而識眞常，於形色而識天性，於小體而識大體」[105]，從相對中認識絕對，從現象中把握本體。

「卽用顯體」肯定了體用關係中現象界實爲主導方面，對現象的認識和把握旣是辯用，也是明體。在此基礎上，熊十力又進一步提出了「攝體歸用」，將本體含攝在萬殊的大用中，銷體歸用，用外無體，將本體與現象界完全合一，完成了「體用不二」的邏輯論證。他說：「體用不二是根本原理，不可搖奪。實體非固定性，原是變動不居，卽以其變動不居名之爲功用。現象者，

---

[101] 《體用論》贅語。
[102] 《原儒》卷下，頁15。
[103] 《十力語要》卷3，頁66。
[104] 《新唯識論》(刪簡本)，卷下，頁1。
[105] 《摧惑顯宗記》，頁4。

功用之別一稱，不是由實體變動了，又別造出一種世界，名爲現象也。現象與實體不是兩重世界，此是大源頭處，須徹底了解，方能斷一切疑。余篤信現象定有根源，但根源不是超脫現象而獨在，別爲不可知之物。根源不是別一世界，余肯定根源卽是現象的實體，易言之，根源卽是現象的本身」，「現象以外沒有實體」⑩⑥。所以用本身就含備着體，本體只在現象界中，體已全顯現爲萬殊的用，用外無體，「本體顯爲大用，只是用而已矣」。熊十力強調體只是用之體，離用便無體可言，「體者，對用得名，要是用之體，非體用可相互離異。若所謂用者不是體之自身顯現，則體本不爲用之體，而別爲一空洞之境，如此，則體義不成」⑩⑦。所以體雖爲萬有之根源，而根源卽顯現爲萬有，非離萬有而獨在，「故從萬有言，則一一現象皆是自根自源」⑩⑧。熊十力以「攝體歸用」證成體用不二，「將實體收入於萬物與吾人身上來」，既肯定現象界有其眞實的依托和存在的根據，又立足於現實世界，着眼於宇宙萬物的眞實存在。他說：「萬物、人生才是眞實，不空寂、不幻妄，人生更無可自甘降低而作霧自迷，妄與皈依」⑩⑨。本體的眞實卽托起人生奮進的意義，所以他的本體觀和人生觀二者是統一的。

　　熊十力指出，從來哲人都是用外求體、物外求道，而不悟道卽在物中，物本身卽包含着道，「夫唯萬物自性卽是道，道不離一一物而獨在。易言之，道卽一一物也，一一物卽道也。是故人

---

⑩⑥　《乾坤衍》下，頁12。
⑩⑦　《新唯識論》（刪簡本），卷上，頁60。
⑩⑧　《摧惑顯宗記》，頁154。
⑩⑨　《乾坤衍》下，頁40。

生不須遺世而別求道，唯當卽於現實世界而發揚此道」❿。依體用不二言，卽用顯體，攝體歸用，故爾體用雖有辨而實不可分，「由卽體卽用、卽用卽體故，而能變與恒轉、功能等名，是大用之稱，亦得爲眞如本體之目」⓫，體用名異而實同。「如理而淡，萬物皆以流行不住的大用爲其實有的自體耳」⓬，「實體卽是心物萬象的自身，求實體於心物萬象之外，是乃變相之上帝」⓭。從以上論述看， 熊十力的體用不二論儘管肯定宇宙萬物必 有 實體，必有其賴以存在的根據，「用以體成，體待用存」，二者不可缺一。但他將本體就說成是顯現的大用，將本體銷鎔於現象界，「卽用顯體」，「攝體歸用」， 實際上便取消了與用相對的體， 銷體以歸用，本體與現象界不能成對，更不能並列，只有用才是唯一眞實的存在。 這樣， 體本身的價值和意義反而顯得不十分重要，只成爲一種觀念的假設和心理的依托，而體用不二的落腳點完全是在用上。 所以他說：「余書發明《大易》體用不二義，本以現象爲主，此是吾書根底，須識得此意。吾書不承認有離開現象而獨在的實體，只收攝實體以歸藏於現象，說爲現象之內在根源，故曰現象爲主」⓮。

　　熊十力本體論的「卽用顯體」與「攝體歸用」之說，實深受船山哲學的影響，因爲王夫之在論述體用關係時，已經初步地表達過類似的思想。最明顯的是下面一段話：「佛、老之初，皆立體而廢用。 用旣廢， 則體亦無實。 故其旣也， 體不立而一因乎

❿ 《原儒》卷下，頁5。
⓫ 《新唯識論》(刪簡本)，卷上，頁60。
⓬ 《原儒》卷下，頁73。
⓭ 《體用論》，頁112。
⓮ 《乾坤衍》下，頁132。

用，莊生所謂『寓諸庸』，釋氏所謂『行起解滅』是也。君子不廢用以立體，則致曲有誠。誠立而用自行。逮其用也，左右逢源而皆其眞體」[115]。王夫之認爲，體用二者，用更爲眞實，也更易把捉，「故善言道者，由用以得體；不善言道者，妄立一體而消用以從之」[116]。卽用可以識體，離用則無體可得，「天下之用，皆其有者也，吾從其用而知其體之有，豈待疑哉！」[117]王夫之繼承了張載《正蒙》「盈天地之間者，法象而已」的觀點，主「天下唯器」說，所以他在論述本體與現象界的關係時，更着重於現象界方面。張載解《易・繫辭》「神無方而易無體」句謂：「仁敦化則無體，義入神則無方」，是將迹於形之卦體賦予了人本道德的新意，王夫之則更進一步從本體意義來解釋之，謂：「無體，無孤立之體，異於老、釋之靜；無方，無滯於一隅之方，異於名、法之動。無體者，所以妙合無方之神」[118]。而他的體用觀是明顯地含有一種銷體以歸用的意思，故有云：「天無體，用卽其體」[119]。

　　船山之體用合一，黜體顯用的思想基本上局限在本體論或宇宙論的範圍內，而熊十力的體用不二、攝體歸用之說，不但肯定了宇宙萬物的眞實存在，從本體意義上論證了體用的辯證關係，而且使體用範疇超出了有關宇宙生成問題的素樸直觀範圍，含有了更多的認識論上的意義。只能從用來顯現、含攝在萬有之中的體，不但失去了離用獨在的實體之意義，而且作爲生化層面的本

---

[115]　《思問錄》內篇。
[116][117]　《周易外傳》卷2。
[118]　《張子正蒙注》卷2。
[119]　《張子正蒙注》卷4。

根、本原之效能也大大地減弱了。體變成了一種範式、認知活動的模型，或是某種必然性和抽象的普遍原則，這與我們今天常用的「本質」概念意思相當接近。傳統哲學的本體論學說深受實體觀念的影響和束縛，一談本體，總有離用言體的跡象。這突出地表現在相當多的哲學家都是用固定的或無對的觀念來看待本體，把本體看做是「寂然不動」、超越時空的絕對存在，或者是視爲一實物。盡管大家在口頭上都標榜「合一」、「一如」、「一致」，但實際上體用往往是割裂的。這主要是因爲體用觀總脫不開素樸直觀的宇宙生化論之影響，本體總是被作爲本根或本原來探求，而其認識論上的意義卻很少被意識到。雖然個別哲學家對此局限有所察覺，並試圖衝破素樸直觀的形式，對本體的意義作更深一步的探究和解說，但終因拘於各種時代條件而未能盡願。熊十力的體用不二論運用辯證思維的方法，從認識論的角度來揭示本體的內涵，將本體論與認識論融合爲一，使體用範疇超出了素樸直觀的形態，展現出更爲廣濶的意義層面。體用不僅包含了實體與功用、本根與現存等基本意思，而且容納了本質與現象、可能與現實、抽象與具體等認知上的含義，使這對範疇更有活力和更具現代轉換的意義。

熊十力的本體論架構充分體現了非實體性思維的特點。按照阿部正雄的分析，西方哲學的本體論基本上是延續了亞里士多德的「實體形而上學」，而大乘佛教的空觀卻表達非實體性的本體意識[20]。龍樹敏銳地領悟了無我和緣起的深意，發展出一套獨特的中觀學說，既反對實體論者的「執著」，也反對虛無主義者的「空無」。中國佛教各宗，諸如三論 的「絕待中」、唯識的「圓

[20] 參見《禪與西方思想》之第二編四節。

成實性」、天臺的「空假中三諦圓融」、華嚴的「事事無礙法界」
等觀念，儘管彼此見解不同，但基本上都含攝了龍樹所揭櫫的
「中道」之精髓。熊十力的本體論學說正是承續了大乘佛敎非實體
性思維的基本原則，擺脫了存在和非存在的對待，消除了存在和
非存在的實體化。在這裏，本體的觀念和「體」的含義儘管顯示
着某種普遍性和永恒性，但它絕不是實體性的存在，同萬事萬物
之間也絕無二元對待的意思，這同西方哲學中表達普遍和永恒的
觀念，諸如柏拉圖的理念、康德的物自體、黑格爾的絕對精神等
等，是絕然不同的。雖然「體」表示的是事物不變的性質，但實
際上它意指「如」（自然），卽萬物眞實地如其本然。體用不二卽
是理事互融，代表普遍和永恒的「體」與個別的事用之間完全是
非二元性的。所以，熊十力的本體學說是一種體現不二中道的非
實體性的一元論。

　　從哲學發展的歷程看，實體觀念的消退正是素樸形態的本體
論終結的一個標誌。在近代西方，哲學的重心逐漸由本體論轉向
了認識論，無論是大陸理性主義，還是英國經驗主義，這一轉向
都是伴隨着實體觀念的瓦解發生的。康德將實體排除於感性經驗
的範圍之外，對本體存而不論，採取了二元論的立場。他肯定物
自體的客觀存在，但又認爲它不可知，現象界並不反映自在之
物。肯定現象界之外別有實體，無疑爲上帝的存在保留了地盤，
所以康德清除實體的態度是保守的，二元論顯然是一種對他比較
適宜的溫和方式。休謨強化了經驗主義的傳統，對實體的否定探
取了較爲激烈的不可知論立場，對上帝的清除也就更徹底些。他
用來消除實體觀念的利器是因果論，按照自然科學觀察事物的態
度和方法，用實證的、機械的方式否定了第一推動力（根本因）

的存在，從而將本體由認識領域中徹底驅逐了出去。經過二元論和不可知論這兩種否定方式的打擊，實體學說在西方哲學中逐漸凋盡而成爲遺跡，不再是哲學家們所關注的對象。黑格爾運用否定之否定的辯證思維方式，在一定程度上將本體論的內容融合到了認識論領域中，消除了康德的二元論，也打破了休謨的不可知論，構築了一個辯證法、邏輯學和認識論合一的龐大體系。

實體學說的隱沒，標誌着自亞里士多德《形而上學》以來之素樸形態的本體論的終結，但這並不意味着本體問題的消解，正如懷特海指出的，「粗糙的經驗主義的方法，不僅在面對形而上學時陷於破產，而且只要我們追求較大的普遍性時，這種方法卽面臨崩潰」[20]。所以懷氏批評近代哲學方向的偏離，主張回到笛卡爾以前的傳統主流去。他認爲把認識論作爲哲學探討的基礎，必然會導入主觀主義，因爲從感覺出發，我們所能完全確定的只是我們當前的經驗。由此，核心的問題在於：我們如何能夠正確地結合主觀的經驗與外在的存有，我們如何能夠眞實地由我們的知覺推到外在事物的存在。近代哲學基本方向的偏離，招致許多無法避免的錯誤。因爲依據存有原則，我們的知覺不可能由心靈的創造力產生出來，而必須由某些現實存有導衍出來。本根的迷失必然導向心靈創造力的萎縮，所以懷特海極力反對以認識論爲基礎的立場，而主張以形而上學爲哲學探討的根本基礎。但懷特海的形而上學並非實體性的，他用「現實存在」（actual entity）來取代傳統哲學中的實體概念，強調這一本體的存在是由它自身的「歷程」所構成的，不具有任何終極的意義。對「現實存在」的「生成」及其「歷程」的探討便構成了他的形而上之過程哲學

[20]　懷特海：《過程與實在》，頁6。

的內核。懷特海的努力，使他成為現代西方哲學在形而上領域擎大旗的人物，他的體系也是東西方哲學遇合過程中最為引人注目的焦點之一⑫。僅管懷氏的本體觀和中國哲學的本體論學說仍有着天壤懸隔，但畢竟也算是最有「比較」價值可言的一種了。

　　大多數中國近現代哲學家在西潮的猛烈衝擊下，還來不及認真檢視和思考自己的傳統便已目眩神移，尚未真正弄清本體論與認識論分際的意義便隨順着實證主義的浪潮而高唱起「哲學就是認識論」，這種近乎邯鄲學步式的亦步亦趨之時尚，既無益於中國傳統哲學的整理和轉化，也不利於東西方哲學的對話和交流。熊十力從中國哲學的內在精神出發，以掉背孤行的勇氣，獨於寂冷的本體論領域苦思冥索，深造自得而開出一點光景，為傳統儒學在現代的轉化提供了一個形而上的初基。僅管他的本體論架構尚有不完善之處，甚至因過於濃重的古典氣韻之遮蔽而使得其現代意義難以朗現，但只要我們放眼當代系統化、整體化的思維潮流，衡準東西方哲學融合互補的大趨勢，我們就能從他的努力當中獲得激勵和啓迪。至少，中國哲學的豐富世界並不因近代機械的實證主義風潮的湧動而變得蒼白和自慚形穢，它仍有自身的生命力，而這種生命力的掘發才能使它和世界潮流真正榫合，也才有實現現代轉換和取得平等對話資格的前景。如若不然，只能喪失自我，亦步亦趨，而最終難脫東施效顰的窘境。

---

⑫ 參見《懷特海哲學演化概論》（陳奎德著），上海人民出版社，1988年1月版，頁263—267。

第六章　量論索迹

　　熊十力草創《唯識論》，卽依能所作「境」、「量」二論之企劃。部甲境論述法相法性，義關「所知」，目之爲境；部乙量論覈知之奧義，理涉「能知」，故稱爲量。但從最早的《唯識學概論》Ａ本到《新唯識論》文言本，均只包括部甲境論，而部乙量論始終是有目無文。四十年代初期，十力改爲《新論》，乾脆取消了境、量之名，自此量論更成爲空留名號的遺迹。

　　儘管《量論》這部著作久蓄於熊氏胸中，甚至到了晚年還在叨念不已，但它終究沒有形成系統的文字，這就不免令許多人感到惋惜，視爲其一生哲學創作的最大遺憾。按照熊十力最初的想法，境論所述性相，皆爲心識以外的客境，是自所知立言，僅僅是知識論的基礎和發端，而要進一步探尋人類智慧與心靈的奧源，就必須要延伸到量論。但唯識學極端神秘化的內歛式心靈觀照之基底，使得他很難找到一條將主客有效分開的途徑，所以他寫出的境論部分並非立足於純客觀的描述，而是揉合了各種知情意的心理認識內容，其量論也就很難從這一渾淪狀態中再行充分剝離而自成一個大的系統。熊十力本人後來也意識到了這一點，所以在改作《新論》時，他不再擘畫境、量二分的輪廓，而是強調本體論、宇宙論與知識論三者的「混而爲一」。從根本上來

薄，量論專著的最終化爲泡影，並未妨害熊十力哲學知識論系統
的建立，也未造成其思想體系的任何殘缺，那種再有一足與《新
論》齊駕並驅之全新系統豁然顯現的期待，無疑是一個空幻。我
們只能依據熊十力已有的著作來分析其認識論學說，掘發隱微，
穿綴段片，其千呼萬喚不出來的量論可得而見端倪歟？不妨一
試。

一、比量與證量

　　熊著之中於量論構畫最詳者，莫過於晚年的《原儒》一書。
在該著上卷之「緒言」中，作者對「早有端緒」的《量論》做了
一個大綱式的描述。全書擬分「比量」與「證量」二篇，比量卽
「依據實測而作推理」，以求得知識，證量意謂求諸本心，自明
自了，默然識之。比量篇復分上下，上篇論「辨物正辭」，闡發
先秦諸家之名學思想，下篇論「窮神知化」，以辯證法通變化之
道。證量篇專論「涵養性智」，「止息思維，掃除概念，只是精
神內歛，默然返照」，達到泯絕物我，「思修交盡」，「渾然與
天道合一」的境地❶。

　　按照陳那《因明正理門論》和《集量論》的說法，我們求得
知識的方式只有現量和比量兩種，「量唯二種，謂現、比二量，
聖教量與譬喻量等皆假名量，非眞實量」❷。現量是感性的、沒
有分別的知識，它是由五根直接緣境而起，以自相爲對象，不用
概念。比量是通過中辭、由推理而得的知識，以共相爲對象，離

----

❶　詳見《原儒》卷上，頁1—6。
❷　《集量論略解》，中國社會科學出版社，1982年3月版，頁2。

不開運用概念。據法上的《正理一滴論釋》所言，陳那還進一步
提出過自比量與他比量的分別。應該指出，熊十力最初對境、量
二論的企劃卽立足於佛教唯識學之體系，而量論構想基本上是從
陳那的學說引發出來的。但從一開始，他又並未完全遵循着唯識
學量論的框架，而是作了一定的改造。其《唯識學概論》在量論
部分只列出「分別」、「正智」二篇，顯然已將現量摒除在外。
在這之後，隨着對西方哲學的了解和吸納，以及心學內容的引
入，這種分離就越來越顯著，以致於到後來他所說的量論，根本
就不是佛學原意上的了，而是指一種廣義的知識論，涵蓋了邏輯
學、辯證法、認識論、心理學等諸多方面的內容。從《原儒・緒
言》之量論大綱所述及的範圍，我們便可清楚地看到這一點。

（一）比　量

比量上篇之「辨物正辭」，相當於概念、判斷、推理等理性
思維活動的形式邏輯描述，內容同中國古代的正名學說及印度因
明學在層次上較爲相近。在這方面，熊氏比較着力的是對窺基
《因明入正理論疏》一書的刪注。其刪削的主要內容有：一是刪去
了不屬於因明學基本理論的蕪雜成分，如各派學說的背景材料及
人物傳說故事等；二是刪去了大量的答難「碎義」；三是刪去了
重複繁瑣的說法，如「因同品」、「因異品」兩個概念❸。其注
的方法基本上是依原文釋義，但「爲利始學計，宜當從權」，
也有少量改動原文的地方。總的說來，熊十力的《因明大疏刪
注》尙屬一本因明學的普及著作，內容不超出普通邏輯對思維活
動及其形式的規定與說明。關於中國古代的正名學說，熊十力以

---

❸　參見《因明大疏刪注》，頁47。

《春秋》一書爲源頭，認爲諸家名學思想皆宗主《春秋》正辭必先辨物之說。「《春秋》正辭之學， 歸本辨物， 後來荀卿乃至墨翟諸家，皆演《春秋》之緒」❹。不但後墨爲「《春秋》之嫡嗣」，而且「似已趨近玄虛」的惠施也基本上是與儒學爲儔的。這種將先秦名學一元化的歸結，顯然在考據上並非持之有故，而是熊氏崇儒尊孔極端理想化的虛幻構築。「辨物正辭」的形式邏輯僅僅是獲取知識的最初級方式，所以在熊十力哲學的知識論系統中，它並不占有什麼重要的位置。

比量下篇之「窮神知化」，相當於概念、判斷、推理等理性思維活動的辯證邏輯描述，內容同中國古代的辯證法及近代德國古典哲學的邏輯學在層次上較爲相近。在這方面，熊氏比較着力的是對範疇學說的推演與建構。從中國傳統哲學中，他擷取了一多（有對與無對）、生滅（有限與無限）、心物、天人、善惡等五大範疇，來統攝本體論、宇宙論、知識論、人生論。在西方哲學的啓迪下， 他又參比康德的範疇表， 提出了空時、 有無、 數量、同異、因果等五對範疇，作爲其知識論的基石。

熊十力指出：「辯證一辭，並非始於外方」。《廣雅》卽釋「辯」爲「變」❺。在中國古代哲學中，辯證思維的方式至深且早，人們體察一切事物，皆視之爲變動不居的過程，「方其如是，卽已不如是，如是與不如是，相反而相俱」。在此辯證思維的邏輯系統中，就本體與現象而言，是無對與有對的統一。本體含攝萬用，爲一，是無對；本體流行，變現萬殊，爲多，是有對。無對有對，一多相卽。 體用同時又是無限與有限的統一。「體唯渾

---

❹❺ 《原儒》卷上，頁2。

全，故無限；用乃分化，即有限」。生生不已，去故留新，是謂
有限；生生不已，其源不竭，又是無限。有限無限，皆隱含於一
生滅之過程中，尅就用言，心物也是相反相成的。心本虛靈，物
有方所，是相反；心斡運乎物，物隨心轉，又是相成。在人生論
中，天人相反；然人能裁成天地，輔相萬物，故又有相成之妙。
就人性言，性善性惡，二說相反；然「孟子言性善，就吾人與天
地萬物共同之眞源而言也」，「荀卿言性惡，就吾人有生以後妄
執小己而言也」❻，所以克己復性，去惡揚善，又是相成。由這
些宇宙人生根本問題的辯證闡釋，熊十力進一步概括出了其辯證
思維方式的「十六句義」：

> 一為無量，無量為一。
> 全中有分，分分是全。
> 始則有終，終而復始。
> 此轉為彼，彼亦莫住。
> 發展無竭，譬彼洪流。
> 自由必然，無想有鵠。
> 偉哉造化，怒者其誰！
> 相反相成，萬有公則。

　　熊十力的範疇論同時也受到了德國古典哲學的影響。尤其是
康德的先驗邏輯之概念分析論，對於《新唯識論》（語體文本）
提出的五對範疇具有直接的啓導意義。熊十力認爲，範疇是「物
所具有的若干基則」，是一切科學知識之所待以成立的「法則」

------
❻ 《原儒》卷上，頁4。

或「律則」，是「吾人對於物的知識之所由可能之客觀基礎」 **❼**。
他不同意康德將範疇完全先驗化的純觀念處置，而主張範疇是主
客兼屬的 。「康德自知識論之觀點言， 範疇是主觀的， 是先驗
的， 不待經驗而成立， 只爲經驗所以可能之條件， 易言之， 卽
知識所以可能之條件。 康德如此主張， 其立言之分位， 固與吾
異， 然吾亦實未敢苟同。卽自知識言之，吾以爲範疇， 亦不能純
屬主觀， 亦當兼屬客觀」 **❽**。範疇一方面在形式上是一種主觀的
律則，另一方面它又不能「於客觀方面全無依據」。如果範疇僅
僅是一種思維活動的先驗儲存或純觀念的預設格式，那麼就無法
說明認識過程中主觀與客觀的交接與驗證，科學知識如何可能也
成爲了問題。所以，範疇必有其客觀基礎，不可完全離開經驗的
托襯，只能是主客兼屬的。

從「範疇是主客兼屬的」這一命題出發，熊十力共提出了五
對範疇：

一是空時：康德將空間與時間看作是感性直觀形式，排除在
知性認識的範疇之外。熊十力認爲，空時雖均非實有，「只是物
的存在的形式」，但「空時非離物別有，而亦不卽是物」，所以
空時同樣是主客兼屬的物之律則，與其他知性範疇無異。十力之
時空觀主要包含以下幾個要點： 一者， 空時雖非實有， 但並非
「於事物的本身上全無所據」，它既是主觀的，又兼具客觀性。二
者，空時是物的存在形式，兩者不可分離。無量的「小一系羣」
互相關聯、互相反映，就形成了各別不同的「空時系列」，所以
不存在絕對的抽象空時，只有具體的空時 。三者，感識（現量）

---

❼　《新唯識論》，中華書局，1985年12月版，頁493。
❽　同前註。

無分別故，不起空時相。四者，意識（比量）能「憶持前物」，「遂於識上現空時相」，慣習之久，逐漸形成抽象概念。五者，絕對的空時觀念並非無用，在冥證感悟之中可充做固定思想材料的框架。

二是有無：這對範疇「取互相反爲義」，卽有對於無講，無亦應乎有。熊十力認爲，有與無是認識活動中思議存在樣態的一種範型，「也兼含有徵符的意義」。凡存在顯現出某種相用，卽名之爲有；反之，則名之爲無。

三是數量：熊十力認爲一多與大小觀念的認識論基礎，「就是一切物互相差別而又互相關聯」，沒有差別，沒有關聯，便無所謂數量。所以，「數量的意義就是於差別中有綜合，而綜合又是與關聯相對應的」。

四是同異：熊十力用這對範疇討論了一般與個別（共相與自相）、抽象與具體（假法與實法）之間的關係。印度勝論師以同異爲實法，而佛家因明之比量求同求異皆是依事物而立之假法。熊十力引入西方哲學的相關內容，闡證佛家因明的同異之辯，而批駁了勝論將同異執爲實有的觀念。

五是因果：因果關係，論辯精詳者，莫過於佛家。熊十力在批判改造佛敎唯識學的過程中，也轉化和吸收了四緣說。其對因果範疇的分析與說明，基本素材卽攝取於玆。

以上五對範疇，皆是就物上而言之，均屬於現象界。所以熊十力特別強調，不能用它們來認識和說明本體，如果硬要「依本體之流行假設言詮」的話，也只能談數量、同異，有無三範疇，而「空時和因果於本體上決不可說有的」❾。

❾　上引見《新唯識論》，頁494—511。

熊十力的範疇論，無論在內容方面，還是在形式上，都可以看作是中西印三方學術交融的產物。中國傳統辯證法和印度因明的影響自不待言， 就是他極力貶斥的西方哲學 —— 那開啓性的痕迹，也不因他本人的矢口否認便能抹殺得掉。儘管他一再強調，「本論的體系和根本主張，原來與康德異軌， 故談及範疇，亦不必有合於康德」❿，但通覽熊著，其對於西方學術較具系統性的採納和契入，還要算是有關範疇的這部分內容了。熊十力試圖以西方哲學的範疇理論來疏清和闡證中國傳統的辯證思維方法，將中西哲學的相關內容加以融合起來。儘管他的這一工作做得並不徹底，但其富有創造性的嘗試還是給後人留下了意義深遠的指向。在《新唯識論》（刪簡本）中，熊十力將談範疇的這一大段文字全部刪去，強調「此項文字以移入量論爲是」⓫，說明範疇論確是其《量論》規劃中的骨幹內容。而在熊氏整個的知識論系統中，這部分內容又和辯證法緊密地結合在一起，構成了其對辯證理性思維活動的基本描述。

（二）證　量

證量篇之「涵養性智」是超越常規化理性思維活動的非邏輯形式，相當於直覺主義的內心體驗與神秘感悟。它與比量下篇之「窮神知化」構成熊十力哲學知識論的兩翼和雙輪，但它的重要性又遠遠超過了後者。應該說，十力於現、比二量之外，又別立一證量，是直接受到了梁漱溟的影響。早在二十年代初，梁氏著《印度哲學概論》、《唯識述義》、《東西文化及其哲學》諸

---

❿　《新唯識論》，頁507。
⓫　《新唯識論》（刪簡本），卷下，頁4。

書，卽已明確於現、比二量之外，闡述了「非量」，認爲「非量」這種直覺思維方法也是求得知識的重要途徑。他說：「從現量的感覺到比量的抽象概念，中間還須有直覺之一階段，單靠現量與比量是不成功的。這個話是我對於唯識家的修訂」❷。唯識家之「非量」，係對「似現量」與「似比量」而言，梁漱溟認爲這個名詞太消極，否定意味太重，「表示不出於現量比量之外的一種特殊心理作用，故不如用直覺爲當」。但梁氏所論直覺，基本上是指一種生活的態度，這種態度是反功利的、剛健不拘的、充滿了浩然之氣的修養境界，而不是一種純認知的方法。所以梁的直覺說雖「給予儒家仁的概念以力動直覺的新釋」❸，但並沒有充分展開其認知方法上的意義。賀麟在分析梁的直覺說時，已指出了這一點：「可惜他始終只限於描寫直覺生活如何美滿快樂，未曾指出直覺如何是認知『生活』及『我』的方法」❹。所以，熊十力的「證量」雖說是直接受到了梁漱溟的「非量」之啓發，但其方法論上的普遍意義和知識論層面的系統性卻又遠遠地超越之。熊氏證量篇的內容，似以中國傳統的認識論學說爲基底，以陸王心學和佛敎禪宗的思想爲主要轉化對象，同時吸收了唯識學之心意識分析理論，以及近代西方的自然進化學說和某些直覺主義認識論的觀點，從而構成了一個融滙中西印三方，集形而上學的直覺法之大成的系統。

　　熊十力成立證量的依據，主要在於區別了「智」與「慧」、

---

❷　梁漱溟：《東西文化及其哲學》，頁72。
❸　陳榮捷：《中國哲學資料書》，頁764。
❹　賀麟：《哲學與哲學史論文集》，商務印書館，1990年1月版，頁178。

「性智」與「量智」。所謂智，是「自性覺」、「本無倚」；而慧則是分別事物，依經驗起。智是「反求實證」，「自己認識自己」，無分別相，內心自識；而慧則是向外尋求，「構畫搏量」，卽世間所謂的知識。智的對象是形而上的本體；而慧的對象則是形而下的現象世界⓯。智卽是性智，慧亦稱量智。「性智者，人初出母胎，墜地一號，隱然呈露其乍接宇宙萬象之靈感，此一靈感決非從無生有，足徵人性本來潛備無窮無盡德用，是大寶藏，是一切明解之源泉，卽依此明解之源，說明性智」⓰。性智是自性的明解，此自性就宇宙而言是爲本體，就人生而言意卽本心，而在量論上識得和說明此本體、本心者，卽爲性智。量智者，卽「思維和推度與簡擇等作用」，「能明辨事物之理則及于所行所歷簡擇得失故，名爲量智」⓱。量智亦名理智，是性智的發用，假藉性智之靈明以「逐取乎物、分別乎物、運用乎物」。此智與慧的不同、性智與量智的差別，旣代表了認識活動的兩種不同形式：理性思維的邏輯形式和直覺思維的非邏輯形式，也標示了認識過程的兩個不同的階段：感知覺的經驗階段和心靈的超驗階段。

由分別性智與量智，熊十力確立了「涵養性智」的證量在其知識論系統中的重要地位。比量所得的知識，均屬於現象界，而要認識和把握本體，就不得不有賴于證量。「吾人須有證量之境，方可於小體而識大體，於相對而悟絕對，於有限而入無限，是乃

⓯　詳見《新唯識論》（文言本）之明宗章。
⓰　《原儒》卷上，頁5。
⓱　《新唯識論》（刪簡本），卷上，頁11。

卽人卽天也」❸。比量是格物達用之學，屬於科學的領域，而證量是識仁明體之學，才屬於哲學的範圍，所以，和本體論哲學相對應的認知方式是證量，而非比量。在《原儒》之量論大綱中，熊十力對成立證量的意義有兩點特別的說明：「一、中國先哲如孔子與道家及自印度來之佛家，其學皆歸本證量。但諸家雖同主證量，而義旨各有不同，余欲明其所以異而辯其得失，不得不有此篇。二、余平生之學，不主張反對理智或知識，而亦深感哲學當於向外求知之餘，更有凝神息慮、默然自識之一境」❾。從學術淵源講，中國傳統哲學的儒釋道各家皆重證量，這是中國哲學、乃至於東方學術的一大特色，植根於茲而吸英咀華的熊十力哲學不能不有見於此而極度重視之。在知識論方面，他也確稱得上是儒學思孟陸王一系的現代傳人。從體系構造講，十力哲學的重點是本體論，而對本體的認識顯然不同於對現象界的認識，所以在理性思維的邏輯系統之外再構畫一個直覺的非邏輯系統，不但必要而且必須。這樣，在其本體論與知識論之間，便有了相互助援的穩定支撐。

熊十力哲學的知識論系統雖說包括了比量與證量兩個部分，但二者的地位是完全不同的。比量只被看作是一般的認識工具，在哲學思維方面不能發揮太大的作用，所以述之甚少。而證量卻是真正的哲學認識工具，尤其是在形而上的玄學領域，只有證量的認知方法才能發揮效用，所以配合形而上本體的闡證，熊十力大量描述和說明的是有關證量的部分。《新論》之明心章及晚年的《明心篇》，都比較集中地論述了這方面的內容。正因之故，

❸ 《原儒》卷上，頁5。
❾ 《原儒》卷上，頁6。

我們下面將着重圍繞證量的問題展開些分析。

二、心本論

　　證量的核心在於心之概念的析疏與定位，熊十力吸收融通儒
釋道各家學說，分別本心與習心，釐清智與慧，劃定內緣與外
緣，重新闡釋了盡心之學的意義。先秦道家卽有道心、人心之
分，印度佛學早有法性心、依他心之區別，隋唐佛敎各宗和宋明
理學均有類似的說法。將認知的主體明確剖判爲二，這是中國傳
統知識論的特色，熊十力正是承續了這樣的做法，更細緻地披揀
和純化疏離感識的本心。但是，這個本心在熊氏的知識論系統中
又不是作爲當然之理被預設的，而是視爲一應然結果給予了發生
學的描述，這就使他的心本論超出禪宗與陸王的軌轍，增添了幾
分現代的意義。本心是宇宙大化、物質演進的最高成果，是心靈
發展歷程的終結點，這個富有現代色彩的認知，顯然是接受了近
代進化論的洗禮，並且含容了唯物主義的挑戰之後所得出的。熊
十力的心本論沒有迴避唯物唯心之間的爭執，在描述宇宙大化、
心靈演進的過程中，他引入《大易》的隱顯觀，並作了淋漓盡致
的發揮，從而消解了唯物進化論所提出的問題。所以，熊十力的
心學並不是禪宗或陸王的簡單重複，而是利用傳統的資源，對近
代進化論唯物主義所提挑戰做出的積極回應。僅管他的基本觀念
最後歸宿到了傳統的心學，但在具體內容的闡述上仍不失其現代
轉化的意味。

　　熊十力對心的意義之分析，是其本體論學說的伸展與延續，
而這一分析，同時又是建立在對心物關係闡證的基礎之上的。他

認爲本體的性質是複雜的，而非單一，「宇宙實體具有複雜性，非單純性」⑳。因爲宇宙的生成大化「必率由乎相反相成之根本法則」，「獨陽不變，孤陰不化，變必有對」㉑，所以宇宙大化的根源不可能是「無對」的純一。他批評唯心一元論和唯物一元論，認爲二者雖各執不同，「而其以本體爲單純性則一也」。他認爲：「單純的精神性」不能「忽然產生物質」；同樣，「單純的物質性」也不能「忽然產生心靈」。不論是唯心，還是唯物，「兩宗畢竟無可說明其故」，所以他斷言「本體是具有生命物質種種複雜性，不可任意想而輕斷定其爲單純性」㉒。熊十力所謂「本體的複雜性」，卽是指現象界的繁然萬殊。他認爲宇宙萬有歸其類，不外乎物質和精神兩種現象，「心物皆本體固有之妙用，貌對峙而實統一，名相反而實相成。心物二者，不可缺一，缺其一，卽不可成用」㉓。心物是大用的兩個方面，皆含攝在本體之中，不能只執定一方爲體，這就是他所說的「絕非單純性」。熊十力看到了現象界的千差萬別、豐富多彩，並且用物質和精神來概括這繁然萬殊的形態，試圖找到它們統一的歸宿。但他強調心物平行、互不統屬，割斷了物質和精神的聯繫。他所主張的「心物皆用」，在心與物之上又安立一個本體，按照「卽用顯體」和「攝體歸用」的原則，這個體實際上是莫須有的，只是一個空洞的抽象。所以心物並沒有統一爲一體，實成二元。熊十力看到了宇宙大化是一種矛盾運動的過程，所以他十分強調「變必有對」和「相反相成」的

---

⑳ 《明心篇》自序。
㉑ 《乾坤衍》下，頁83。
㉒ 《明心篇》，頁15。
㉓ 《原儒》卷下，頁19。

原則，這無疑是對的。但他將矛盾僅僅理解爲一種外部的對立，
而忽略了事物自身的矛盾性，看不到事物內部所包含的對立統一
的兩個方面，這就使他不能眞正認識到心物二者旣對立又統一的
辯證關係，不能圓滿地解釋世界統一性的「單純」與「複雜」。

　　熊十力爲了說明本體的複雜性，說明無限豐富的現象世界的
變化和發展，還討論了潛能與現實、可能性與必然性的問題。他
認爲「體無方所、無形象，而實備萬理、含萬善，具有無限的可
能」❷。「本體必具無量盛德，乃得成爲萬物之本體。衆德不可勝舉
者，莫非本體潛伏其端」❷。他從邏輯上推論，宇宙萬物的生成變
化必有其根源，「天下之木，未有不具根而突發千枝萬條；天下
之川，未有不具源而忽爾洪流怒濤奔放不竭」❷。所以，一切變
化，一切創造，「一切富有日新的盛德大業」，都應歸本於實體。
正因爲本體「含藏萬有，無窮無盡」，現象世界才「萬變常
新」，呈現出無限豐富的色彩。但他強調，本體所具有的「無限
量可能」只是一種「潛能」，而非現實。只有在本原意義上，才
可說本體「含萬理，備萬德」，「一切具足」；如果從本體的流行，
卽顯現爲萬殊的大用言，本體所具有的只是一種可能性。而這種
可能性只有在宇宙萬物的生成變化中才能顯示出來，「宇宙本體
含藏無量可能，隨時開發，譬如淵泉時出」❷。熊十力認爲，本
體包含着無限的可能性，潛能可以轉化爲現實，但可能性僅僅是
「有不受限止的意義」，並不是說「這些可能決定要實現」，潛能
決不等於現實。所以他說：「實體只有無限的可能，不可謂其一

❷　《新唯識論》(刪簡本)，卷上，頁59。
❷　《原儒》卷下，頁6。
❷❷　《體用論》，頁157、158。

切圓成。宗教家以上帝爲全知全能，佛家稱眞如爲圓成，宋明諸
儒說到天性或心體，必以爲本來具足一切德用，則受佛氏影響。
余有一時期亦爲佛法所惑，後經多年參究，如果萬物的一切發展
都是實體原來儲蓄得完完全全，那有此理乎？余肯定萬物有根
源，但此根源只具有無限的可能」[28]。熊十力用發展變化的觀點
看待本體，在考察本體和現象界之潛能現實、可能性必然性等關
係時，也同樣堅持了這種觀點，所以他對本體性質的揭示卽是在
對現象的認識過程中完成的，二者達到了高度的統一。

　　熊十力將本體說爲複雜性，而非純一，並且用宇宙生成變化
的無限可能性和豐富多樣性來證成本體的非一元化，已經表現出
二元論的傾向。當他考察現象界，對心物關係作全面論證時，這
種傾向就更爲明顯了。他將現象概括爲心物兩個方面，並以翕闢
言之，「本體流行，翕闢成變，則依闢而說爲心，依翕而說爲
物」，「翕闢成變，卽心物體同用異，無先後可分」[29]。他主張乾坤
並立，心物平行。他說：「余宗《大易》乾坤之義，說心物是大
用之兩方面，不是兩體」[30]，「神質兩方面，如存其一而去其一，
則乾坤毀、宇宙滅矣」[31]。熊十力雖強調心物不是兩體，而是大
用的兩個方面，但他已說「卽用顯體」，「攝體歸用」，將本體歸
於現象界，所以他主張心物同俱，「法爾有對」，就有否認世界統
一性的二元論色彩。他只看到了宇宙大化的矛盾對立，而看不到
它們的統一；只是把矛盾對立理解爲一種外部的抗衡，而認識不
到這種對立正是事物統一體內部的鬥爭，用鬥爭性否定同一性，

[28]　《明心篇》，頁167。
[29]　《新唯識論》(刪簡本)，卷上，頁31。
[30]　《體用論》，頁111。
[31]　《原儒》卷下，頁65。

導致二元論。他竭力反對唯物論，表面上也不同意唯心論，認爲二者各執其一，均不能說明宇宙萬物的豐富多樣性和複雜性。他認爲，將物質統一於精神「固決不可待」，但將精神統一於物質也是同樣說不通的，一是將本體說爲物質，「卽固定於一性，如何得有變動、成功用？」二是「物質如何產生非物質的東西？」如果說精神爲物質之副產物，「是猶說豆可生麻」，「明明破壞因果律」[32]，所以他堅決反對物質統一性的說法。

熊十力堅主「心物同俱」，表面上不偏不倚，站在二元論的立場調和唯心唯物之爭。而實際上，他是千方百計擡高心的地位和作用，否定精神是由物質產生的這一事實，爲「新唯識論」倒向唯心主義尋找理論上的根據，他的「本隱之顯論」就充分說明了這一點。

他認爲「宇宙心物兩方面從無始來法爾俱轉」[33]，心物同時產生和存在，有心必有物，有物必有心，不可謂宇宙最初只有物而無心。「地球當未有生物時，動物知覺與人類高等精神作用雖未曾發現，而宇宙之大心，卽所謂闢者，要自周流六虛，無定在而無所不在。洪濛未判，此心固與氣俱充，無量器界凝成，此心亦隨器遍運，不可曰宇宙肇始唯獨有物而無心也」[34]。「生物未出現時，無機物組織太簡單，精神潛運無機物中，隱微而不能發現」[35]，「無機物出現時，生命心靈之性只是隱而未顯，非本無也」[36]。這就是熊十力的「本隱之顯論」，他認爲這是「宇宙發展

---

[32] 《體用論》，頁151。

[33] 《存齋隨筆》。

[34] 《新唯識論》(刪簡本)，卷上，頁32。

[35] 《體用論》，頁157。

[36] 《明心篇》，頁3。

之一大法則」。所謂「本隱之顯」，就是說萬物都有生命，都含備心靈，只是形態各異隱顯不同，宇宙精神無定在而無所不在，只是表現不一樣。「就生命言，則每一人皆與天地萬物同一生命，我和一切人及動植物皆有生命，乃至太空諸天地大物，亦莫不有生命力斡運於其中，但生物出生之條件未能具備，則生命潛隱於物質中，無由顯發出來耳」❸⑦。

據此，熊十力將宇宙的發展分爲兩個階段。第一個階段是「質礙層」，「自洪濛肇啓，無量諸天體，乃至一切塵，都是質礙相」❸⑧，此質礙相即是物質，所以質礙層也就是物質宇宙。第二個階段是「生機體層」，「此層依質礙層而創進，卽由其組織特殊而成爲有生活機能之各個體」。此之質礙層，其「創進」表現在「由粗大而趨適當」，「由簡單而趨複雜」，「由重濁而趨微妙」。此層復分爲四：植物機體層，低等動物機體層，高等動物機體層，人類機體層，前三又統稱「生命層」，人類機體層又稱「心靈層」。「諦觀宇宙發展之序，不妨大別之爲三層：曰物質層，曰生命層，曰心靈層。此三層連接之序，殆自然之理，必然之勢也。物質層未凝成，生命不得出現，生物發生之條件尙未具備故。生命層未增盛，心靈層不得彰，生命心靈不可離」❸⑨。熊十力雖承認物質的出現在精神之先，但他並不認爲精神是由物質產生的，相反，精神早已有之，只是隱而未顯，沒有表現出來罷了。「綜觀宇宙全體，精神斡運乎物質中，一步一步破除固閉而吐出盛大光焰。生物未出現時，精神隱而未現，非本無也；生物卽出以後，

---

❸⑦ 《乾坤衍》下，頁113。
❸⑧ 《體用論》，頁12。
❸⑨ 《乾坤衍》下，頁66。

精神猶歷長期顯而不盛，猶未全離乎隱也；及至人類，精神乃盛顯」[40]。所以，熊十力的本隱之顯論雖吸收了近代的進化論學說，但他並非要肯定物質產生精神這一宇宙演化的事實，而是要說明精神現象早已存在，論證他的心物平行的二元論主張。

本隱之顯論吸收了中國古代哲學中關於氣化的學說。將它移植到對於心物現象存有狀態的描述上，用隱顯幽明來說明物質和精神的產生、變化。但素樸唯物主義的氣化論講的是一氣之聚散，肯定隱顯幽明是一個統一體的變化，而這個統一體就是物質形態的氣。熊十力的「本隱之顯」論卻是爲了證成心物平行，抹煞世界的物質統一性。他雖承認「心之發現有待於物質逐漸精密」[41]，精神的「盛顯」有賴於物質，但並不承認物質能夠產生精神。相反，是精神一步步衝破物質的「固閉」，開發物、主導物，使宇宙充滿了生機，所以精神決定着物質，是第一性的存在。除了明顯地倒向唯心主義外，熊十力的「本隱之顯」論還帶有不少宗教神學的痕迹，他不是用發展進化的觀點看待宇宙萬物的生成變化，而是用預成論的觀點，認爲「蓄然萬有，盛發於後之者，必有大蓄於其前前」[42]，宇宙萬物只有隱顯，沒有生滅，只有量的變化，沒有質的改變，一切都是既定的。這不但抹煞了事物之間的存在界限，而且使精神具有了超越萬物的性質，在一定程度上又返回了他所批判的佛教神秘主義。

熊十力以心物爲大用的兩個方面，「物含藏心，心主導物，物受心之主導而機體組織日精，心得物之良緣而明德開發日盛」

---

[40]　《體用論》，頁164。
[41]　《原儒》卷下，頁63。
[42]　《明心篇》，頁19。

❹。但他認為心是主動的，物是被動的，心「能轉化一切境並改造一切境」，故心是主要的、決定的方面。心的功能「最微妙不可測」，如「邏輯的精密謹嚴，科學上的創見，哲學上的神解，道德上之崇高的識別，乃至一切一切不可稱數的勝用都可見心的特徵」❹。相反，物質卻是固閉的，「與精神絕無類似處」。所以他說：「宇宙萬物莫非精與質變化之所為，精與質成化，實由精為主導。精者，剛健、充實、富於創造而動以不容已，此其所以統御乎質也」❹。熊十力所說的精神和心略有區別，精神「為心的自體之專稱」，而「心之一名，通常則指其行相而言」❹，所以心的含義比精神要廣泛的多。心一般是對物而言，包括一切精神現象和生命現象，從竹筍破土而出所表現出的生機到低等動物的刺激感應性，從一般動物的感知覺活動到具有道德意識的人類高級理性思維，都是心的顯現，都屬於心的範圍。熊十力稱它為「宇宙之大心」，亦名闢，與凝聚成物的翕相對。精神是專指「本心」，是心由隱到顯，到一定階段才出現的人類理性思維活動。但需要指出的是，熊十力使用這些概念並無定格，常常是混雜不分的，所以他的「心」有時是指客觀的絕對精神，有時是指人的主觀意識，有時卻兩意兼而有之。熊十力認為，由無機物進至生物，精神雖「始由潛隱而驟顯發」，但終因受物固閉而不得盛顯，所以精神的主宰力量還體現不出來。及至「人類崛興，精神如旭日方升，殆臻乎最高度」❹，心對物的主宰才得到了完全的實現。

---

❹　同❹，頁155。
❹　《新唯識論》（刪簡本），卷上，頁24。
❹　同❹，頁214。
❹　《原儒》卷下，頁61。
❹　《體用論》，頁161。

　　如果說熊十力哲學的本體論是追維《大易》，那麼他的認識論則明顯歸本心宗。他把世界的一切變化和創進都看作是心的主導作用，以心見體，以心爲體，「明心」成爲其新唯識論體系的最後歸宿。他說：「斯學歸趣，唯在復其本心」[48]，「此主乎吾身之心，卽是萬物之本體，非可截成二界也」[49]。他還直言不諱地說，他所謂的體與「孔子之仁，程朱之天理，象山之本心，陽明之良知，實是一物而異其名耳」，是「千聖同尋到」之根荄[50]。熊十力不但肯定本心是萬物之體，而且視本心爲萬化之原，「本心元自昭明，無有迷暗，萬化之起，萬物之生，萬事之成，皆從昭明心地流出」。他以翕闢說心物，而闢是宇宙之「網宰」，是萬物開發升進的主導力量，於闢可以識宇宙本體的「本來面貌」，所以「申言之，不妨說心是宇宙實體」。熊十力以心爲體，就「稱體起用」、「卽用顯體」言，心又成爲無所不包的大用。他說：「闢勢開發，至一而無畛，至健而不退，是乃無定在而無所不在，包乎翕或一切物之外，徹乎翕或一切物之中，能使翕隨己轉。此闢勢所以不失其本體之德，亦卽於此而可識本體也。前所云卽用顯體，其義在斯」[51]因此他提出「以心不失其本體之德故，亦不妨卽心顯體」，「卽心顯體」就是認識本心，「亦卽於此心識得天地萬物本體」[52]。至此，熊十力的翕闢說和體用論統統歸於一心，他的知識論也就成爲一種心本論，從而克服了心物二元的傾向，卒歸於純粹的唯心主義。

<hr>

[48]　《新唯識論》(刪簡本)，卷下，頁21。
[49]　《十力語要初續》，頁21。
[50]　《讀智論抄》。
[51]　《新唯識論》(刪簡本)，卷上，頁33。
[52]　《新唯識論》(語體文本)，頁5。

　　當然，熊十力的心本論並不是貝克萊式的主觀唯心主義，他
對本心的闡證不是依賴於自我的感知，而是具有某種客觀的意
境，從上述心靈演化史的描繪卽可說明這一點。但它也不全同於
黑格爾式的客觀唯心論，儘管二者頗多相像。如果硬要在主觀唯
心論和客觀唯心論之間給熊氏的心本論歸個類，我們只能說它是
主、客兼具而略偏向於客觀的。從十力心本論的具體內容來看，
他的知識論並沒有和本體論、宇宙論完全分開，本心是知識論的
核心，同時也是本體論及宇宙論探討和描述的對象，這三者在很
大程度上是融合爲一的。

　　熊十力自稱「吾以返本爲學，歷稽儒釋先哲，皆有同揆」[53]，
實際上，其求識本心的「返本之學」主要是取資於禪宗和陽明學
派。他的「本心」卽是禪宗所謂「自家寶藏」，亦卽是陽明闡發
的「良知」。禪宗主「自識本心」（慧能），以「心爲根本」（慧
海），「唯傳一心，更無別法」（希運），於「本心」論述最爲簡
直了當。熊十力十分推崇禪家的「直澈直源」，他多次引述下面
一段大珠禪師初參馬祖的公案：

　　　　師初至江西，參馬祖。祖問從何處來？曰：越州大雲
　　　寺來。祖曰：來此擬須何事？曰：來求佛法。祖曰：自家
　　　寶藏不顧，拋家散走作什麼，我這裏一物也無，求什麼佛
　　　法。師遂禮拜，問曰：阿那個是慧海自家寶藏？祖曰：卽
　　　今問我者，是汝寶藏，一切具足，更無欠少，使用自在，
　　　何假向外求覓。師於言下大悟，識自本心，不由知覺，踴

----
[53]　《新唯識論》，頁581。

躍禮謝。(《大珠禪師語錄》卷下)

認爲這裏馬祖「直令慧海當下自識本心，可謂易簡直捷」。同樣，他常掛嘴邊的陽明詩句「抛卻自家無盡藏，沿門托缽效貧兒」也正是從反面說明這樣的道理。十力常喜引述的還有那個因回答說野鴨子飛過去了而被老師扭痛了鼻子從而悟道的公案 故 事， 他說：「吾平生最服膺馬祖搊百丈鼻孔一公案，其揭示獨體及護特工夫，至爲親切」❺。由上可知，禪宗所揭櫫的「永恆的瞬間」之生命體驗和直覺領悟正是熊十力所追尋的證量境界。這個境界是離卻感知覺習染的， 如禪家所謂「靈光獨耀， 迥脫根塵」（懷海），「皮膚脫落盡，唯有一眞實」（惟儼）， 與比量階段之由感性上升到理性的邏輯思維過程是迥然不同的。禪宗之直指心源的一套對宋明儒深有影響，尤其是陸王心學，採襲甚多，於是有人問熊十力：以禪學會通於孔，宋明儒早已爲之，你是否又衍其緒耶？對此，熊十力的回答是：一者宋明儒對空有二宗都不研究，不能入乎其中；二者宋明儒過重道統， 擯斥晚周諸子， 思想偏狹；三者宋明儒稍參禪理，而亦未能虛懷以究其旨；所以談不上眞正的會通。而在這三個方面，熊氏都自認他遠遠超出了宋明諸儒，故能做到禪與儒的水乳交融。當然， 對於陽明，他還是拳拳服膺的，強調「陽明透徹，不可忽」❺。陽明後學羅念庵、徐魯源、史玉池等求識仁體、卽工夫卽本體的論述也爲他所稱引。總之，熊十力的心本論主要以禪宗和陸王心學爲藍本， 故有人將他

---

❺　《新唯識論》，頁553。
❺　同上，頁576。

歸於現代新儒家的「新陸王」派❺，這不是沒有道理的。而「宇宙之大心」的精神演化圖式和獨特的隱顯觀又使他的思想蒙上了一層客觀的色彩，以致並未盡落到絕對唯心的窠臼。

三、默識證會

證量的方法卽是默然識之和體證悟會，屬於非邏輯理性的直覺主義思維。卡普拉 (F. Capra) 謂：「理性和直覺是人類思維功能的互補方式。理性思維是線性的、集中的和分析的，它屬於理智的範疇，其作用是辨別、測量和分類，因此，理性知識趨於分解成碎片。直覺知識基於對實在的直接的、非理智的體驗，這種體驗出現於意識的擴展狀態，直覺知識趨向於綜合的、整體論的和非線性的」❺。由此，他把西方的文化價值觀歸結為理性知識的自我中心運動，而把中國的文化價值觀歸結為直覺智慧的生態活動，並且用陰陽理論的框架來衡定二者，對之加以勘比和說明。作為一個當代著名的物理學家，卡普拉的慧識主要依自於二十世紀最新的宇宙觀、機體觀和生命觀，以及存在意義上的人類生態環境。把文化模式和思維方法直接聯繫起來，並且以思維方法作軸心來展示和分析文化形態的各個方面，這確是富有啓廸的創見。依照卡普拉的觀點，我們就絲毫沒有理由用非主流的眼光來看待和評價熊十力，因為他所揭櫫的默識證會之思維方法恰恰是最具中國特色、足以代表東方傳統的一種方式。除了歷史根脈

❺ 參閱《現代新儒學研究論集》，中國社會科學出版社，1989年4月版，頁75。

❺ 卡普拉：《轉折點》(衞颯英等譯)，四川科技出版社，1988年11月版，頁20。

的原因之外， 形而上本體的建構本身在方法上也有一內在 的 要求，這就使得熊十力的思想完全倚重在直覺方面，而這一非邏輯理性的思維方法也就在其知識論系統中得到了最爲充分的肯認和展示。

熊十力對玄學的直覺與一般的理性思維方法作了 嚴 格 的 區分，認爲二者並不是認識階段的不同，而是根本方式上的相異。玄學的直覺屬於眞正的哲學方法，是求得本心和把握本體的唯一途徑，而一般的理性思維方法只能解決現象界的問題，屬世俗所謂科學的範圍。 他借用《老子》四十八章「爲學日益， 爲道日損」一語，爲二者分途。 玄學的方法應是「爲道日損」， 卽塞兌閉門，挫銳解紛，只做「滌除玄覽」的工夫；而科學的方法則是「爲學日益」，盡其所能，外逐於物，積而不返。日損之學和日益之學「各自有其根底」， 分屬於不同的領域， 而並非在於新舊有別、厚薄相異，科學無論怎樣發達， 也不能消解掉日損之學存在的價值和意義。「科學在其領域內之成就，直奪天工，吾無間然。然人類如只要科學而廢返己之學，則其流弊將不可言。返己之學廢，卽將使萬物發展到最高級之人類，內部生活本來虛而不屈動而愈出者，今乃茫然不自識，其中藏只是網罟式的知識遺影堆集一團，而拋卻自家本有虛靈之主，不求所以養之，人類殆將喪其內部生活，宇宙失其貞觀」❺。所以， 返己之學和返己自識的直覺方法自有其存在的永恆價值。從比、證二量來分，理性方法適用於比量階段， 而直覺方法適用於證量階段， 理性方式屬於量智，而直覺方式屬於性智。從文化類型而言， 「中學以發明心地爲一大事」， 傾向於直覺的思維方式；而 「西學大槪是量智的發

---

❺ 《明心篇》，頁200。

展」，故走的是逐物求知的「日益之學」的進路⑤。

從科玄思維方式的分途，熊十力進而區別了科學的心理學和哲學的心理學。他指出：近代西方的心理學注重實測，「其解釋心理現象以神經系統爲基礎，若站在科學的立場來說，余固不須反對。然或以爲心理學之觀點與方法可以發明心地，余則未知其可」⑥。科學的心理學無法測試「人類的高級心靈（仁心）」，純機械的機體觀只能將人類的自我認識導入窮途末巷。所以，必須有哲學的心理學統御之，才能更好地說明人類的精神現象。爲此，熊十力常思作《哲學的心理學》一書來闡釋這個問題⑥。儘管宏願未果，但這個構想已充分表露了他對近代心理學之根本缺陷的一種覺識。十九世紀興起的心理科學是解剖學和生理學發展的結果，早期的正統實驗心理學家皆屬心物二元論者，深受牛頓機械觀的影響。後來的行爲主義更被稱作是「沒有靈魂的心理學」，他們完全以被化約成「環境條件操縱下的傀儡」的動物來說明人的心理活動，達到了機械主義機體觀的極致。熊十力所厭棄和否定的正是這樣一類「牛頓取向」的心理學，認爲它們根本無法把握和深入人的心靈世界。實事上，二戰以後興起的偏重於文化方面的人格心理學和人本主義心理學，恰恰就是對以往機械主義機體觀的一種校正，現代心理學的發展趨向正好與熊十力的構想相逢契。卡普拉指出：西方的心理學，無論在形式上和內容方面有多大的改變，它的基本精神仍然是牛頓式的，但這並不意味着它是唯一嚴肅的心理學理論。「意識研究的最新發展、心理

---

⑤　見《新唯識論》，頁678。

⑥　《明心篇》，頁91。

⑥　參見《明心篇》，頁2。

治療和超個人心理學激勵了對東方思想體系的興趣，這些思想體系表明它們對心理學有許多深刻和複雜的探討」。「這些傳統是以神秘經驗爲基礎的。神秘經驗導致了複雜的、極其精細的各種意識模型，這些意識模型用笛卡爾框架是無法理解的，但與最新的科學進展卻驚人地一致」⑥。熊十力所持守和試圖給予說明的正是這樣一些「意識模型」，他所謂「哲學的心理學」也不外乎就是要研究這些內容。

由釐清兩種不同的思維方法，熊十力特別凸顯了智的意義。他認爲智與知識迥別，在中國古代哲學中，儒釋道三家皆強調這一點，它是中國哲學的中心問題之一。「智與知識有分，此一主張在中國古學中確是中心問題所在之處，每一宗派的哲學，其各方面的思想與理論都要通過這個中心問題而出發，仍須還到這個中心來」⑥。智是一種本心的直覺，與形而上的本體聯繫在一起，只有在當下卽是的見體工夫中才能證會它的存在。熊十力從以下四個方面來說明智的性質：一、「用晦而明，光而不耀，智之恆德也」。所謂「用晦」，卽以晦爲其妙用，常凝斂於內而不向外馳散。含養深厚，澄明不雜。這是智的一種本然狀態。二、「無知無不知者，智之性也」。智是一種本寂的狀態，無起作，不逐物，故說無知；而逐物之知必有所困，智能「明燭物則」，引其達於極深遠之域，所以又是無不知。三、智是由大自然進化而來的「人類特有之最高級心靈作用」，是天人合德的「乾元性海」，是主乎吾人內部的「性靈之發用」，「發之於日常起居動靜，發之於格物窮理，發之於開物成務、富有大業，一切皆是智之流

---

⑥ 卡普拉：《轉折點》，頁150。
⑥ 《明心篇》，頁108。

行，一切皆是智之開拓」。至此，「則知識亦統一於智，而智與知識之分亦可消泯矣」。四、知識不卽是智，然亦不能離智。因「知識之成，必有內在的了別作用，主動以深入於外物，方得成就知識，否則知識決無由成」。而此得以深入外物的內在了別作用卽是智，所以智可以看作是知識的內因❻。以上四點，旣說明了智與本心的關係，也說明了智與知識的關係。智是本心的發用，是本心之良知良能；而知識則是感官的產物，是由習染（卽普通認識）所得。智與知識的不同，相當於宋儒所謂「德性之知」與「見聞之知」的差別，一屬先天，一屬後天。智的意義是卽功夫卽本體的。它一方面是本心的性靈之發用，是一種及體之能；另一方面又是本心的一種澄明之境，是本心的回復。這同王陽明的致良知學說十分相近。在陽明的思想體系中，良知是本體，致良知是工夫，而他特別強調的是後者。試看下面一段話：「人心是天淵，心之本體無所不賅，原是一個天，只爲私欲障礙，則天之本體失了。心之理無窮盡，原是一個淵，只爲私欲窒塞，則淵之本體失了。如今念念致良知，將此障礙窒塞一齊去盡，則本體已復，便是天淵了」❻。熊十力明確肯定，他所說的智與王陽明的致良知「義旨本近」，他說：「余最喜陽明爲求智者指示用力之要在一致字。致者，推廣之謂，吾人於所本有之智必盡力推動而擴大之。推動之道無他，損除其害智者而已；擴大之道無他，實以發之而已」❻。智對於寂然的本心來講，具有一種動態和活化的意義，本心因智的活動成爲一延綿相續的過程，而不只是一瞬間

---

❻　上引見《明心篇》，頁110—115。
❻　《傳習錄》下。
❻　《明心篇》，頁114。

的靜態存在。

智的究極意義在於回復本心，所以玄學的認識方法不過是一段「保任」工夫而已。保者保持，任者任持。熊十力所說的保任，約有三義：「一、保任此本心，而不使惑染得障之也。二、保任的功夫，只是隨順本心而存養之。三、保任的工夫，既是隨順本心，卽任此心自然之運，不可更起意來把捉此心」❻。這裏所說的保任，既有老莊所謂「玄覽」、「心齋」的意思，又含攝了禪家「一顆圓光」（〈永嘉證道歌〉）、「本來清淨」（《壇經・行由品》）的義旨。當然，陸王心學回復本心的克己去欲道德工夫更是它所要彰顯的。正因「靈臺正固於本位，大明常昭於日用」，所以「吾人誠能恆時保任良知作主，私欲不得乘間竊發，則一切知識之運用，莫非良知流行」❻。保任良知本心，便可以駕馭知識，使外依於內而內顯於外，智與知識合一。

與保任本心相一致的是默識體仁的方法。熊十力指出：所謂保任本心卽是存仁，而存仁一依於默識。「默而識之」，語出《論語・述而篇》，朱子《集注》訓爲：「識，記也；默識，謂不言而存諸心也」。熊十力認爲，朱解大謬不然，「於默識無所會」。他說：「默者，非屛去事物、冥然不生其心之謂，乃貫動靜而恆無昏憂，是爲默也。識者，體認仁心而不放失，卽由仁心運行乎萬物萬事之交，不令有一毫私意私見摻雜。是以知明、處當、萬理平舖現前，故曰默識也」❻。他強調默識是「生生動動，活潑潑地」，而不像宋儒的修誠主敬之「迂滯矜持」。默識是一種體證本

❻　《新唯識論》，頁565。
❻　《明心篇》，頁135。
❻　同上，頁94。

心仁體的工夫，須在「事物上磨鍊」，即「隨事隨物、知明處當，以擴充吾之仁」，而不僅僅局限於誠敬守之。他由此分辯了孔子的「敦仁」和程明道的「識仁」，認爲明道「識仁」之說宗主老子「致虛守靜」之旨，而與孔子無關。默識體仁，原是本心自明，不假外物；然還要於自身實現之。熊十力認爲道、釋、宋儒都只是有見於前者而忽略了後者，所以「守寂而遺世」，喪其固有健動之本性。《莊子・在宥篇》「尸居而龍見，淵默而雷聲」一語，不但恰好形容本心動靜一如的狀態，而且也可巧妙揭示默識體仁的雙重意旨，所以熊十力常喜徵引之。他還引述玄覺《永嘉集》中的一段話來說明默識體仁的無意識思維特徵：

> 恰恰用心時，恰恰無心用，無心恰恰用，常用恰恰無。……忘緣之後寂寂，靈知之性歷歷，無記昏昧昭昭，契真本空的的。惺惺寂寂是，無記寂寂非；寂寂惺惺是，亂想惺惺非。（《奢摩他頌第四》）

亦惺惺，亦寂寂，才是本心，而洞見本心的默識體仁在證取寂寂眞體的同時，也不能遺卻生生眞幾。這說明默識有靜的一面，也有動的一面，是一種動靜不仁的無意識證會。

默識的心理體驗即爲「儻然神悟」，一種直覺的明幾靈感。熊十力謂：「凡學問家之創見，其初皆由儻然神悟而得。但神悟之境，若有天啓，其來既無端，其去亦無踪，瞥爾靈思自動，事物底通則，宇宙底幽奧，恍若冥會。然此境不可把捉，稍縱即逝。必本此靈感繼續努力，甄驗事物，精以析之，而觀其會通。又必游心於虛，不爲物掛，方令初覺所悟 得以闡發、得以證

實，而成創見，且推衍爲系統的知識。如其雖有靈機，恆任乍與乍滅，而無努力，久之心能漸馳廢，尚有何發見可言耶？」❼靈感源自本心的澄明之機，是性靈發用的最精微處，不可思議，妙不可言。此不用思時而豁然貫通、脫然超悟的境地亦可名之爲「神解」、「乍見」、「儻悟」❼。熊十力認爲，直覺的頓悟之境是中國哲人明心見體的最高追求，這種境界最能體現中國哲學的特色，它也是中國哲學發展歷史的主流取向。「頓超直悟入，當下覿體承當，不由推求，不循階級，宗門大德，皆此境界，顏子、蒙莊、僧肇、輔嗣、明道、象山、陽明諸先生，雖所造有淺深，要同一路向也」❼。但熊十力強調，天然的明幾只是一種潛能、是一個根芽，而不等於一切具足的現實，要從潛能變爲現實，尚需一個屬於後天的開發過程。「此一點明幾，確是吾心天然本有的，不是向外面找得來，亦不是前此本無而今忽起。然欲它開發，必須吾人眞積力久，一方面逼它出來，一方面提供許多有用無用的材料，它才忽然開發出來」❼。如果說靈感的發生完全是天賦的、不由積學所致，「此乃大誤」。「若某人一向埋沒於世俗中，不曾爲格物窮理之事，則其智爲塵俗所錮，不得顯露，是謂無智，那得有機趣發生乎？大概學人平居常在格物窮理之中，時有難關，困而未通，輒息慮以凝神，未幾，智力以解黏去縛而驟顯其活動，即天機發而理趣生，理道突然著見在前，此神解、儻悟諸說所由來也」❼。這就是說，靈感發生的過程並不排斥理性

❼　《十力語要》卷1，頁67。
❼　《明心篇》，頁115。
❼　《新唯識論》，頁676。
❼　《明心篇》，頁128。
❼　同上，頁115。

思維，而是理性思維活動眞積力久的一種昇華和突現。所以熊十力謂：「玄學者，始乎理智思辨，終於超理智思辨，而歸乎返己內證。及乎證矣，仍不廢思辨」[75]。

歸宗本心，崇尚直覺，主默識證會，這是熊十力所述證量的主要意旨，也是他的知識論學說的重心所在。自二十年代初柏格森的《創化論》被張東蓀譯介到中國來之後，直覺主義便在現代中國哲人的心中喚起了長久的回響。先是梁漱溟的《東西文化及其哲學》從文化研究的層面探討了直覺方法的意義，繼之者有熊十力、賀麟等，分別從不同的角度深化了對直覺問題的認識，後來又有牟宗三的《智的直覺與中國哲學》一書，對此問題做了更爲貼近現代意義的論述。當然，在這些中國哲學家的觀念裏，直覺主義並不是作爲新鮮的、外來的「西學」被接受和容納，而只不過是從西方人的論述當中獲得某些復歸自己傳統的啓示，並且使這種傳統得到現代闡釋和印證而已。賀麟在抗戰前寫的〈宋儒的思想方法〉一文，卽通過精闢的分析證明了直覺方法和中國哲學傳統之間的血肉關係。他認爲在中國哲學家之中，「沒有可以不用直覺方法而能作哲學思考的人」，從根本上來講，中國傳統哲學的思維方式就是一種直覺法，只不過有些哲學家偏重「向內反省」，而有些哲學家偏重於「向外透視」而已[76]。中國哲學重直覺思維的傳統，在現代新儒家諸哲的體系中無疑得到了繼承和發揚。除了熊十力之外，梁漱溟、賀麟、牟宗三等人都崇尚直覺。就是努力將西方邏輯分析方法引入中國哲學的馮友蘭亦不例外，他稱：「我在《新理學》中用的方法完全是分析的方法。可

[75]　《十力語要初續》，頁6。
[76]　這篇文章收入了《近代唯心論簡釋》一書中。

是寫了這部書以後,我開始認識到負的方法也重要」**⑦**。所謂「負的方法」,就是與分析方法相對的直覺法。正的方法只是初級的、工具性的,而負的方法卻帶有終極性的意義,所以「一個完整的形上學系統, 應當始於正的方法, 而終於負的方法。 如果它不終於負的方法,它就不能達到哲學的最後頂點」**⑧**。 由此可見,「形而上學的直覺法」 (賀麟用語) 不僅是熊十力哲學所持守的方法,而且也是整個現代新儒學所根本依托的方法。

賀麟將現代西方哲學的直覺法分爲三種類型: 第一種「以價值爲對象, 以文化生活之充實豐富爲目的」, 基爾凱戈爾和狄爾泰屬之; 第二種「以生命爲對象, 以生命之自由活潑健進爲目的」,柏格森是其代表; 第三種「以形而上的眞理爲對象, 以生活之超脫高潔, 以心與理一、 心與道俱爲目的」, 此卽斯賓諾莎所謂從永恆的範型下以觀認事物的直覺法**⑨**。賀先生認爲, 在中國古代哲學家的思想體系之中 (例如朱熹), 這三者的意蘊實已兼而有之。而現代西方哲學的直覺主義多含有反理智反理性的意味,所以亟需「把直覺從狂誕的簡捷的反理性主義救治過來, 回復其正當的地位, 發揮其應有的效能」, 救治的良方卽爲中國傳統的「不反理性」的直覺方法**⑩**。熊十力也曾強調, 他所說的直覺大不同於西方哲學, 例如柏格森所謂生命衝動的直覺。 實際上, 現代西方哲學多把直覺看作是一種純生命意志的體現, 或者視爲主觀心理的一種神密活動, 這和東方式的「主客合一, 知意

---

⑦ 馮友蘭: 《中國哲學簡史》,北京大學出版社,1985年2月版,頁387。
⑧ 同上,頁394。
⑨ 賀麟: 《哲學與哲學史論文集》,頁197。
⑩ 同上,頁183。

融合」的直覺觀具有顯著的區別。正如西田幾多郎所說：「一談
起知的直觀，聽起來似乎是一種主觀作用，但其實是超越了主客
的狀態」。「這時物我相忘，既不是物推動我，也不是我推動物，
只有一個世界、一個光景」❽。這種銷鎔了物我的狀態，當然不
是在笛卡爾主客二元框架的基礎之上成長起來的現代西方哲學所
能伸達和體味得到的。而熊十力的直覺法恰恰是植根於東方傳統
的，他的默識證會即表現了心物合一、主客交融的意境，這也是
他一再把他所說的直覺與西哲嚴格分開的主要原因。

　　當代西方的許多有識之士已經越來越意識到東方特殊型態的
直覺思維方法所蘊含的價值，卡普拉卽是其中的最著的。他不但
充分肯認東方式直覺思維對新的生態系統觀所具有的重要意義，
而且以此爲參照深入檢討西方唯理性思維方法的根本缺陷。他
說：「過分強調科學的方法和理性的、分析的思維導致了一種極
度反生態的態度，這一點已越來越明顯。事實上，對生態系統的
認識受到理性思維的眞正本質的阻礙，理性思維是線形的，而生
態意識則來自非線性系統的直覺」❿。近數十年來，對知識論深
刻反省而有重大建樹的博蘭尼（M. Polanyi）也意識到了這一
點。他說：「近代科學的昭昭目標是要建立儼然超脫的、客觀的
知識，凡不達此一理想，都視爲我們必須立志消滅的暫時的不完
美。然而，如果默識是一切知識不可或缺的一部分，那麼，消滅
知識的一切個人成分的理想，其實是志在摧毀一切知識。因此，
準確客觀的理想終究顯然根本誤人，而且可能是害人的謬誤的來

---

❽　西田幾多郎：《善的研究》（何倩譯），商務印書館，1981年4月
　　版，頁32。
❿　卡普拉：《轉折點》，頁23。

源。我能夠彰明，把一切知識形式化，排除任何默識，這過程是在自取失敗」❸。所以，繼「個人知識」(personal knowledge) 之後，他又提出了「默會致知」(tacit knowing) 一概念，成爲他理論的又一支柱。博蘭尼將默會致知看作是一切知識、信仰、行動背後所隱藏的寄託的本質，以此觀照人文科學與自然科學的根本會通處，從而匡正近代知識論因漠視直覺思維而產生的機械、純客觀、唯理性等種種偏差。博蘭尼的成果，不但證實了直覺思維在聯想認識中所起的至關重要的作用，而且清楚地描繪出了默識過程的功能結構，爲深化直覺思維的研究開闢了一條新的路向。相比之下，熊十力儘管深刻地照察和揭示了中國哲學直覺性思維的傳統，但他這沒有能展開精細的分析，更缺乏現代闡釋的有力工具和方法，因而只能停留在獨斷式的古典水準，難得有更深一步的進展。所以，如何吸收當代西方哲學對直覺研究的成果，尤其是像博蘭尼的默會致知這樣有精細分析的內容，可能是現代新儒學在思維方式建構方面轉化傳統所不可缺少的一環。

---

❸ 《博蘭尼講演集》(彭淮棟譯)，聯經出版事業公司，1985年3月版，頁184。

附錄一：熊十力小傳

熊十力，字子眞，原名繼智，又名升恒、定中，晚年號漆園老人。湖北黃岡人。生於 1885 年（光緒11年），卒於 1968 年，享年八十三歲。

先生父其相公，文學府君，孤寒勵學，講程朱學於鄉裏，風範爲人稱誦。母高太夫人，賢通慧達，生先生兄弟六人。長兄仲甫處士，初治宋學，繼讀《金剛經》而深嗜，戒肉食，體弱不堪食素，憔悴以死。仲兄深達物情，長年居家耕作，托孤扶幼，支撐一家生計。先生排行居三，聰慧卓特，少有志慨，常喜深思發微，質諸大人。一日鄉間觀戲，見滿臺錦綉，衣飾燦爛，問其相公：今人何不衣之、飾之、戴之、履之？其相公答：此乃先代漢人服飾，今爲滿清朝，另有新製，不許如是。先生問：漢人滿人，孰爲多？其相公答：漢人衆。先生繼問：以衆受制於寡，何哉？其相公復不能語。先生兒時，常聞先輩稱頌三代，緬懷禹湯，未幾，其相公授之國史，立覺長者稱道之言不可信，遂語人曰：人世之悲，不始自三代後，有史以來卽在黑暗中，聽者頗感詫異。四弟天資較鈍，終生未離田間。餘弟皆有大聰明，然因鄉下嚴冬衣被不完，體力受創，均貧苦早喪。

先生兒時，父卽已患肺疾，舉家乏力，衣食不給，年不滿十，便爲人牧牛。其相公嘆曰：此兒眼神特異，吾不能敎之識字，奈何！乃強其授館，帶之就學。初授《三字經》，先生一日

便背訖 。及授「四書」，先生只恐其不多。時其相公門下頗茂才，先生每每自負所領會出其上。父有問，卽肅對，學及半年，便能作八股文。其相公頗異之，甚喜，復有戚色。逾年，其相公病益加深，臥床不起，臨終撫先生之首而泣曰：汝終當廢學，命也夫。然汝體弱多病，農事非所堪，其學縫衣之業以自活可也。先生立誓曰：兒無論如何當敬承大人之事，終身不敢廢學。其相公默然而逝。未幾，母高太夫人亦染重病，臥床數載而去。先生先去父，繼喪母，早失怙托，家教亦弛。長兄爲人柔弱，性情極寬厚，對弟不能嚴束。故先生日喜簡脫，不務於禮習，放浪形骸，慕子桑伯子不衣冠而處之風，夏居野寺輒裸體，時出戶外遇人無所避。又喜打菩薩，常誇示人曰：舉頭天外望，無我這般人。人或言之「張兒」，亦不爲恥。時有近鄉余姓者，曾爲其相公門下士，一日呼先生痛責曰：爾此等行爲，先師有知，其以爲然否？九泉之下能瞑目否？先生聽後，始悚然驚恐，自是不敢復爲。又繼爲人牧牛，常隨伯兄仲甫於田間亦耕亦讀，遍涉經史子集，學識日有長進。先生年及十五，時有一長親惜其聰慧穎悟，貧困不能就學，因薦於鄰縣圻水何焜閣門下。焜閣受學於同縣熊光大孝廉，治姚江學，喜對門生縱談時事，導諸生勵實行，救世危。先生在焜閣門下受學半年，與同鄉何自新、圻水王漢結爲好友。先生成績列榜首，爲富家子所嫉恨，每遭無故刁難，不能續讀，快快而去。先生一生正式拜師讀書，僅此半年。

時天下劇變，新潮推迭。繼戊戌康梁振臂呼於天下，六君子血灑京師，庚子義和團運動又起，八國聯軍鐵蹄踐我河山，清王朝搖搖欲墜，朝不保夕。先生痛感清廷腐敗，族類危亡，及讀船山、亭林諸老先生書，遂生救國、救天下之志。年方十七，便與

好友王漢、何自新同游江漢，圖謀革命。先生入武昌凱字營，當一小卒，何、王四方奔走，聯絡黨人。甲辰年，先生與劉敬庵、胡瑛、朱元成、王漢等人深相結，遂在武昌立科學補習所，以爲黨人聯絡機關。後有長沙與華會舉事，未發先泄，清廷大肆捕殺，誅及鄂省，武昌知府梁鼎芬封禁補習所，諸同志亡命出走。次年春，王漢在彰德謀刺清閱兵大臣鐵良，不中，投井自殺。劉敬庵諸人憤甚，遂改科學補習所爲日知會，軍人學子從者如流，勢遂大。時海內有日知會，海外有同盟會，內外呼應，黨勢益熾。日知會支部林立，影響日衆。是年，先生考入湖北陸軍特別小學堂仁字齋爲學兵，常在營中揭露清吏劣迹，游說宣傳革命。並寫短文諷罵鄂軍統制張彪，貼於門牆，此舉深爲張彪所忌恨，耿耿於懷。丙午十月，湖南萍醴礦工起事，有黨人暗中操縱，事遂大，清廷諭湘鄂會兵痛剿，並詔捕黨人。日知會欲有所爲，圖謀響應，不料有叛徒告密，天機盡泄。湖北巡警道馮啓均素仇黨人，得此機會，速張大網，將日知會骨幹悉數打盡。先生事先得信，星夜潛逃，張彪不忘舊怨，着令通緝，數月方罷。

辛亥武昌首義成功，先生參鄂督軍府，意氣激昂，自書所志：天上地下，唯我獨尊。次年充任編輯，參與日知會記錄所事宜，爲辛亥諸先烈立傳著文。並上書黎元洪，請表彰王漢業績，以何自新從祀於烈士祠。未幾，袁氏盜國，排擠黨人，在武漢大布偵察網，屠鄂志士無數，先生亦亡命江西德安，墾荒耕田。先生與人書曰：「今之執政，不學無術，私心獨斷，以逆流爲治，以武力剝削爲能，欲玩天下於掌上，其禍敗可立也」。對袁氏竊國專權深惡痛絕。中山先生在廣州立護法政府，先生投身幕側，奔走於兩廣、西南。未幾，「念黨人競權爭利，革命終無善果，

又目擊萬里朱股，時或獨自登高，蒼茫望天，淚盈盈雨下。以爲禍亂起於衆昏無知，欲專力於學術，導人羣以正見。自是不作革命行動，而虛心探中印兩方之學」，遍求儒道，探玄釋尊，自是轉向學術一途。先生自謂：數荊湖過客，濂溪而後我重來。民國六年，蔡元培出主北大，首創進德會，先生由遠道貽書贊助，極聲應氣求之雅，與蔡結文字之交。次年，先生搜求往日筆札，輯爲一册，名《子眞心書》，孑民先生爲之序。是爲先生平生創作之首部著作。

歷經辛亥間風雲變幻，先生深厭競利之世勢，婉然有厭世之感；又值兄弟喪之略盡，愴然有人世之悲。於是赴南京問佛法於歐陽竟無先生，深叩內典，專攻唯識。追尋玄奘、窺基宣揚之業，迄護法以上索無著、世親，悉其淵源，通其脈絡，理其體系，控其綱要，未幾，成《唯識學概論》書稿。第二年，應蔡元培校長之邀，北上授唯識學於北京大學。自時以還，先生終身未離北大教席，蓋四十餘年。

先生初以《唯識學概論》稿授學子。時梁漱溟、林志鈞二先生在北大任教，三人遂結爲學友，過從甚密，無有睽違三日不相晤者。宰平常詰難橫生，先生亦縱橫酬對，時或嘯聲出戶外，漱溟默然寡言，間解紛難，片言扼要。先生以博大才情，衡論古今述作得失之利，苛之甚嚴。宰平戲謂：老熊眼在天上；先生亦戲曰：我有法眼，一切如量。先生深研唯識數載，梵華師嗣，悉數淘盡，迄十師之學，已甚厭其懸空構畫。及至窺基獨宗護法，以抑安慧，更覺有失。自是姑置無著、世親，上窮龍樹、提婆，於空宗「四論」備費鑽研，而愈覺有宗不妥，求眞之念益迫。遂棄有返空，一一揭破唯識之短。先生於空宗妙演空義，深遠無極

處，漸啓一隙微明，遂不滿於舊學，棄毀夙作，而欲自敍所見。先生深契於空宗三法印，對佛說「三世輪迴」漸起疑端，於破相顯性而凝思於體用，澄慮默究。又憶及早學，返觀儒典，乃不期而觸悟《大易》，自是而四通六辟，啓沉破凝，滿天烏雲盡掃。此是先生一生學術最大轉折點。

時先生年及四十，日日在強探力索中，不憚艱苦，竭盡心力，以至神經衰弱，卒至漏髓，胃疾復劇。身體自時染疾，日益危殆，一生常在病苦中。是年，先生寫就《因明大疏刪注》，爲教授和研討唯識學之輔翼，由商務印書館正式出版發行，此爲先生第一部公開面世之著作。

自棄有返空，啓一隙微明而觸悟《大易》，先生三焚舊稿，六改新論，屏夙習所有知見，曠然無繫，神解透脫，時時磨勵，新悟日多，十年之工方成《新唯識論》（文言本）。澄鑒冥會，語皆造微，昭宣本迹，統貫天人，囊括古今，平章華梵。全書共分六章：證智體非外，先以〈明宗〉；辯識幻從緣，故述〈唯識〉；扶大法本始，則言〈轉變〉；顯神用不測，敍之〈功能〉；證器界無實，假說〈成色〉；審有情能反，終於〈明心〉。馬一浮先生序贊曰：「其稱名則雜而不越，其屬辭則曲而能達，蓋確然有見於本體之流行。自吾所遇，世之談者，未能或之先也。可謂深於知化，長於語變者矣」。原書擬爲兩部，部甲曰「境論」，部乙曰「量論」。「境論」文字，前半成於北都，後半則養疴西湖時所作。「量論」未及完成，常成先生嗟吁之事。先生發大悲願心，以大無畏力，平章華梵學術，揉合佛儒歸於一宗，於西學狂飆突進之年代，爲東方舊學延一嗣續，開闢新途，可謂孤往直勇，用心良苦。不唯新學思潮唾棄之，批判之；舊學堡壘亦攻擊之，力

破之。一聲獅吼，四山應敵。《新唯識論》（文言本）問世未幾，墨香尚存，便有支那內學院劉定權著《破新唯識論》，衛道護法，視先生爲佛門之叛逆，破斥甚力。宜黃大師亦嚴辭苛責，曰：「滅棄聖言，唯子眞爲尤」。以師訓戒之，「應降心猛省以相從」。先生追尋眞理，不計毀譽，不惜叛師離道，於定權破斥處一一回擊，成《破破新唯識論》，張旺前說，立論愈堅。

時先生養痾杭州，寓西湖法相寺。鹹菜拌飯，仍讀書不輟。欲《新唯識論》脫手後，「次爲書評判佛學，先勘定佛家根本主張，而後窮其義蘊。次爲書論述中國哲學思想，以問題爲經，家派爲緯。又次以書略論中國文化，復活晚周精神而擴大之，冀將有所貢獻於世界」。此宏願雖短期難酬，然先生一生奮鬭不息，孜孜以求，蓋爲此耳。

時有先生門人高贊非將平日親承誨諭，所聞酬對朋舊、訓示學生之辭日日謹記，三年而得十萬餘言，遂整理成册，取「尊其所聞則高明矣」義，命名《尊聞錄》，由張立民刪定刊出。隨後又有雲頌天，謝石麟二人將先生數年間與友人往還之書信，錄副存之，稍汰其率，十存七八，輯爲一卷，名《十力論學語輯略》。此二書，乃先生由佛轉儒，自立門戶的早期著作，其思想大搏動、大轉變、大澈悟，洋洋濟濟，盡錄其中。先生又應劉錫瑕、黃艮庸之請，作《佛家名相通釋》，依《五蘊論》，綜述法相體系；依《百法論》，綜述唯識體系。疏釋名相，提綱挈記，眉目婉然，使玄關有鑰，而智矩增明。

抗日戰起，先生離京南返，先至荆楚，於郴州創辦十力中學，由弟子燕大明主持。遂又攜妻兒避難入川，依鍾芳銘於璧山，鄧子琴、錢學熙、陳亞三、劉公純間與共處。先生日日爲諸

生講說舊聞，追溯國史，遂成《中國歷史講話》一書。錢學熙欲
將《新唯識論》譯為英文，先將文言文翻為語體文，以資熟練，
上卷未竟而離川。繼有韓裕文翻譯，完成上卷。先生自中卷起，
率盡其功，共得三卷，歷時五年，自始《新唯識論》又有語體文
本出。《新唯識論》文言本，猶融《易》以入佛，至語體本，則
宗主在《易》，此為兩本大不同處。故《新唯識論》改譯，不限
文句變化，實內容有所創新耳。新本於佛根斬斷更絕，於儒典相
契更深。於宇宙論方面，以翕闢成變為樞要；於本體論方面，以
體用不二為宗極；於人生論方面，以天人不二為究竟。先生舊日
學術，至此改弦易幟，面貌大變。在川數年，先生備嘗艱辛，或
寄寓朋友家中，或棲身破廟檐下，顛沛流離，衣食無着。一年在
嘉定遇日寇轟炸，寓舍全毀於大火，書籍手稿無一幸免，兩巨彈
近身，幸入地丈餘未發，先生左膝受傷，在一僕人護持下，方脫
於難。時馬一浮先生在樂山辦復性書院，先生應聘任教，為諸生
開講示訓，不多日便因故辭職。繼又參預梁漱溟先生主辦之勉仁
書院，以《易》、《春秋》、《周官》三書教學生。惜書院無
資，諸生星散，開課授徒僅維持而已，先生未得暢其胸懷，盡述
其學。

　　抗戰勝利，先生次年春由四川返回漢口，遊學於江漢。上書
省議會，請為劉敬庵、王漢、何自新諸辛亥先烈詔表立祠，雖獲
通過，惜未實施。先生感懷時事，「常有二心迭相起伏，悲心起，
便思生存一日，講學一日，得一二善類而培之，為未來世作善種
子。厭心起，便覺八表同昏，衆生顛倒，忿之恨之，願獨放乎孤
海，聊乘化以待盡，羞於濁惡之衆為緣」。先生此時矛盾心情，
活畫出來。年底，應孫穎川之邀，返回四川，赴五通橋黃海化學

社主持哲學研究部。又過半年，始結束旅蜀生活，返回北京大學。自離京至重返，匆匆十年已過。同年，門人劉虎生、黃焯、周通旦等，籌印十力叢書，輯成四卷本《十力語要》。先生應邀講學於浙江大學，浙大爲築一小屋，先生抱膝其間，名爲漆園，先生亦自號爲漆園老人，時年已六十有三。先生收安陸池師周小女池際安爲女，易名熊池生。「學漸伏老，傳經無待於男；道愧龐公，聞法居然有女」，寄爲學術傳人，能光大師業，故取字仲光。次年春，先生南遊，居番禹郊外黃艮庸家，「懷老聃絕學之憂，有羅什哀鸞之感」，靜觀事變，舉棋不決。擬入川任教，又欲赴印度講學，然終重回北大任教。

新運肇啓，先生精神振奮，老驥伏櫪，上表劃策，著書不輟，先後寫就《摧惑顯宗記》、《與友人論張江陵》、《論六經》等。又將《新唯識論》（語體本）重新刪簡改寫，採文言本之精粹和縝密，集語體本之博大和燦然，文字洗練，內容充實，堪稱《新唯識論》最佳定本。實先生積三十年心力，發奮研讀，勤耕力作，改易無數而得之最終碩果。此本爐火純青，當推先生著述第一。先生年近七十，退休離京，依子世菩居於上海。時年事已高，心力不濟，又數種疾病纏身，然先生置生老病死於度外，讀書尤勤，著述更力，未嘗一日廢學停思，以殘年病軀繼續宏大事業，完成未竟之功，先後寫就《原儒》、《體用論》、《明心篇》、《乾坤衍》四部大著。其精思宏博，吞山氣概，足以使之無愧齊列於世界學術名著之林；其融貫中西，並包華梵，足以爲東方學術延嗣續譜，爲人類知識進步闢一新境；其孤往直勇，大悲大願，足以感召來學，擊石空谷而成連山之響。先生晚年對自然科學，拋棄舊日偏見，不妄加排斥和否定，虛心向學，常聞人

講相對論和量子力學。先生雖未改唯心立場，然老而嗜學，不斷進取之精神；不囿舊見，日有新創之情懷，使人感動，令人敬佩。

　　縱觀先生一生經歷，約略可分五期：十七歲奔赴江漢，投身革命以前，隨父兄耕讀，三日牧牛方得一日讀書，艱難困苦，聰慧早熟。備嘗生活艱辛，同情勞苦大眾；身居社會下層，造就叛逆性格。此為第一期（1885-1901）。投身反清革命，創辦講習社，參加日知會。辛亥首義後，又奔走兩廣、西南，參加討袁護法，共歷時十六年之久，此為第二期（1902-1917）。護法失敗，念黨人競利終無善果，愴然有人世之悲，遂轉向學術一途。問學於歐陽竟無大師，深叩內典，專攻唯識，及講學北庠，由舊學萌發新見，自創體系，寫出《新唯識論》（文言本），此為第三期（1918-1932）。自《新唯識論》問世，漸斷舊根，愈張新說，推出眾多輔翼著作，駁倒無數論敵文章，使體系日趨縝密成熟，立定一家之言，此為第四期（1933-1949）。最後二十年，整理舊學，凝煉總括，老當益壯，著述頗豐。學術思想更成熟，新論體系更博大，邏輯結構更完善，語言文字更精美，此為第五期（1950-1968）。

附錄二：著作考述

熊十力先生的著作，有相當一部分是自印或沒有公開發行過，所以流傳極少。尤其是早期的著作，因年久未印而幾成孤絕。近些年，海峽兩岸雖各自將其中的一些陸續重版，但因零散無緒而難以使人覽其全貌。所以，我們下面特將全部熊著按年代順序編排，一一考述其成書的經過和現有版本情況，以便利學者查閱和研究。

《心書》 1918 年底出版，自印本。這是熊十力的第一部著作，共收錄了作者 1916──1918 三年間各種題裁的文章二十五篇，其中讀書筆記十一篇，書信六封，傳記四篇，序文兩篇，雜論兩篇，約二萬字。書前有〈自序〉，言此著「實我生三十年心行所存，故曰《心書》」。蔡元培爲之作序，評價此書「所得者至深且遠，而非時流之逐於物欲者比也」。丁去病跋更云其「立言有宗，過《潛夫論》」。其論於儒佛老莊均有涉及，尤偏好船山哲學。書中對佛家最爲推崇，且篤信輪迴，崇敬之外更多一層信徒的虔誠。對儒家則大加貶損，列於佛道耶之後，明顯地表現出崇佛抑儒的態度。近收入《熊十力論著集之一：新唯識論》（北京中華書局 1985 年12月版）。

《唯識學概論》 1923 年10月，北京大學出版組出版發行。熊十力於1920年夏入南京支那內學院，從歐陽竟無研究唯識學，「追尋玄奘、窺基宣揚之業，從護法諸師以上索無著、世親，悉

其淵源，通其脈絡，綜其體系，控其綱要」，兩年撰成《唯識學概論》書稿。1922年夏，他應聘到北京大學講授唯識學，卽以此書爲講稿，第二年由學校正式出版。除卷首緒言外，全書共分八章：唯識、諸識、能變、四分、功能、四緣、境識、轉識。「以護法吸納衆流，折衷爲宗」，基本上是對唯識體系作概要的敍述。但他已由宗教徒式的信仰進求理論上的解答，對佛家某些派別產生不滿，堅信輪迴的態度開始動搖，並且擺脫了初習佛法時，章太炎對他的影響，而漸進於自己獨立的境界。

《因明大疏刪注》 1926 年 7 月，上海商務印書館出版發行。卷首有〈揭旨〉，言「此書創始，特緣北京大學授課而作，隨講隨書，自秋涉冬，以畢其事」，可見此書是在 1925 年下半年寫成的。全書爲一卷，約八萬字。《因明入正理論疏》（簡稱《因明大疏》）是窺基的一部重要著作，它是對陳那的《因明正理門論》及弟子商羯羅主的《因明入正理論》的疏解和發揮，是現存漢譯佛籍中因明學方面的主要經典。熊十力認爲「基師譯筆宏整，韻語沉雄，獨爲疏證乃多凌亂無序，不易了解」，故將《因明大疏》的要義概略爲三：「一曰現量但約五識，二曰比量三術，三曰二喻卽因」。並圍繞這三個方面刪繁注要，使其條然有序，通暢易讀，爲研究唯識學提供了便利的工具。這部著作表現出熊十力的佛學功底，而較少反映他本人的思想。近有臺北廣文書局 1971 年 4 月重印本。

《唯識學概論》 1926 年，北京大學出版部印行。書前〈緒言〉云：「此書凡爲二論，曰境論、量論。境論有二，一法相篇，二法性篇。量論有二，一分別篇，二正智篇。觀境誠妄，率視其量，故此二論，綺互作焉」。但此本只寫出了境論之法相篇

的一部分，餘均未及作。全書含唯識、轉變、功能、現色等四章，內容較前本大有改變，可視爲《新唯識論》之濫觴，是熊十力走出舊學而自創宗義的一個里程碑。

《尊聞錄》　1930年夏出版，自印本。「尊聞」二字取「尊其所聞則高明矣」義，是熊十力1924年秋至1928年秋四年間與朋友及學生論學的語錄和信札，由他的學生高贊非整理記存，並經另一學生張立民「重新檢錄校訂」。全書由九十九段語錄和三十封信札組成，約四萬五千字，「錄成，暫印百五十部分贈友好」。後因此書作爲卷四收入較流行的《十力語要》中，它的原本逐漸被人忽視。其實，這是熊十力早年的一部重要的著作，是他「由佛轉儒」的眞實記錄，對研究他早期思想的轉變至關重要。書中明顯地由崇佛抑儒轉向崇儒抑佛，對佛教的輪迴觀念發生徹底懷疑，最終打破宗敎虔誠的迷情而走向理論上的反省。近有臺北時報出版公司1983年10月重印本。

《唯識論》　1930年，公孚印刷所印行。書前〈導言〉云：「此書前卷初稿、次稿以壬戌、丙寅先後授於北京大學，今次視初稿，則主張根本變異，視次稿，亦易十之三四云」。全書規劃仍同於前兩稿，但也僅只寫出了辯術、唯識、轉變、功能、色法（未完）等五章，餘皆有目無文。內容已基本上接近於《新唯識論》（文言本），可以視之爲是一個未定稿。

《新唯識論》（**文言本**）　1932年10月，浙江省立圖書館出版發行。這部著作是熊十力積十年之功，時時磨礪，屢易其稿，才最終完成的。〈緒言〉云：「本書擬爲二部，部甲曰境論，部乙曰量論」，「境論初稿，實宗護法，民十一（1922）授於北庠（北京大學），才及半部。翌年，而余忽盛疑舊學，於所宗

信極不自安，乃舉前稿盡毀之，而《新論》始草創焉」。可見此書是 1923 年就開始構思的，「自是歷十年，稿亦屢易，壬申（1932）始刪定成書」。境論專講本體論，量論談認識論，作者只完成了境論部分，量論成終身未竟之作，所以後來乾脆取消了境、量之名，直以《新唯識論》名之。全書共分六章：明宗，唯識，轉變，功能，成色，明心，約八萬字。其書融合儒道各家思想，以「體用不二」，「翕闢成變」，「反求自識」為綱，對佛理作根本的改造，「完成自己獨立的形貌」。他曾說：「《新唯識論》雖從印土嬗變出來，而思想根底實乃源於《大易》，旁及柱下、漆園，下迄宋明巨子，亦皆有所融攝」。馬一浮在序中稱贊其「深於知化，長於語變」，認為「世之談者，未能或之先也」。該書出版後，在學術界引起關注，被人稱為「近年來的一部奇書」，對其評價也一直延續到四十年代，可見其獨創性和理論上的價值。近有臺北文景出版社1973年4月重印本，臺北河洛圖書出版社1975年3月合刊重印本，臺北學生書局 1983 年6月重印本，收入《熊十力論著集之一：新唯識論》（北京中華書局 1985 年12月版）和《孔子文化大全》（山東省出版總社1989年10月版）。

《破破新唯識論》　1933 年2月，北京大學出版部出版發行。熊十力由佛轉儒，已遭師友不滿，及《新唯識論》（文言本）刊行，崇儒抑佛，批判唯識，更是受到佛教界的一致責難。1932年12月，南京支那內學院年刊《內學》第六輯上刊出劉定權（衡如）的〈破新唯識論〉，「詆《新論》甚力」。歐陽竟無序曰：「六十年來，閱人多矣，而過之於減棄聖言量者，唯子眞為尤。衡如駁之甚是，應降心猛省以相從」。可見該文是歐陽授意所寫。熊十力閱後，「卽取彼文略為酬正，名曰《破破新唯識論》。仍

準彼目，曰破證宗，破破計，破釋難」。全書約四萬五千字。書
中除了反駁論敵，申述原意外，對《新唯識論》(文言本)的主要
思想又有新的補充和發展，於體用和翕闢義論述更詳，進一步完
善了「新唯識論」體系的構築。近有臺北河洛圖書出版社 1975 年
3月合刊重印本，收入《熊十力論著集之一：新唯識論》(北京
中華書局 1985 年12月版)。

《十力論學語輯略》　1935 年10月，北京出版社出版發行。
這是熊十力1932年多至1935年秋約三年間的書信合集，由他的兩
個學生雲頌天和謝石麟存錄整理。全書共收入書信四十七封，講
詞三則，書面發言一篇，約六萬五千字。按書信年代，又分兩個
部分：壬癸錄(壬申多迄癸酉合編)和甲乙錄(甲戌迄乙亥秋合
編)，前者收錄了二十一篇，後者爲三十篇。這部著作的論學範
圍十分廣闊，有關於佛學、易學、老莊哲學、宋明理學的討論，
也有闡發「新唯識論」體系的論述，還有對東西文化的比較研
究，亦兼及美學和倫理學問題，基本上呈現出作者的學術概貌。
此書後作爲卷一收入《十力語要》中。

《佛家名相通釋》　1937 年 2 月，北京大學出版組出版發
行。書前有〈自序〉一篇，言「北庠授課，學子參稽舊籍，仍以名
詞爲苦」，乃應黃艮庸等學生的請求，「盍爲一書，疏釋名相，提
挈綱紀」，以便利學生閱讀佛典。「爰以夏末，起草是書，及秋
獲成」，可見書稿是在 1936 年秋完成的。1936 年12月出版的《哲
學評論》七卷二期上刊載了書稿上卷的大部分內容，共計二十八
個條目。在 1937 年本出版之前，北京大學已有另一印本，名
《佛學名詞釋要》，分上下卷，合爲一冊，內容完全相同。正式出
版發行的通行本，上下卷各爲一冊，共計四十六個條目。上卷包

括〈序〉、〈撰述大意〉和三十四個條目，下卷共有十二個條目，均比上卷的條目詳細。全書約十八萬字。 1956 年10月，作者又開始重新刪改修訂此書，完成了〈撰述大意〉和上卷第一個條目「法」的改寫，並於〈序〉後補記一條「釋名相」，惜未寫出，其餘的條目也未及改動。不知作者原意卽僅改此二處，還是因故沒有繼續改寫下去，尙無法判明。此書「卷上依據《五蘊論》綜述法相體系，卷下依據《百法論》等綜述唯識體系」，對佛學名詞詳加解釋，略有發揮，不僅是一部簡明的佛學辭典，而且也表達了作者的某些思想。近有臺北廣文書局1961年12月重印本，上海中國大百科全書出版社 1985 年 7 月重排本。

《**中國歷史講話**》 1938 年秋出版，自印本。抗日戰爭爆發後，熊十力「避寇入川，寄居璧山」，他的幾個學生先後來聚，「相依於憂患之中」。熊十力認爲「發揚民族精神莫切於史」，於是每天爲諸生講授中國歷史，「計二星期，理其記錄，差可一卷」，便成此書，約五萬字。全書主要談了兩個問題： 一是「種原」，二是「通史」。熊十力認爲，漢滿蒙回藏五族同原，在歷史上早已融合形成爲一個統一的民族，中華民族具有強大的凝聚力和生命力，是不可戰勝的。這部著作不是一本純史書，而是作者的歷史哲學，它批判了封建時代的史學觀，對專制主義抨擊甚烈，也抒發了作者的愛國主義情懷和民主主義理想。近有臺北智仁出版社 1979 年 7 月重印本，臺北明文書局 1984 年12月重排本。

《**新唯識論**》（語體文本） 1944 年 3 月，重慶商務印書館出版發行。這部著作的改寫和出版經過頗爲複雜，版本也較多。《新唯識論》（文言本）出版後，熊十力漸覺「在久病之餘，急就成章，殊嫌簡略，其評佛氏僅自世親以迄護法，取徑已狹」，沒

有對佛家思想作全面的清理，對自己的「新唯識論」亦未闡發透徹，所以「頗引爲恨事，時有改造之意」。 1938 年春，熊十力「寓居璧山，學熙（熊的學生）亦至。是多，學熙欲嘗夙願，因先用國文翻成語體文，以資熟練」。義有增損，則十力所隨時口授，「僅翻至轉變章首節，學熙因事離川，又不獲譯」。到 1939年秋，他的另一學生韓裕文「續學熙稿」，「面受裁決，遂完成轉變章，輯爲上卷」。1940 年初，《新唯識論》（語體文本）上卷完成，交由呂漢材印存若干部。現在這個印本已不可見，但「上卷初出，偶酬諸子問難」的一些信札保留了下來，證明當時上卷是有一個印本，只是印數太少，年久不存了。1941 年秋，熊十力完成了中卷，次年一月，勉仁書院哲學組將上中兩卷校印出版。此本分爲上下兩冊，書前有一篇〈序言〉，說明改寫的緣起和過程，並將上卷出後，「偶酬諸子問難」的筆札附錄於後。此書已「不承原本之規劃」，取消了「境論」、「量論」的名稱。1943 年春，熊十力完成下卷，「自是《新論》有語體本」。次年，它的全本由中國哲學會作爲「中國哲學叢書」甲集之一，交由商務印書館出版發行，三卷一冊，共分九章。這部著作的改寫，歷時六年之久，篇幅比文言本增加了四倍，約三十二萬字。1947 年 3 月，上海商務印書館重印此書，沒作任何改動。同年底，湖北印行「十力叢書」，《新唯識論》（語體文本）卽作爲叢書之一重新出版，分爲四冊。除多附一篇〈印行十力叢書記〉外，書中個別字句亦小有改動。總之，語體文本雖是文言本的改譯，但內容卻多有不同，熊十力自己就說過：「《新論》文言本猶融《易》以入佛，至語體本，則宗主在《易》」。不論是內容的廣博和思想的深度，還是崇儒抑佛的傾向性和體系的獨創性，語體文本都遠遠超過了

文言本， 更能代表熊十力成熟的哲學思想。 近有臺北廣文書局
1962 年 1 月重印本， 臺北樂天出版社 1972 年11月重印本， 收
入《熊十力論著集之一： 新唯識論》（北京中華書局 1985 年12
月版)和《孔子文化大全》(山東省出版總社 1989 年10月版)。

《讀經示要》 1945 年多， 重慶南方印書館印行。 這是熊
十力在四川北碚勉仁書院任教時， 爲學生講解六經的答疑之作，
原「只欲作一短文，不意寫來感觸漸多， 遂成一書」。 書前〈自
序〉言是書「甲申 (1944年) 正初起草，迄秋多之際而畢」，次年
便由中國哲學會編入「中國哲學叢書」甲集出版。1949 年 2 月，
上海正中書局又將此書分爲三册， 重版發行， 內容基本保持原
貌。仍分三講，一講卽爲一卷，共三卷，約三十萬字。第一講：
經爲常道不可不讀； 言六經實爲中國文化之根底，「無時可離，
無地可離， 無人可離」。 第二講： 讀經應取之態度； 認爲讀經
「必遠流俗， 必戒孤陋」， 要融貫中西， 平章漢宋， 對千年文化
「略加論定」，以「辟當代之弘基， 定將來之趨向」。 第三講：略說
六經大義； 於六經中又特重《易》、《春秋》二經。 這部著作反
映了熊十力疏於考據而重義理的經學特點，很有獨創性。 近有臺
北廣文書局 1960 年 5 月重印本，臺北明文書局 1984 年 7 月重
排本。

《讀智論抄》 這是一部未單行刊印，寫作年代也尙難確定
的著作。現可查到的有兩處，一是 1947 年 7 月出版的《東方與
西方》一卷四期上刊載的部分章節，另一是 1947 年 9 月至 1948
年 1 月出版的《世間解》（月刊）第三、四、五、 六、 七期上連
載的部分章節。《世間解》第三期在〈編輯室雜記〉中稱：「在
這個剛過去的暑天裏，熊先生曾翻閱《大智度論》，……結果就

成了這篇《讀智論抄》。書還沒有寫完，熊先生仍在寫，何時寫完以及寫多少，自然不是我們所能知道的事」。「我們感謝熊先生賜與我們最初發表的光榮」。第七期稱：「來稿登完，全文容再續」。實際上，《讀智論抄》並非《世間解》「最初發表」，在它之前已有《東方與西方》刊載了部分，其編輯記語的真實性就大可懷疑了。寫於 1947 年10月初的〈印行十力叢書記〉也明確將《讀智論抄》列入熊十力已經刊行的著作中。所以該書很可能早出，不會是 1947 年秋才動筆寫作的。就內容看，《東方與西方》只登了一期，名爲〈讀智論偶抄〉，無頭無尾，也無任何說明，內容與《世間解》第三期所載完全相同。《世間解》卻較完整，名即爲《讀智論抄》，連載五期，共有三萬字。熊十力在這部著作中用評點加注解的方式研究《大智度論》，發揮「新唯識論」學說，兼論及空宗教義，對理解他的「棄有入空」以及「新唯識論」體系和大乘空宗的關係都有很大幫助。

《十力語要》　1947 年秋出版，自印本。四卷四册，約三十萬字。卷首附有〈印行十力叢書記〉，並有〈增訂十力語要緣起〉，言該書收錄和編纂的經過。《十力論學語輯略》編成後，熊十力和他身邊的幾個學生繼續存錄論學信札，至抗戰前「又積不少」。1938 年底居四川璧山期間，將手中所存錄的書信和筆記續編成卷二至卷四。1939 年夏，熊十力應邀到樂山復性書院任主講，一次遇敵機轟炸，住室起火，隨身攜帶的書籍手稿均毀失，輯成的《十力語要》卷二至卷四手稿亦未能幸免。自此以後，「世事日益艱危，問學者漸少，手札亦稀」，再未成編。直到 1947 年春，才由他的學生黃艮庸、王星賢等人協助整理，將1940 年以來的書信、短文編爲卷二、卷三，以《十力論學語輯

略》為卷一，以《尊聞錄》為卷四，成四卷本《十力語要》。卷一與《十力論學語輯略》相比，內容稍有改動，將通信人的姓名寫出，個別的還有簡介。除此之外，又新增加了九封書信和一篇書序，大多寫於四十年代初。另外，還將六篇人物小傳和一篇墓誌銘作為附錄收入書後。卷二共收錄了書信二十四封，講詞兩篇，學生記語三篇。其中有幾封信是寫於 1937 年至 1938 年間，由陳仲陸保存，而未毀於樂山大火者，其餘皆為 1940 年至 1945 年間在四川所寫。此卷「貴陽周封岐曾印四百部，防空襲」。卷三共收錄了書信五十七封，講詞一篇，雜文一篇，學生記語三篇，大致寫於 1942 年至 1947 年間。卷四基本保持《尊聞錄》原貌，沒有多大改動，只是刪去了原書前的張立民序，使《尊聞錄》的成書背景因而不顯了。收入卷二、卷三中的部分短文和信札曾在《哲學評論》、《文哲月刊》、《思想與時代》等刊物上登載，產生過一定的影響。《十力語要》的內容十分豐富，從不同角度反映出熊十力的各種思想觀點，是他較為重要的一部著作。近有臺北廣文書局 1962 年 6 月重印本，收入《熊十力論著集之三：十力語要》（北京中華書局即出）。

《十力語要初續》 1949 年 12 月，香港東升印務局出版發行。書前有〈卷頭語〉，言此書是《十力語要》的續編，由其嗣女熊仲光輯錄。全書共收有書信二十九封，論文三篇，講詞兩篇，雜文兩篇，學生記語（均為仲光記）六篇，約十八萬字。除了三封信是寫於二十年代中期，由友人保存外，其餘均為 1947 年秋至 1949 年春所作。其中收有他的學生黃艮庸寫的〈新論平章儒佛諸大問題之申述〉（黃艮庸答子琴），此文約六萬字，曾在 1949 年 3 月出版的《學原》二卷第十一、十二期合刊上發表，

原題是〈環繞新唯識論的儒佛諸問題〉。另外，熊仲光的讀書筆記、短文共十三篇，以〈困學記〉爲題，作爲附錄收入書後。這部著作的部分文章和信札曾在《學原》、《哲學評論》、《龍門》等刊物上發表過。近有臺北樂天出版社 1975 年 4 月重排本，收入《熊十力論著集之三：十力語要》（北京中華書局即出）。

《韓非子評論》　1949 年12月，香港人文出版社出版發行。同時也在1950年 1 月出版的《學原》三卷一期上刊出，全書約六萬多字。這部著作是由他的學生胡拙甫記錄整理的，經過他本人親自刪定。三十年代初，熊十力在杭州養病期間，曾向胡拙甫面授《韓非子》，胡生隨聽隨記，抗戰入川後，又「追述其語」，將所記整理成篇，題爲〈述熊正韓〉。熊十力看後，「命刪去述熊二字，題曰〈正韓〉」，但一直「置行篋中，未及發表」。直到 1949 年，「因《學原》編者索稿，聊以公之於世」，才以《韓非子評論》爲題刊出。此書對韓非學說評述甚詳，但與「新唯識論」體系的主旨卻相距較遠。近有臺北蘭臺書局 1972 年11月重印本，臺北學生書局 1978 年10月重印本。

《摧惑顯宗記》　全名爲《申述新論旨要平章儒佛摧惑顯宗記》。 1950 年底由大衆書店幫助出版，印存二百部。此書的原本即是收入《十力語要初續》的〈新論平章儒佛諸大問題之申述〉一文。1948 年夏，印順法師發表〈評熊十力的新唯識論〉，對熊十力嚴辭相責，熊即授意黄艮庸著文反駁。是年秋，黄文寫成，由熊十力親自改定，約六萬字，第二年在《學原》發表，同時也收入了《十力語要初續》中。1950 年，熊十力又將此文重新改定，作爲單行本收入「十力叢書」中，字數增至八萬，這就是《摧惑顯宗記》。此本保留了黄文的全部内容，只有兩處變動

較大。一是在書前增寫約一萬字，對「新唯識論」體系作了概要性敍述；二是在書後附錄了熊十力的「語要二則」，卽〈與諸生談新唯識論大要〉和〈爲諸生授新唯識論開講詞〉，兩篇合約一萬字，相當於「新唯識論」的一個提綱，所以顯得格外重要。

《與友人論張江陵》　1950 年冬出版，自印本。熊十力對張居正夙懷敬仰，早有敍述之志。這年夏天，在一書攤偶得《江陵集》，「展讀一過，大有感攝」，遂寫出若干條。又與友人傅治薌書信論及，談他對張居正的看法和讀《江陵集》的感受，「初無意求多，而寫來不覺漫衍」，遂至六萬餘字。於是秋天便成此書，收入「十力叢書」中，作爲單行本出版，由幾人集資印存二百部。在這部著作中，熊十力對張居正作了全面的評價，詳考細察了張的政治立場和學術觀點，對儒家的政治理想作了很多發揮。

《論六經》　1951 年夏由大衆書局幫助出版，印存二百部。書前有〈贅語〉，言成書經過:「春初晤友人，欲談六經。彼適煩冗，吾弗獲言。退而修函，知其鮮暇，亦不欲以繁辭相瀆。及寫至《周官》，念向來疑此經者最多，故今抉擇之較詳。全文約七萬餘言，遂名爲《與友人論六經》。可見這是一部由書信擴展而成的著作，內中友人係指董必武，熊十力與董老是多年老友，交誼深厚，居北京時，來往很密切。全書分論《易》、《春秋》、《樂》、《禮記》、《周官》、《詩》、《尚書》，不分章節。於《周官》論述最詳，占全書一半以上篇幅，並作了很多發揮，具有濃厚的空想社會主義色彩。書後附有一封長信，是年初寫給林伯渠、董必武、郭沫若三人的，信中對文化教育方針，提出了許多具體的建設性意見。

　　而《新唯識論》(刪簡本) 1953 年秋出版，自印本。熊十力認爲《新唯識論》(語體文本)的寫作「正值戰亂，無力精檢，翻譯痕迹太重，文字甚無精采」，所以從 1951 年底開始，他又花了一年多時間，將語體文本重新刪簡改寫，「復爲撙節印費計，時有新悟，亦不增加，但依原本削其煩蕪而已」，遂成此定本。全書約二十萬字，線裝一冊，只印二百部保存。書前有〈贅語〉一篇，揭示「新唯識論」綱要。又有一篇〈新唯識論語體文本壬辰刪定記〉，對《新論》三本(文言、語體文、刪簡)的成書背景及其特點加以比較，認定此本爲最佳。就思想內容看，此書與語體文本沒有多大區別，全書仍分九章，〈附錄〉亦保留下來，只是刪去了原本的某些段落。但就文字看，改變甚大，大部分句子都重新表達或經改寫，抹去了原本的翻譯痕迹，思想凝括，語氣連貫，文字洗練，面貌煥然一新，確非語體文本所能比。

　　《原儒》 1956 年12月，上海龍門聯合書局出版發行。書前有〈原儒再印記〉和〈原儒序〉，言成書始末。1954 年春，開始起草上卷，至中秋脫稿，約十五萬字。1955 年，「以上卷稿印存百部」。「是年秋季始起草下卷」，至 1956 年夏初脫稿，約十五萬字，「印存如前」。熊十力原打算只印這二百冊，「俟五、六年內，《易經新疏》、《周官經檢論》寫定，方可聚而公之於世」，「故下卷初秋印就，猶未作發行計」。這年秋天，他忽患重病，「自度來日無多，遂決定以《原儒》再印發行」，於是交由龍門聯合書局出版，「而始以行世」。全書分爲上下兩卷，線裝兩冊。上卷包括〈緒言〉、〈原學統〉、〈原外王〉三篇，下卷爲〈原內聖〉篇，另將 1955 年夏寫的〈六經是孔子晚年定論〉一文，做爲附錄收入書後。全書共約三十二萬字，發行五千二百六

十部，　是所有熊著中印數最多的一種。　這部著作的寫作醞釀已久，熊十力欲《新唯識論》完成後，「更擬撰兩書爲《新論》羽翼，曰《量論》，曰《大易廣傳》，　兩書若成，　儒學規模始粗備」。《量論》卽《新唯識論》（文言本）中欲與「境論」相對而談的部分，後因《新論》成爲專談本體之書，「境論」之名不存，「量論」也就不屬於《新唯識論》的範圍了。這部著作熊十力構思很久，並常在其他著作中提及，但一直沒有寫出，只留下一些構想和零星的材料。《大易廣傳》「原擬分內聖外王二篇，　宗主《大易》，　貫穿《春秋》，　以逮羣經，　旁通諸子百氏，　斟酌飽滿，　發揮《易》道，當爲一鉅著」。因老年體力不支，　熊十力不能逐願，只好「推索其要略」，將主要內容寫出，這就是《原儒》一書。所以，《原儒》等於是《大易廣傳》的一個綱要或縮本，同樣它也就成爲《新唯識論》的一部重要輔助著作。　熊十力在《原儒》中比較系統地闡述了他的「新儒學」思想，對儒家的哲學、政治、經濟、法律、道德等學說作了全面的清理和發揮，成爲「新唯識論」體系的一個重要組成部分。書中亦兼論及佛道二家，內容十分豐富。總之，此書在所有熊著中是比較重要、流傳較廣、影響也較大的一部。近有香港龍門書店 1970 年重印本，臺北明倫出版社 1971 年 1 月重印本，臺北明文書局 1988 年12月重排本，收入《孔子文化大全》（山東省出版總社 1989 年10月版）。

　　《體用論》 1958 年 4 月，上海龍門聯合書局出版，影印二百部，約十七萬六千字。此書寫於 1957 年，初多完稿。書前有序，　係熊十力學生韓元慓作。熊另有〈贅語〉提要該書大意，「此書之作，專以解決宇宙論中之體用問題」，故名《體用論》。

「此書，依據舊作《新唯識論》而改作」，所談內容基本重合，觀點也大致相同，只是徹底拋棄了唯識軀殼，於佛根斬斷更絕。熊十力大刀闊斧地刪去了許多枝節問題，更加突出了他的「體用不二」論，集中論述了「新唯識論」體系的這一核心思想，所以更顯精粹和具有代表性。他說：「此論雖小冊，而余在哲學路上之變遷，卻敍述扼要」。並聲稱「此書即成，《新論》兩本俱可毀棄，無保存之必要」。其重要性由此可見。全書綜括《新論》內容，壓縮為五章：〈明變〉、〈佛法上〉、〈佛法下〉、〈成物〉、〈明心〉。最後一章未及寫出，「卒缺章付印」，故成書的《體用論》實際上只包括前四章。近有臺北學生書局 1976 年 4 月重印本，收入《熊十力論著集之二：體用論》（北京中華書局即出）。

《明心篇》 1959 年 4 月，上海龍門聯合書局出版，印存二百部，約十五萬字。此書實際上是《體用論》中的一章，後因未及寫完，《體用論》已付印，「此章成後不便與前書合訂，即成《明心篇》，單獨行世」。書前有自序，言此書寫於 1958 年，次年初春完稿。全書分為二篇，上篇〈通義〉，下篇〈要略〉，當時只寫成了上篇，「篇下〈要略〉須延期休息，方可續成」，所以成書的《明心篇》實際上只含〈通義〉。熊十力在該書中比較集中地討論了認識論問題，對科學和哲學的關係、精神和物質的關係、知識和道德的關係都有一定的論述。它推崇陸王，歸本心學，成為所有熊著中唯心主義色彩最為濃厚的一部。書後有一附錄，收錄了六封書信和一篇〈體用論佛法上下兩章補記〉，均為《體用論》出版後的答疑之作，寫於 1958 年間。近有臺北學生書局 1976 年 3 月重印本，收入《熊十力論著集之二：體用論》

（北京中華書局卽出）。

《**乾坤衍**》 1961 年底出版，自印本。熊十力原擬《原儒》書成，續寫《易經新疏》和《周官經檢論》，後因體力日虧，重病纏身，只得作罷。 1959 年夏，他開始寫作《乾坤衍》，這可能就是《易經新疏》的一部分。但「起頭不久， 便遇病發」，斷斷續續，一直到1961年初才完稿，在郭沫若幫助下由科學出版社影印一百餘部。全書分爲兩個部分，第一分〈辯僞〉，第二分〈廣義〉，共約二十二萬字。書前〈自序〉解書名義蘊，認爲「《易經》全部，實以乾坤爲其蘊」，所以「學《易》而識乾坤， 用功在於衍也，故以名吾書」。〈辯僞〉主要考訂儒學源流， 發揮他的社會政治理想，對封建專制批判甚烈。〈廣義〉則發揮《易》理，對乾坤兩卦的象辭作了詳細的闡釋，表達了他的本體觀和宇宙觀。近有臺北學生書局 1976 年 3 月重印本，收入《熊十力論著集之二：體用論》（北京中華書局卽出）。

《**存齋隨筆**》 未刊手稿。這是熊十力晚年的最後一部學術著作，最近在上海清理遺物時才重新發現。此書起始於 1963 年元月，至年底完成，花了整整一年時間。書稿成後，曾由他的學生工筆抄寫，準備影印出版，共約十三萬五千字。書前有〈自序〉，係起稿時所寫，專解書名，「存齋者何？ 諸葛公曰：使庶幾之志，揭然有所存，惻然有所感，余平生以此自勖，名吾坐臥之室曰存齋。隨筆者何？平居，觀物返己，有時興懷，則信手寫出，初無預立之題目。寫來，不論長言與簡說，而都無體系、無組織， 隨時隨機所寫， 或不甚愛惜而毀去， 或偶爾覺得頗有意思，甚至對於學術思想之研究不無可供參考處，於是滙集而名之曰《存齋隨筆》」。可見， 作者原來是想以語錄體滙成一部雜集，

無意寫爲專著，不期書稿成後，「閱者皆謂當爲專著，不應納入隨筆中」。於是作者乃將完成的書稿「列入隨筆中爲正篇」，設想以後「或有短文，可滙集爲雜篇，以次分卷。雜文及語錄有可存者，不妨以外篇名之，亦納入隨筆中」。寫成的這部分書稿便被列爲卷一，加了〈略釋十二緣生〉的篇名，所以，現存的《存齋隨筆》也就是〈略釋十二緣生〉。熊十力在這部著作中比較系統地分析批判了佛家的本體學說，對十二緣生分條細疏，考察了大乘有宗的阿賴耶識和小乘上座部的細心說之間的關係，對佛家割裂性相，虛構生滅法和不生不滅法，將體用破做二片作了尖銳的批評。書後有篇幅較長的附錄，總論佛家戒定慧三學，於慧學分析尤細，其中有不少自己的發揮。這部著作對硏究熊十力晚年的佛學思想有十分重要的價值。近收入《熊十力論著集之二：體用論》(北京中華書局卽出)。

〈先世述要〉　這是熊十力晚年的最後遺作，寫於 1965 年夏，1980年已在香港《明報》月刊八月號上刊出，約兩萬字。在這之前，熊十力曾寫過一些憶敍家史的文字，但大多遺失，只有零星的段落保存下來。1965年，他以八十高齡重又拿筆敍來，但因病，隨後又因「文革」爆發，沒能完成。寫出的這部分於家史敍述甚簡，而更多的是談作者自己的歷史觀和庶民觀，由此也能一窺他的思想。

除上述著作外，熊十力還有少量的手稿短篇，如《中國歷史綱要》、《中國科學發展的前途》、《中西文化要義》等。這些著作加上他發表在報刊上的學術論文 (約六十篇左右)，總數在

三百萬字以上，這在中國現代思想史上不可不謂之著述豐碩的一
大家。

附錄三：學行年表

一八八五年（清光緒十一年），乙酉，一歲

農曆正月生於湖北省黃岡縣之上巴河張家灣一農民家庭。具體出生日期不詳，後祝壽爲避開大年前三日，姑定生日爲初四（卽公曆的二月十八日）。

原名繼智，又名升恒，字子貞（後改爲子眞），入民國後以字行，一九二四年後更名爲十力，晚年自號逸翁，又號漆園老人。

曾祖父光東少年棄世，曾祖母華氏守寡育族姪爲嗣子，卽祖父敏容。敏容務農兼司木工，娶曹氏，生一男，卽父親其相。其相爲秀才，敎於鄉塾，娶高氏，生六男三女，先生排行第三。長兄仲甫、五弟繼剛、六弟繼强皆早逝，二哥履恒、四弟晉恒務農德安鄉間。

是年，蔡元培十八歲，歐陽竟無十五歲，張難先十一歲，居正九歲，石瑛七歲，林宰平六歲，馬一浮三歲。董必武、馬敍倫生。後年張君勱、張東蓀生。

一八九二年（清光緒十八年），壬辰，八歲

父親敎之識字，幷常爲講歷史故事。然家貧，爲鄰人放牛，歲得穀若干以貼補家用。

前三年，李四光、陳銘樞、太虛生。去年，胡適生。

一八九四年（清光緒二十年），甲午，十歲

隨父入鄉校，先習五經章句，次及史，日夜手不釋卷，讀書

頗暢快。聽父親講秦始皇焚書坑儒事，痛恨不能忘。又聞魏收詈
南朝爲島夷，怒罵魏爲犬豕，對南北朝胡禍之慘，哀憤不可抑。
痛恨帝王專制和民族意識之萌芽由此漸養成。

　　去年，梁漱溟、湯用彤生。是年，蒙文通生。次年，馮友
蘭、金岳霖、錢穆、張申府生。

一八九六年（清光緒二十二年），丙申，十二歲

　　先一年父親肺病加劇，常咯血，然仍抱病爲門人說經史。是
年漸不可支，乃於夏初辭校回家，秋冬之交謝世。臨終，撫先生
之首而泣曰：「汝終當廢學，命也夫！然汝體弱多病，農事非所
堪，其學縫衣之業以自活可也。」先生誓曰：「兒無論如何，當敬
承大人志事，不敢廢學。」繼爲人牧牛，亦隨長兄耕讀田畔。

　　是年，呂瀓生。次年，朱光潛生。

一八九八年（清光緒二十四年），戊戌，十四歲

　　因少失怙，貧不能上學，家敎亦弛，日喜簡脫，不習禮義。
自負謂：「舉頭天外望，無我這般人」。慕子桑伯子不衣冠而處之
風，夏居野寺輒裸體，時出戶外，遇人無所避。又喜打菩薩。長
兄亦不能戒束。其相門人余某呼之痛責曰：「爾此等行爲，先師
有知，其以爲然否？」先生始悚然懼，自是不敢復爾。

一九○○年（清光緒二十六年），庚子，十六歲

　　長兄送先生從學於鄰縣圻水何堪閣門下，與王漢、何自新結
爲好友。何先生師從同縣熊光大孝廉，治姚江學，喜談時事，導
諸生勵實行、救國危，對少年十力深有影響。遂與王漢、何自新
等，日聚高談，非堯舜、薄周孔，無所避諱，諸學究目爲中魔。
惜只從遊半年，遭富家子所嫉，無奈歸家。

　　少慕陳同甫，繼喜陳白沙，讀〈禽獸說〉，「忽起無限興奮，

恍如身躍虛空，神游八極。其驚喜若狂，無可言擬。頓悟血氣之軀非我也，只此心此理，方是眞我」。又讀梨洲〈原君〉，謂治道貴振民權、任自由。於船山之書尤得大感觸，痛族類危亡，興救國之志。

次年，陳榮捷生。

一九〇二年（清光緒二十八年），壬寅，十八歲

讀《易‧繫辭》至「闢戶之謂乾，闔戶之謂坤」句，神解脫然，頗有心得，然只是見其大意，「條理未析，意義不深耳」。

是年，與王漢、何自新共遊江漢，同謀革命。王、何聯絡各方人士，先生以身先之，投武昌新軍凱字營第三十一標當兵。時海內風氣日變，少年皆憤詈孔子，毀六經，先生亦如是，「狂野不學」。

是年，賀麟生。

一九〇三年（清光緒二十九年），癸卯，十九歲

在武昌謀運動軍隊，先後結識劉敬庵、張難先、朱元成、胡瑛、宋敎仁等。

是年，徐復觀生。

一九〇四年（清光緒三十年），甲辰，二十歲

五月，劉敬庵、胡瑛、朱元成等發起成立科學補習所，胡瑛被推為總幹事。有人謂武昌不易發動革命，先生與何自新力駁之。何自新並與劉敬庵等密定進行方略：一曰以武昌為根據地，二曰提倡民氣，三曰運動軍隊，四曰組織機關。卽議定，大集同志，並與長沙華興會取得聯繫。

十一月，長沙起義事泄，誅及於鄂，武昌知府梁鼎芬由是封禁補習所，諸同志亡走。

冬，王漢、胡瑛等密議刺殺清欽差大臣鐵良。

一九〇五年（清光緒三十一年），乙巳，二十一歲

二月，王漢在彰德火車站刺殺鐵良未遂，在衛兵追捕下，投井而死，年僅二十三歲。後由隨行的好友胡瑛收屍掩埋。

四月，先生由行伍考入湖北陸軍特別小學堂仁字齋爲學兵。他常在同學中揭露清吏的腐化情況，並寫短文貼在學堂的牆上，諷罵清鄂軍統制張彪，爲張所忌恨。

冬，劉敬庵等再謀組織革命團體，利用武昌聖公會所設閱報室傳播革命思想，聯絡黨人。

一九〇六年（清光緒三十二年），丙午，二十二歲

二月，劉敬庵等假武昌聖公會堂成立日知會。先生與劉子通等聯合軍學界有志之士，成立黃岡軍學界講習社，社址在正衛街，房子爲張炳南父子所捐。先生由何自新介紹加入日知會，黃岡軍學界講習社遂成爲日知會的外圍組織。

春，長兄仲甫帶領全家十二口，由湖北黃岡原籍遷入江西德安落戶，初到幾年先後居木環壠團山和黃埇鋪文家。遷居的原因爲黃岡地少人多、難以謀生，此時南潯鐵路開工，德安多荒田，同赴墾荒以活口。自此，熊家一族便在德安生息繁衍，德安亦成爲先生的第二故鄉。

冬，萍醴事發，清庭諭湘鄂會兵痛剿，並詔捕黨人。

一九〇七年（清光緒三十三年），丁未，二十三歲

一月，湖北巡警道馮啓均素仇黨人，下令查封日知會，並於十二日將劉敬庵、季雨霖、梁鍾漢、李亞東、張難先、朱元成、胡瑛等逮捕下獄。先生因三十二標統帶藍天蔚暗通消息，得以逃脫。張彪不肯罷休，請張之洞下令通緝，並附呈當年諷罵張之短

文。張閱後對張彪說：「小孩子胡鬧耳，何必多事」。張彪將黃岡軍學界講習社查封。二十六日，何自新自武昌逃回黃岡團風鎮，告訴殷子衡「武昌機關已破，劉敬庵、朱元成等均已被捕。昔日我輩與歐吉羅所謀從安南送輸軍火起義之說，恐今無望矣」。三十一日，吳貢三、殷子衡在黃岡被捕。先生與何自新逃脫，俱走江西，出沒德安、建昌（今永修縣）間。何自新角巾野服，自號「廬江道人」。先生初回德安家中。

二月七日，因武昌聖公會的關係，清外務部來電令湖北方面從緩辦理劉敬庵等，劉因之被暫禁錮於臬司獄，其餘皆押江夏縣獄。五月，朱元成病死獄中，年僅三十二。臨死前，口占數語云：「死我一人天下生，且看革命起雄兵；滿清竊國歸烏有，到此天心合我心。」

一九〇八年（清光緒三十四年），戊申，二十四歲

返回黃岡，改名換姓為周定中，先是在百福寺白石書院孔廟教書，不久又到鄰近的馬鞍山黃龍岩教書。

讀朱子《近思錄》，繼又讀《程氏易傳》，有三點最為引起注意：一是乾卦中說，以形體謂之天，以主宰謂之帝一段，領悟到若離開形體去言天和帝，那便成了神教，得到泛神論的意義，極為高興。二是坤卦中說，行地無疆謂健也一段，由此引發了某種感悟，於此悟得坤以乾為體，坤之言元實即乾元也，坤不是別為一個源頭。三是復卦中說，先儒皆以靜為見天地之心，蓋不知動之端乃天地之心也一段，引起某種同感。

甚好王船山《易內外傳》。與何自新讀《周易內傳》至〈繫辭〉「一陰一陽之謂道」云云，自新謂其辭艱深難解。先生嘆曰：船山只是二元論，其難解處蓋不無逞空想去猜擬耳。自新亦云

然。

一九〇九年（清宣統元年），己酉，二十五歲

夏，在革命黨人的奔走營救下，再加之外國教會的干預，鄂督改判劉敬庵和胡瑛永遠監禁，其餘六人分別判處有期徒刑。

讀《列子》，觸悟天地萬物本吾一體，須向天地萬物同體處（卽萬仁大源）認識本心。又讀船山《通鑑論》，觀其憫衰世之人沒於利權而不顧族類之危亡，其文辭直是字字隨淚俱出，先生病其感傷太過。對《史記》和司馬遷也有一些看法。

少時覽易書，先從宋易入手，嫌其迂陋、浮虛。旋聞老輩崇尚漢易，乃舍宋而有事於漢學，縱目於惠棟、張惠言，以及鄉賢李道平諸老輩之遺册，而後知漢易者，乃古代術數之流傳未劖泯者耳。先生有聞道之素心，殊少考古之逸興，頗懷失望之感。總覺得船山易學雖不盡契，而其有睿思特識，漢宋諸名儒未有能及之者也。

是年，唐君毅、牟宗三生。

一九一〇年（清宣統二年）庚戌，二十六歲

乍聞西洋宇宙論之唯物唯心之說，便起驚疑。後來玩《大易》乾坤之義，益堅自信，更覺其非。

閱康有為之《人類公理》（《大同書》的初稿），覺其學術淺薄，擊桌而嘆曰：「凡一偉大學派之創說，其思想必有根底，否則無可成就，無可啓導民眾。大同何以可能，當有無量無邊義據，豈是專憑叫苦得來，道理不應如是簡單。」

是年，何自新病逝於黃岡，年二十九。

一九一一年（清宣統三年），辛亥，二十七歲

一月，蔣翊武、詹大悲等在振武學社的基礎上成立文學社。

六月十四日，劉敬庵幽死於武昌模範監獄，年三十六。

十月十日，武昌首義成功。十三日，黃岡光復，先生參與其事。光復後出任秘書，旋赴武昌任湖北都督府參謀。

多，偕吳昆、劉子通、李四光等黃岡四友聚首武昌楚雄樓，共出一紙，各言所志，先生寫了「天上地下，唯我獨尊」八個字。

與相識閑談，有人謂：皇帝古稱元首，今已推倒，《易經》說羣龍無首，聖人之言驗矣。先生笑曰：云何而能達到眞正無首，這裏問題太多，君何言之易耶？其人默然不復言。

一九一二年（民國元年），壬子，二十八歲

元旦，孫中山在南京宣誓就任中華民國臨時大總統。先生謂：「民國肇建，五族共和，載在約法。將二十四史中誤視邊塞先民爲異族、爲敵國之謬誤觀念，已經一掃而空。此爲民族心理上之重大改革，最不容忽視者也。」

先生與詹大悲、胡瑛合詞請於黎元洪，以何自新從祀於武昌烈士祠。亦將王漢事跡上報，遭到秘書長饒漢祥的壓制而未果。

多，鄂督特設武昌日知會調查記錄所，創修日知會誌，以孫武、蔡濟民、季雨霖主所務。先生兼任編輯，先後寫出王漢諸傳。

十二月，《庸言》在天津創刊，編輯人爲吳貫因（後換黃遠庸），第一卷爲半月刊，由吳編輯；第二卷改爲月刊，由黃編輯。

一日正午，坐人力車過大街，天無片雲，白日朗然，車中無思無念。忽爾眼前街道石板如幻如化。先生忽起念云：哀哉！人生乃如是耶？愴然欲泣。當時曾將此感受告訴李四光。

是年，同鄉月霞法師自江南還武昌，先生偕鄉人晤見法師。

一九一三年（民國二年），癸丑，二十九歲

與吳貫因書信往還，述討袁志向，云：「今之執政，不學無術，私心獨斷，以逆流爲治，以武力剝削爲能，欲玩天下於掌上，其禍敗可立矣」。並以吳康齋詩句「佇看風急天寒夜，誰是當門定腳人」相共勉。

三月一日，《庸言》第一卷第七號「附錄」欄載先生之〈證人學會啓〉，署名熊升恒。這是先生平生第一篇見諸報刊的文字。

二次革命討袁失敗。日知會調查記錄所亦無形消散，所集稿多散佚。先生以遣散費囑兄弟在德安置田，他本人則往來於黃岡、德安之間，授徒不出。

五月十六日，《庸言》第一卷第十二號「附錄」欄載先生的〈答何自新書〉。

八月十六日，《庸言》第一卷第十八號載先生之〈健菴隨筆〉。

十一月一日，《庸言》第一卷第二十三號續載先生之〈健菴隨筆〉。這兩則筆扎皆言《淮南子》本雜家而傾向道家。十六日，《庸言》第一卷第二十四號載先生之〈翊經錄緒言〉，署名黃岡熊升恒子貞。

一九一四年（民國三年），甲寅，三十歲

先生與傅曉榛老秀才之幼女韓（傅）既光在黃岡完婚。傅家爲黃岡馬鞍山世代書香，曉榛之父傅雨卿學正曾參加纂修《黃州府志》，曉榛本人能詩文，懂醫道，家境較富裕。傅家本宗韓姓，祖繼舅家傅姓，由既光這一代始歸宗本姓。既光有一姐二弟，姐姐傅子恭，適王孟蓀，大弟韓濬，二弟韓煦。

是年，先生回德安親自選定在縣治西北十五里的楓林保之廬

塘，造房定居。蘆塘，門臨博陽川，背靠敷陽山，風光幽美。附近有大屋蔡村，是朱子高足蔡念成的故居。蘆塘又可東望匡廬，夕陽斜照，奇峰盡在遠眺中。

一九一五年（民國四年），乙卯，三十一歲

先生居德安後發憤讀書，常至距家六里的敷陽山之雙峰古梵靜心鑽研學問。經學和子學的厚實功底就是在這數年間打下的。另外，對於商務印書館出的西學譯籍和佛學方面的書，他也多所流覽。

十月，長女幼光生。

一九一六年（民國五年），丙辰，三十二歲

作〈某報序言〉，曰：「民國五年之間，各種制度、各種人物，無一不經試驗，而無一可加然否。自三五以降，吾國之不道而至於無是非，未有如今日。」

五月十日，《東方雜誌》第十三卷第五號發表梁漱溟的〈究元決疑論〉。先生讀後，作〈記梁君說魯滂博士之學說〉一文。

夏，讀章太炎的〈建立宗教論〉，深悟三性三無性義。作〈船山學自記〉一文，認為船山晚年「或於佛學有所窺，陋儒或諱其書不傳」。又與人書信討論大乘佛教的「智體」、「證如」等問題。

作〈示韓濬〉一文，認為「天」有形氣、主宰、虛無、自然四義。又作〈思曾〉一篇，對曾國藩備加推崇。

在南昌，遇一彰德青年，向之追尋王漢後事。

一九一七年（民國六年），丁巳，三十三歲

春，黃岡擬設問津學會，先生應外丈傅曉榛之囑，作〈問津學會啓〉。

夏，章太炎發表〈與民友會書〉，力倡振起姚江學派。先生讀後不以爲然，認爲船山力詆姚江，其說實非過激。

月霞法師再度回鄂，先生與之討論唐代佛敎之玄奘與那提事，同認爲「唐時舊派反對玄奘之暗潮甚烈也」。

秋，護法運動起。先生曾參與民軍，支助桂軍抗擊北洋軍閥，奔走於湘桂間。後來，又與友人白逾桓同赴粵，佐孫中山幕。

年底，蔡元培在北京大學創設進德會，先生由遠道貽書贊助，極聲應氣求之雅，兩人遂結文字之交。

一九一八年（民國七年），戊午，三十四歲

四月，五弟繼剛病故於德安。自民元以來，數年間先生連喪兄弟三人，愴然有人世之悲。先生的母親高氏也在民元前去世了。

五月，先生居廣州半年後，深感「黨人絕無在身心上做工夫者」，「凡所觀察，都無好感，已決心捨革命而專力所學」，故由粵返回，途經上海時，爲好友張仲如的《談道書》作序。先生自謂：「余廿年嚴憚之友，以仲如與同縣劉子通爲最」。又過書肆，偶思購汪容甫《述學》，遍索不可得。

夏，返回德安。有「數荊湖過客，濂溪而後我重來」句題壁之上。

十月五日，將所積筆扎輯爲一册，題名《心書》。作自序云：「我生不辰，遭玆多難，殷憂切於苕華，慘痛興於常棣，形骸半槁，待盡何年！耿耿孤心，誰堪告語？」「實我生卅年心行所存，故曰《心書》」。

十一月十五日，蔡元培爲《熊子眞心書》作序。

十二月，《心書》自印出版，署名熊繼智。丁去病為之作跋。

一九一九年（民國八年），己未，三十五歲

到天津南開中學教國文。與同事孫穎川討論中國何以向來無科學思想？無民主思想？先生認為：漢以來二千數百年，學術思想錮蔽，誠如西人所言，此專制之毒耳！

暑假，借居北平廣濟寺，與梁漱溟面談，暢論佛學。因觀點相異，最後誰也沒能說服誰，梁勸先生好好研究佛學。

九月，梁漱溟在北大開設「唯識哲學」課，並着手編寫《唯識述義》。本想「兼程並進」，不料竟夜不能寐而病倒，不得不停課養息。

一九二〇年（民國九年），庚申，三十六歲

一月，梁漱溟的《唯識述義》由北京大學出版部出版。序云：「因病輟講，自覺實無以對選修唯識的諸君，只好把這一點《唯識述義》的稿子印出來，大家拿着這個去看唯識的書也就不難看的。」

暑假，梁漱溟赴南京支那內學院（籌備處）向歐陽竟無求教，同時向歐陽介紹和推薦十力。

秋，先生辭去南開中學教職，赴內學院從遊於歐陽大師門下。

《新潮》二卷四號載先生的一封長信，署名熊子眞。

一九二一年（民國十年），辛酉，三十七歲

《新潮》三卷一號發表馮友蘭的〈與印度泰戈爾談話〉一文，言：「本誌二卷四號所載熊子眞先生的信上面的話，我都很佩服；但是不許所謂新人物研究舊學問，我卻不敢贊成」。

春，內學院籌備處遷至牛邊街新址。

十月，子世菩生於德安。

多，開始草撰《唯識學概論》的初稿。

一九二二年（民國十一年），壬戌，三十八歲

七月，南京支那內學院正式成立，呈內務部備案。時先生與呂秋逸、陳眞如等俱爲學友。歐陽竟無講《唯識抉擇談》，辯《大乘起信論》之僞。而太虛法師亦於是年創辦武昌佛學院，起而反駁歐陽之說，作《佛法總抉擇談》，以維護《起信論》。

秋，北大擬向內學院聘請一人續開唯識學課（梁之後再沒有開），原意請呂秋逸，因歐陽不肯放，繼改定爲熊十力（子眞）。

秋多之交，由南京赴北大任教，與學生陳亞三、朱謙之等同住地安門吉安所。因只開一門課，所以被聘爲特約講師。

梁漱溟與北大哲學系諸高材生有私人講習之所，曰「勉仁齋」，青年好學者，頗受影響。先生亦與梁過從甚密。

一九二三年（民國十二年），癸亥，三十九歲

十月，唯識學講稿始由北京大學出版組正式印制，名《唯識學概論》，署熊子眞著。全書區爲二部，部甲境論，部乙量論。境論又分識相、識性二篇。但寫印出的只有境論之識相篇，餘皆有目無文。識相篇下分唯識、諸識、能變、四分、功能、四緣、境識、轉識等八章。書印裝至一百四十四頁，似未完。

是年，與梁漱溟同住西郊之永安觀。始與林志鈞（宰平）訂交。

一九二四年（民國十三年），甲子，四十歲

六月十三日，在一本《唯識學概論》的封皮上自記云：「此是十二年由北大初次印刷者，待改之處頗不少。十三年六月十三

日熊十力記」。這是最早所見用十力一名。一說更名十力乃蔡元培所提議，取沈約〈內典序〉「六度之業旣深，十力之功自遠」句義，姑存。

夏秋之交，梁漱溟應邀到山東曹州創辦省立第六中學高級部（擬爲辦曲阜大學打基礎）。梁正式辭去北大敎席，先生亦暫停敎職隨同前往，隨行者還有他們在北大的幾個學生。

秋，省六中高級部以曹州府老孔廟作校舍正式開學。敎員十人，學生七十多人。高贊非始拜先生門下，自後隨侍身邊多年。

多，開始不滿唯識舊作，對護法一系舊師所持文漸生疑端，有改作念頭。

一九二五年（民國十四年），乙丑，四十一歲

一月，次女再光生於黃岡傅家（不久，再光過繼給姨父家，改姓王，直到一九六三年才還姓）。十日，《現代評論》一卷五期發表先生上年底寫於濟南的一篇文章〈廢督裁兵的第一步〉。

春，武昌師範學校改爲武昌大學，石瑛出任校長，邀請先生到校任敎。先生於三月中旬携高贊非到校，住臨蛇山之東樓第二層。

三月二十八日，致書梁漱溟，言：「北上遇足下，而足下軟弱反過於我，令我一人振作不起來，嗚乎！天下大矣，吾將誰與？」

四月二十三日，連致黃艮庸兩信，言在武大的近況。

秋，因武大校長易人，先生返回北大。在這之前，梁漱溟亦因地方軍閥之前的摩擦而在曹州無法辦學先行返回。他們與弟子十幾人同住什刹海東梅廠胡同，名居所爲「廣大堅固瑜珈精舍」。

在北海快雪堂與林宰平談儒論佛，共認儒家比之佛敎有兩大

優點：一是大中至正，旣不溺於空無，也不流於功利。二是富於容納性。

爲應敎學之需，自秋涉多刪注窺基的《因明入正理論疏》一書，年底事畢，爲作〈揭悁〉一篇。

十二月，內學院年刊《內學》第二輯發表先生的〈境相章〉。此文實爲《唯識學概論》一書中境識章的大部分內容。

一九二六年（民國十五年），丙寅，四十二歲

三月，改寫《唯識學概論》，並於西郊萬壽山大有莊爲第二稿作序言一篇。言：「頃爲此書，乃於前師（謂護法等）特有彈正，蓄意五載，方敢下筆」。後該書由北大印出，爲《唯識學概論》的第二種本子，署黃岡熊十力著。全書規劃一仍其舊，但印出的只有唯識、轉變、功能、現色等四章，共六十頁，也沒有完。此本實爲《新唯識論》之濫觴，是自立門戶之作。

致函梁啓超，言：「秘魔崖傾談方樂，適爲遊客所阻，未免敗興。唯識書經北大印至四十五頁，頃托宰兄轉致，便中省覽，幸有以敎也」。

陶開士家失火被焚，先生致書勸慰，言：「弟已五年不回家，中心藏之，何日忘之。一兄、一弟、兩姊皆病窮，欲濟其厄，不獨無力，縱設法解其困，又恐以此害之，鄉間得一飽者，幾能免於匪禍乎！」又書中反駁因果報應的迷信說法。

七月，《因明大疏刪注》由上海商務印書館出版發行。

秋，因苦思過度，大病一場，由葡西琴聯繫入德國人辦的醫院。自此以後，常有神經衰弱、遺精、胃下垂等毛病，連年困厄。

高碉莊等深以先生未及著述爲懼，欲將高贊非所記平日語，

亟付梓人，卽以此意請於先生，先生不肯。

一九二七年（民國十六年），丁卯，四十三歲

因久病，不得不移南方休養。初至南京，住中央大學約二十日，與湯用彤、李石岑以及內學院師友共遊處。隨卽又由張立民隨侍移住杭州西湖，與剛辭去師長職務的北伐名將嚴重，同借居於法相寺。

到杭州二十多天後，寫信給鄧子琴等，談讀書與做學問的方法，言自己「每夜分十二時，大咳不已，略無佳趣，此病不知何日得轉機也」。

在法相寺，病中不得執筆，猶時時運思。始主張「同源說」，「萬物只是一體，那得多元」。將自己想法與柏格森相比，認爲柏格森哲學是從生物學上求同源的例證，而他自己卻不用拿生物學來做根據，而是直接反求諸心，見得此意。

登西湖南高峯，與梁漱溟、陳眞如、嚴重等聚談，嘆息人才凋零。

一九二八年（民國十七年），戊辰，四十四歲

是年，仍住西湖孤山廣化寺，與蔡元培商量養才問題及成立哲學研究所事。

函責姪兒非武，言：「吾兄弟六人，汝父居長，六爺早逝，五爺又已逝且十年。汝親兄弟六、七人，汝兄居長，未讀書。自汝而下，大者十歲、八歲，小者二、三歲，目前窮困已極，衣食爲難，皆有不能讀書之勢。吾又病夫，精力短促。念先人之遺芳，睹子姪之零落，吾心戚戚有餘痛也。」

應湯用彤之邀，赴南京中央大學哲學系作短期講學。時唐君毅就讀於中大哲學系，始從遊於先生。

　　中秋，高贊非將平日親承誨諭，所聞酬對朋舊、訓示學生之辭所記述積十萬餘言整理成册，由其父高硱莊命名爲《尊聞錄》，取「尊其所聞則高明矣」義。

一九二九年（民國十八年），己巳，四十五歲

　　是年，曾有一段時間携張立民回武昌，在王孟蓀先生家養病。胡秋原往謁先生，先生請託蔡元培推薦胡秋原爲湖北省官費留日生。

　　對《唯識學概論》二稿又始重加修訂。

一九三〇年（民國十九年），庚午，四十六歲

　　一月十七日，中央大學日刊載湯用彤的一篇講演錄，其中提到：「熊十力先生昔著《新唯識論》，初稿主衆生多源，至最近四稿，易爲同源」。此「四稿」卽指由公孚印刷所印制的《唯識論》（騎邊有「唯識論卷一」字樣），這是《唯識學概論》的第三種本子，署名黃岡熊十力造。此本沒有任何日期記載，大概是在這前後印出的。書前〈導言〉云：「此書前卷，初稿、次稿以壬戌、丙寅先後授於北京大學。今此視初稿，則主張根本變異；視次稿，亦易十之三四云。」全書規劃與前兩本大同小異，但印出的只有辯術、唯識、轉變、功能、色法（此章不全）等五章，餘皆缺空。

　　二月，由張立民協助刪定高贊非所輯《尊聞錄》。張立民於西湖廣化寺爲序（實爲先生自撰），述本書編選的經過。

　　夏，答友人書曰：「所舉時人迻述唯物思想之小册子，暇時當購閲」。又曰：「弟之《新唯識論》雖從印土嬗變出來，而思想根底實乃源於《大易》，旁及柱下、漆園，下迄宋明巨子，亦皆有所融攝。」

十月，《尊聞錄》線裝印存一百五十本，分贈好友。

多，巨贊發心出家至廣化寺，與先生相識，時先生正在寫他的《新唯識論》（即後年印行的文言文本）。

是年，先生仍住杭州廣化寺，家眷住南京大石橋，與詞曲家吳梅相鄰。經原北大同事、時任浙江圖書館館長的單不庵介紹，與江南耆宿馬一浮先生相結識。

一九三一年（民國二十年），辛未，四十七歲

是年，張難先主浙政，與先生往來頗多。又結識貴溪彭程萬（凌霄），爲昆弟交，後爲兒女親家。與馬一浮常相聚談，暢論儒佛，在《新唯識論》的寫作過程中，思想頗受其影響。

年底，特赴上海見其老友陳銘樞，力勸其督率十九路軍抗敵。

一九三二年（民國二十一年），壬申，四十八歲

一月二十五日，上書國民政府主席林森，指陳抗日救國大計，「故今宜下決心，與倭人死戰而不宣」。（按，此信仍存臺立法院圖書館檔卷中，落款爲「國民熊十力扶病書」。

五月二十二日，由胡適等主辦的《獨立評論》創刊。

八月三十一日，蔡元培應先生之請，爲《新唯識論》（文言本）作序。惜書出版時，未將此序收入。

十月，《新唯識論》（文言本）由浙江省立圖書館出版發行。馬一浮作序幷題簽。全書分爲明宗、唯識、轉變、功能、成色上下、明心上下八章，共九萬字。

十一月，由杭州養病六載後返回北京。住崇文門外櫻子胡同十六號梁漱溟宅，時梁在鄒平搞鄉建，由學生雲頌天陪同先生住。仍返北大教授唯識學，每週到校上課一次。不久，謝石麟亦

搬來梁宅，陪同先生一起住。時牟宗三就讀於北大哲學系，始從
遊於先生。常與先生來往者還有：張申府、張岱年兄弟，羅常
培、鄭高鏡、林宰平、湯用彤、李證剛、鄭天挺、陳政、羅庸
等。

十二月，內學院年刊《內學》第六輯發表劉定權（衡如）的
〈破新唯識論〉一長文，歐陽竟無特爲之作序。

一九三三年（民國二十二年），癸酉，四十九歲

一月，因趕寫反駁劉定權的文章而不再到校上課。太虛法師
在《海潮音》十四卷一期發表〈略評新唯識論〉一文。

二月，《破破新唯識論》由北京大學出版部出版發行。全書
分爲破徵宗、破破計、破釋難三個部分，四萬餘字。十六年後，
先生在給唐君毅和錢穆二人的一封信中還憶及此事，謂：「《新
論》出，內院合力相破，謂吾必遭《破》打，及《破破》之論
出，彼以半年工夫作《破破破》，最後終不出。吾義證堅強，他
不能搖也。」《海潮音》十四卷二期發表燃犀的〈書熊十力著所
謂「新唯識論」後〉一文。

五月九日，致胡適一信，長達五千字，強調心理建設的重要
性。在這之前，讀了胡適的〈我的意見也不過如此〉一文後，也
曾給胡適寫過信，但當時胡未作答。此次，胡適特將先生的信以
〈要在根本處注意〉爲題，刊布於《獨立評論》第五十一號上，
並在文後的「編者附記」中言：「熊十力先生現在北京大學講授
佛學，著有《新唯識論》等書，是今日國內最能苦學深思的一位
學者。……熊先生此次來信，長至五千字，殷殷教督我要在根本
處注意，莫徒作枝節之論。他的情意最可感佩，所以我把全文發
表在此。」

夏，携謝石麟、雲頌天赴鄒平會梁漱溟，住了約半個月。先生對梁所開展的鄉村建設活動似無太大興趣，故平時很少提及。

八月十七日，在《大公報》世界思潮欄發表〈循環與進化〉一文

秋，北平直隸書局出版周叔迦的《新唯識三論判》一書，對《新論》、《破論》、《破破論》提出總批評。

與湯用彤信曰：「看《大智度論》，鎮日不起坐。思維空義，豁然廓然，如有所失（如撥雲霧），如有所得（如見青天）。起坐，覺身輕如游仙。」

致書胡漢民，推舉辛亥有功之士黃梅人宛思演，爲其在省圖書館能謀一職位。

是年，移住二道橋。馮友蘭曾往訪先生，贈以新著之《中國哲學史》。常與先生往來論學的還有：張孟劬、張東蓀兄弟，錢穆、蒙文通等。

寒假，回湖北度歲。（按，先生因體虛怕熱、怕向火，冬天房間裏亦不敢生火爐，所以極不適北京嚴冬天氣，一般歲末卽南歸。鄭逸梅《藝林散葉》有記：「熊十力喜立不喜坐，冬不御裘，御裘則病，雖北京亦然。」）

一九三四年（民國二十三年），甲戌，五十歲

四月八日，在《獨立評論》第九十五號發表〈無吃無教〉一文。

六月十日，《獨立評論》第一百零四號發表〈英雄造時勢〉一文，這是先生讀了張佛泉的〈從立憲談到社會改造〉一文後的感慨之作。其中談到鄉建運動，曰：「梁漱溟先生等的村治運動，誠是根本至計。然我總以爲如果國家的政治整個的沒有辦

法，村治運動也做不開。因爲村治全靠知識分子下鄉去領導，而政治無清明的希望，知識分子根本不能到鄉間去。」《中心評論》第九期發表先生的〈與張東蓀論學書〉。

九月二十日，在《大公報》世界思潮欄發表〈易佛儒〉一文。

十月二十四日，在致王星賢的信中提到：時蔡元培在青島養病，因青島便於療養神經，冬不甚冷，擬介紹先生到青島大學任教，「如成，則年底便可辭北大而赴青也」。後此事未果。

十一月十五日，《大公報》世界思潮欄發表先生的〈答謝石麟〉。

冬，南行過南京，在湯用彤家與蒙文通、錢穆、賀麟等聚談。先生認爲我國學人有一不良習慣，卽喜趕浪頭，隨風轉，不肯自甘寂寞以專治一種學問。

是年，曾有一段時間住沙灘銀閘胡同六號。這是謝石麟與親戚合租的房子，謝將先生接來安居。因離校較近，前來拜訪的人特別多。

一九三五年（民國二十四年），乙亥，五十一歲

一月，在《史學》（北大出版）一期發表〈請誥授奉直歸州學正傳雨卿先生傳〉。

四月，中國哲學會成立，舉行第一屆年會。湯用彤、金岳霖、馮友蘭任常務理事，《哲學評論》成爲本會刊物，由馮任主編。

六月，《安雅學刊》第一期發表〈讀經〉一文。十日，《文化建設》一卷九期發表〈文化與哲學〉一文。二十八日，《大公報》思辯欄發表〈答伍庸伯〉。

八月三十日，就中國哲學會成立寫〈爲哲學年會進一言〉一

文，談對中國本位文化建設的意見，議爲中國亟需要一種新哲學。

九月十日，爲《十力論學語輯略》作序。這是 1932 年多至 1935 年秋近三年間的書信合集，由雲頌天、謝石麟錄副存之。

讀尚秉和《焦氏易詁》寫信給劉生曰：「吾於易，一向厭談象數，今得尚君書，喜其說象遠有根據，因知楊子雲、邵康節、朱漢上、來矣鮮、胡煦諸家之書，推明象數與圖，多不可忽。」在這之前，曾與張申府反復討論過象數易，尤其是胡煦易學的問題。

十月二十日，《十力論學語輯略》由北京出版社出版發行。

《文哲月刊》一卷七期發表〈中國哲學是如何一回事〉一文，這是1933年間答沈有鼎的一封信。《晨報》思辯欄發表孫道昇的〈現代中國哲學界之剖析〉一文，對先生之《新唯識論》有所評述。

答張生，釋《新論》之疑，謂：「昔朱子作《四書集注》，自謂每字都用秤稱過，吾之於《新論》也亦然。」

冬，南歸度歲。與伍庸伯遊赤壁（黃岡東坡赤壁），並同訪劉慧凡。

是年，仍住二道橋，取齋名曰「蒼莽室」。與通梵文之俄籍佛學家剛和泰及德籍學者李華德相往來。

一九三六年（民國二十五年），丙子，五十二歲

二月一日，《中心評論》第二期發表〈答朱進之〉；二十一日，同刊第四期發表〈論不朽書〉。

三月二十日，《文哲月刊》一卷六期發表〈關於宋明理學之性質〉，原爲與張東蓀論學的兩封書信。

五月二十一日，《中心評論》第十三期發表〈答唐君毅書〉。

六月，致書同縣人滿莘畬，答《新唯識論》中的種子、能習、翕闢等問題。並云：「近常爲韓生鏡清說《阿含》，推尋釋尊創見與後來佛家思想關係，頗有所獲。惜乎隨得隨忘，未及條而理之。」

七月十七日，《晨報》思辯欄發表牟離中的〈最近年來之中國哲學界〉一文，專門介紹熊十力、張東蓀、金岳霖三人的學術思想。

八月，應黃艮庸等學生之請，開始編寫《佛學名詞釋要》。七日，《晨報》思辯欄發表先生爲該書寫的序。十日，《文哲月刊》一卷七期發表先生答唐君毅的一封書信，題爲〈科學眞理與玄學眞理〉。

與周開慶書，論及程朱陸王的心性論和靈魂不朽的問題，並認爲「今日中國人之生活力最貧乏」，表現出種種惡習。

《佛學名詞釋要》完成，由北大印製若干本，線裝一冊。

十二月，《哲學評論》七卷二期將《佛學名詞釋要》中的二十八個詞條發表，始用《佛家名相通釋》一名。

冬，致書劉樹鵬，就《新論》中染習、淨習問題談心與性。又作長函，酬答義大利米蘭大學教授馬格里尼，專論老子哲學。

是年，仍住二道橋，與賀麟爲鄰。繼《十力論學語輯略》之後，又將歷年信札整理成冊，擬作爲續編出版。

一九三七年（民國二十六年），丁丑，五十三歲

二月六日，《佛家名相通釋》由北京大學出版組出版發行。該書出版多承居正資助。馬一浮題簽。上下卷線裝兩冊，約十四萬字。書後還附有「十力所著書目」。

四月十六日，致王星賢信中言及錢學熙欲將《新唯識論》

（文言本）翻譯成英文，並將譯稿事徵詢馬一浮的意見。

五月六日，連日來看《華嚴疏抄》，覺得「無甚精采」，實勞人。

七月，《論學》發表萬鈞（巨贊）寫的〈評熊十力所著書〉一文，對「新唯識論」提出批評。巨贊將此文寄給先生，先生復信只是說：「是用心人語，非浮土口氣」，而沒有直接答辯。

八月，先生冒險裝扮成商人，乘運煤的貨車逃出北平。由劉公純陪同，一路上歷盡艱險，輾轉到了武漢。卽又返回黃岡，住團風鎭。

是年，先生於湖南郴縣創辦「十力中學」，由其弟子燕大明主持。

一九三八年（民國二十七年），戊寅，五十四歲

春，由鄂入川。寄居璧山縣中學，由校長鍾芳銘負責接待。隨侍在側的學生有劉公純、錢學熙、陳亞三、鄧子琴等。

夏，爲諸生開講中國歷史，大談五族同源，藉以激發民族情感和愛國熱忱。共談了兩個星期，將紀錄整理成册，名《中國歷史講話》。

七月，爲《中國歷史講話》作序。不久，該書由中央陸軍軍官學校石印若干册，約六萬言。

日寇陷郯城，高碣莊夫婦及次子佩經皆投水死。高碣莊曾問學於先生，子贊非、佩經皆從遊先生多年。先生得知消息後，十分悲痛，言：「佩經沉靜有慧，好哲學。其死也，余有喪子之慟。」

十一月三十日，致王星賢函中言家人離亂流亡慘狀，痛不堪

述：黃岡一部分已不可知，江西德安家屬前雖逃赴安義縣，但此時不知下落。「沉痛無可與語，吾心緒極不寧，亂如麻」。

冬，先生指導錢學熙開始將《新唯識論》（文言本）翻譯成語體文，擬爲英譯做準備。

是年，著有《中國歷史綱要》，未能發表。與陶開士論吾華民質之劣，國力之弱，始自魏晉。路經重慶時，居正、方東美等曾探訪。《燕京學報》第二十三期發表朱寶昌的〈唯識新解〉一文。

一九三九年（民國二十八年），己卯，五十五歲

春，到重慶南溫泉鹿角場學生周鵬初家居住，賀麟、牟宗三、任繼愈等常相訪。

七月，歐陽竟無作〈答陳眞如論學書〉，嚴厲批評熊十力。該文與陳眞如復先生的長信同刊登在《內院雜刊》（入蜀之作五）上。

夏，馬一浮主持的復性書院在樂山烏尤寺內創辦，先生應邀赴樂山共同擔任主講。

八月十九日，日機轟炸樂山，先生的寓所被擊中，「兩巨彈近身，均入地丈餘未發，幾不免於難」。寓舍全毀於大火，書籍、手稿無一幸免，所輯成册的《語要》也被毀。先生左膝受傷，在人挾持下方脫於難。

九月十七日，先生作〈復性書院開講示諸生〉。復性書院開設的課程分爲通治和別治兩門。通治門以《孝經》、《論語》爲一類，孟荀董鄭周程張朱陸王諸子附之。別治門，《尚書》、「三禮」爲一類，名法墨三家之學附之；《易》、《春秋》爲一類，道家附之。

秋，因與馬一浮相處不和，離開復性書院。在這之前，曾應

朱光潛邀請到遷來樂山的武漢大學作短期講學。離開樂山後，卽返璧山住在來鳳驛一破寺中，由韓裕文陪侍。

　　致書賀昌羣，就王陽明和曾國藩二人的學問事功做比較，認爲曾高於王。另外，談到了他和馬一浮之間的分歧，主要是爲辦學方針和用人兩個方面的問題。云：「恐馬先生猶將執古之道，以御今之有，未得無礙耳。」數年後，在與徐復觀的幾封信中都提到了他與馬氏之間的隔閡。

　　冬，移居來鳳驛小學校長劉冰若處。指導韓裕文續接錢學熙翻譯《新論》的工作，完成轉變章，至是，《新論》（語體文）上卷脫稿。

一九四〇年（民國二十九年），庚辰，五十六歲

　　夏，《新唯識論》（語體文本）上卷，由呂漢財資印二百本。上卷初出，偶遇諸子問難，先生一一解答，計有鍾定欣、黃艮庸、鄧子琴、牟宗三、唐君毅、雲頌天、張俶知、張得鈞等，這些筆札的重點段落都節錄存於〈初印上中卷序言〉（勉仁書院本）的後面。

　　秋，與牟宗三書云：「吾精神比昨已衰矣，輒苦心血不給用。江西家屬愚儒不知自計。老來思骨肉，無一日可去懷」。「吾無精力多寫，汝好自做人，宏斯學者，吾不能無望於汝與唐君毅。（裕文亦能自強，可喜。）大事因緣出世，維不當有此念耶？」

　　是年，仍居璧山來鳳驛。梁漱溟常相過從，有一次二人談到甘地，梁慨然有振厲羣俗之意，先生曰：「中國人非印度人之比，仁者孤懷安願，姑以自靖，使後世知今日猶有巨人，延生機於一線，功不唐捐，又何餒焉？」時梁漱溟創辦勉仁中學與勉仁

書院於北碚金剛碑，擬約請先生任主講。

一九四一年（民國三十年），辛巳，五十七歲

　　四月，周封岐資助印行《十力語要》卷二四百部。

　　孟秋，由先生自己翻譯的《新唯識論》（語體文）中卷脫稿。

　　十月，赴北碚勉仁書院，協助梁漱溟主持辦學。初到書院，致書鄧子琴云：「吾自十月初來北碚，精神不寧。冬臘間不卜可起草下卷否。今愈覺思力遲純，老至而衰，心境太不閑靜也」。「吾匆匆已老衰，平生心事付予何人？常中夜念此，不勝危懼」。錢穆來訪，暢談國家大事。

　　冬，居正為先生籌款，擬出版《新唯識論》（語體文本）上、中兩卷。牟宗三自大理來北碚隨侍先生，至次年秋止。

一九四二年（民國三十一年），壬午，五十八歲

　　一月，《新唯識論》（語體文本）上、中兩卷由北碚勉仁書院哲學組出版。書前有〈初印上中卷序言〉，敍成書之經過。「今本已改變原本規劃，不復以量論屬本書組織之內，故命名仍從原來，曰《新唯識論》，而刪去境論之目。量論卽當別之，則境論之名失其所對，不容立故」。《志學》第一期刊載先生為新印語體文本所作的序言。

　　與張東蓀書云：「近翻語體文稿比原本較詳，惜乎顛沛中仍未能盡其所欲言也。誠欲別寫一部《量論》，恐環境益厄，精力日差，終是難寫出也，此可奈何！」

　　夏初，答酈衡叔書曰：「春來精力馳緩，欲寫《新論》下卷，總不得，此衰象也。」又曰：「吾書乃自成一家言，自有體系，非為佛家作概論或歷史也。」

　　六月，由蒙文通主持的四川省立圖書館編輯之《圖書季刊》，

在第二期登載了先生的〈論周官成書年代〉一文。

　　七月，始與浙江大學哲學系教授謝幼偉結文字交。時浙大流徙遵義，謝與張其昀、張蔭麟等主辦《思想與時代》雜誌，從十二期起，連續發表了先生的〈論體相〉、〈論玄學方法〉、〈儒家與墨法〉、〈談生滅〉等文，多爲論學信札。謝幼偉、張其昀亦寫文評介先生之《新唯識論》，登在該雜誌上。

　　十一月，作〈傅以平墓誌〉，重寫〈王漢傳〉。

　　十二月十五日，爲同縣前輩學者萬澍辰老先生的《周易變通解》作序。

　　是年，方東美致長函與先生討論佛學（見其《中國大乘佛學》一書的附錄）。另有致函四件。並作〈熊十力學述評證〉手稿。先生居北碚，居正、陶希聖、郭沫若、賀麟、唐君毅等常相往訪。

一九四三年（民國三十二年），癸未，五十九歲

　　元旦，爲悼念張蔭麟逝世，《思想與時代》出紀念專號。先生發表〈哲學與史學〉的悼念文章。

　　二月二十三日，歐陽竟無逝世於江津，十力專程前往弔唁。

　　三月十日，先生復書呂澂，商內學院事。有云：「師事、法事，一切偏勞，吾感且愧。內院當由足下鼎力主持，無可傍諉。」又附上與梁漱溟信中論及歐陽竟無一生的一段文字（今題爲〈與梁漱溟論宜黃大師〉），從總體上對其師的業績做了評價。這封信中還因涉及到一些佛學根本問題，呂澂於是處不滿於熊氏之說，故復信反駁，由此引發了一場大論辯。雙方往復九次書信，前後達四月之久。

　　春，《新唯識論》（語體文）下卷完成，將上、中卷稍加整

理，合爲一書，待出版。先生自謂：「語體文本寫於川，歷時六年多。移寓已數處，寇機轟炸無虛日。生事復窘束，文字甚無精采。又念後生見聞日與先聖相傳之學遠隔，今欲其通曉，或以重復言之爲好。因胸中有此顧慮，文字益不精檢，反令讀者短趣，不解所說。」又云：「《新論》（文言本）猶融《易》以入佛，至語體本，則宗主在《易》。」

七月，徐復觀始通書問學，拜於先生門下。

八月一日，北京大學校長蔣夢麟自昆明簽署聘書，敦聘先生爲北大文學院教授，聘期一年。先生接到聘書後，因忙於勉仁書院事，而沒有到校任教。《孔學》雜誌第一期發表〈研究孔學宜注重易春秋周禮三經〉一文。

是年，先生在勉仁書院以《易》、《周禮》、《春秋》三經教學生。與侯外廬函辯船山哲學。

一九四四年（民國三十三年），甲申，六十歲

一月，作〈新唯識論全部印行記〉。《哲學評論》八卷五期刊載〈新唯識論問答〉一長文，分兩大部分，一爲「略談有宗唯識論大意」，一爲有關《新論》答辯的信札，共約五萬字。

二月，開始起草《讀經示要》一書。原只欲作一短文答諸生問難，不意寫來感觸漸多而欲罷不能，遂成一大創作。

三月，《新唯識論》（語體文本）上、中、下三卷全一冊由重慶商務印書館出版發行。該書是作爲中國哲學會籌劃的「中國哲學叢書」甲集之第一部著作被推出的。全書共有四卷九章一附錄，約三十二萬字。《哲學評論》八卷六期發表先生的學術通訊三篇，分別題爲〈論性〉、〈說易〉、〈論文〉。

四月，爲居正的《辛亥札記》（又名《梅川日記》）一書作

序，抒發其對武昌首義成功之原因的看法。

五月十七日，爲謝幼偉的《現代哲學名著述評》一書作序。《哲學評論》九卷一期發表學術通信一篇，題爲〈答友人書〉，據馮友蘭先生講，此信是寫給他的。又致徐復觀函，談西哲之共相問題，有云：「而馮君把邏輯上的概念應用到玄學上來，於是分眞際、實際兩界，把理說成離開實際事物而獨存的一種空洞的空架子的世界，此眞是莫名其妙！理又難言了。」這是「今又有的一種謬說」。

七月，《哲學評論》九卷二期發表先生的兩篇學術通信，〈情感與理智〉爲答諸生，〈談郭象注〉爲答一友人。

八月，《三民主義》半月刊五卷三期發表〈與人論執中〉一文。

九月二十八日，函徐復觀云：「近草《讀經示要》，年內不得成。哲學會亦請列入『叢書』。」「郭沫若君卻於此有會心，殊出望外」。又云：「滋養尚未缺，可勿念。聯大之款可敷用。」

十月，爲弟子商議祝壽事函徐復觀，言：「秋原、希獻猶不忘老朽，意自可感，然切勿作何俗舉也。吾是今年老正初生辰，再過數月，即已過六十矣，還說甚六十祝壽耶！」

十一月，《讀經示要》一書的初稿完成。

十二月，《圖書季刊》新五卷四期發表周通旦寫的〈新唯識論（熊十力著）〉一文。《海潮音》刊載劉天行的〈新唯識論述評及質疑〉一文。

是年，爲李西屏的《辛亥武昌首義紀事》一書作序。曾與居正、陶希聖、陶鈞等有籌組中國哲學研究所之議，並略做準備，但終未成。謝幼偉作〈抗戰七年來之哲學〉一文，特別推重熊十

力的《新唯識論》（44年商務版）、賀麟的《近代唯心論簡釋》（42年獨立版）、章士釗的《邏輯指要》（43年時代精神版）三書，其次是馮友蘭的《新理學》（39年商務版）、金岳霖的《論道》（40年商務版）和沈有鼎的〈意指分析〉（發表在44年的《哲學評論》上）。認為這是抗戰期間哲學界最有價值的學術成果，「可以說是中國哲學的新生」，「不論在那一方面，都顯示特殊的色彩」。

一九四五年（民國三十四年），乙酉，六十一歲

二月，致王星賢一信，回憶舊時任教南開時與孫穎川交往的事情。《文教叢刊》第一期發表王恩洋的〈評新唯識論者之思想〉一長文。《文化先鋒》四卷二十期發表周通旦的〈熊十力先生哲學釋疑〉一文。

四月，《建國導報》一卷十一期發表賀麟的〈陸王之學的新發展〉一文，評介馬一浮、熊十力二人的學術思想。

五月，《圖書季刊》六期登載了〈重印萬澍辰《周易變通解》序〉。

七月十三日，於北碚火焰山麓中國哲學研究所籌備處為《讀經示要》作〈自序〉一篇。

九月，《中國文化》第一期發表〈論漢學〉一文。《三民主義》半月刊七卷一期登載了黎溪玄的〈記熊十力先生自述〉。

十二月，《三民主義》半月刊七卷八期發表〈說食〉一文。《哲學評論》九卷四期發表周通旦的〈讀新唯識論〉。

冬，《讀經示要》作為「中國哲學叢書」甲集之三，由重慶南方書店印行。先生與謝幼偉書云：「《示要》一書，不僅解決讀經問題，而實於秦漢以來二三千年間，為學術思想界開一新路

向。惜乎衰亡之世，士人習於浮淺混亂，無足語斯事者。」

一九四六年（民國三十五年），丙戌，六十二歲

　　春，由重慶返回漢口，住保元里十二號王孟蓀先生家。上書建議湖北省當局爲辛亥先烈王漢、何自新、劉敬庵等立祠。武大敎授黃焯、劉博平、汪奠基等常相訪。

　　四月二十四日，由漢口到達北平，仍回北京大學敎書。

　　五月，函黃焯，爲小女再光借讀武大事相商。又商量爲實業家朱奪民作墓誌銘事。

　　六月，《中國文化》第二期發表先生的兩封信札，一爲〈與陶闓士書〉，一爲〈示菩兒〉。徐復觀將《讀經示要》呈送蔣介石，蔣令何應欽撥款法幣二百萬元資助先生辦研究所。先生深責徐，謂：「當局如爲國家培元氣，最好任我自安其素，我所欲爲，不必由當局以財力扶持，但勿干涉，即是消極扶持。倘眞有意，主持正當辦法，則毋寧由敎部以國立方式行之，如中央研究院，專爲國家學府，則無所不可。」並強調研究所已不辦，「何公款切須退」。後來據說這筆錢是轉贈給內學院才了事。

　　是年，孫穎川在樂山五通橋主持黃海化學社，特邀請先生重新回蜀負責附設哲學研究部的工作。八月，《黃海化學社附設哲學研究部特刊》載先生兩萬餘言的講詞（該講詞曾以〈中國哲學與西洋科學〉爲題在某報分九次連載）。在川，囑王星賢整理抗戰期間的信函短札，成《十力語要》卷三。

一九四七年（民國三十六年），丁亥，六十三歲

　　春，由重慶乘船東下，然後北上返回北京大學。先後住孑民堂後院集體宿舍和沙灘松公府宿舍。在北大與胡先驌校長談學術與養才問題。建議北大設哲學研究所。

三月，上海商務印書館重印《新唯識論》（語體文本），與44年重慶版完全相同。作〈增訂十力語要緣起〉一文，敍述《十力語要》二、三卷輯成的過程。《歷史與文化》第二期發表敖英賢的〈與熊十力先生書〉。

四月，接受美國康乃爾大學教授柏特的訪問，並出席中國哲學會爲歡迎柏特所舉行的會議。時殷海光就讀於北庠，曾聽過先生的講課。

五月，北大五十校慶，先生作〈紀念北大五十年校慶並爲林宰平七十大壽祝嘏〉一文。《學原》一卷一期發表先生的論學三書：〈與薛星奎〉、〈答劉公純〉、〈答周生〉。

六月，《學原》一卷二期發表〈答牟宗三問格物致知書〉。《哲學評論》十卷五期發表〈與柏特教授論哲學之綜合書〉。《龍門》一卷四期發表〈論關老之學書〉和葉華的〈覆熊十力先生書〉。《東方與西方》一卷三期亦同時發表了〈論關尹與老子〉一文。

七月，暑假閱讀《大智度論》，開始寫作《讀智論抄》。《東方與西方》一卷四期發表〈讀智論偶抄〉。《龍門》一卷五期發表〈論湖湘諸老之學書〉和〈論治學不當囿於一孔書〉兩短文。

八月，《學原》一卷四期發表〈略說中西文化〉。《哲學評論》十卷六期發表〈論本體書與說理書〉。《龍門》一卷六期發表〈讀汪大紳繩苟〉。致函徐復觀與牟宗三，囑《學原》上所發表的文章每次寄呂澂一份。又言武大曾請他回鄂任教，只是房子事不遂意而作罷。「秋後，吾乃不能裘與向火，當南回」。

九月，《世間解》第三期開始連載〈讀智論抄〉，直到次年

元月的第七期爲止。由北平抵上海，住朱惠清家，與子世菩及學生徐復觀、牟宗三等合影。隨後，返江西德安。

十月，湖北省主席萬耀煌等撥款印行「十力叢書」，由學生劉虎生、杜則堯、黃焯、柯樹屏等具體負責籌劃。先後印行了《新唯識論》（語體文本）和《十力語要》（四卷本）線裝四册各一千部。《學原》一卷六期發表〈與友論新唯識論〉。《世間解》第四期發表子韜的〈讀「讀智論抄」〉。

十一月，《中國建設》五卷二期發表杜國庠的〈略論「新唯識論」的本體論〉一文。

十二月，《世間解》第六期發表廢名的短文〈體與用〉。《浙江學報》一卷二期發表謝幼偉的〈評熊十力著《讀經示要》〉。

是年，上海生活書店出版的周谷城《中國史學之進化》一書中收錄了〈評熊十力氏之《新唯識論》〉一文。勝利出版公司出版的賀麟著《當代中國哲學》和正中書局出版的謝幼偉著《現代哲學名著述評》，分別評價了熊十力哲學。

一九四八年（民國三十七年），戊子，六十四歲

二月，應聘到浙江大學講學。張其昀、鄭石君、謝幼偉等合資爲先生築一小舍，先生命名之爲「漆園」，亦自始間用「漆園老人」號。

五月，《學原》一卷十二期發表〈論事物之理與天理：答徐復觀〉；二卷一期發表〈略談新論旨要〉（答牟宗三）。

六月，徐復觀商諸正中書局吳俊升，擬將《讀經示要》重印，並作〈讀經示要印行記〉一篇。先生收安陸池師周之四女池際安爲嗣女，並作〈命仲女承二姓記〉，曰：「何幸得仲女爲吾子！學漸伏老，傳經無待於男；道愧龐公，聞法居然有女。」際

安易姓名爲熊池生，字仲光，

七月十三日，致函胡適，附上〈讀譚子《化書》〉一篇，望予以發表。

九月，爲《讀經示要》重版事，專程由杭州赴上海一趟，並往復旦小住數日。月底又分別函吳俊升、徐復觀，催促印書。

秋，假黃艮庸之名作〈新論平章儒佛諸大問題之申述〉一文，對印順法師的〈評熊十力的新唯識論〉文「逐條辯析」，予以反駁。是時，先生有離杭之意，與朱生書曰：「吾昔居杭，雖覺氣候不佳，而因年力猶盛，未知所苦。今茲重游，頗不耐熱，悶與卑濕，極感疲困，不可支。南海之游當期秋後。今之世局，離各大學無可樓，而任何大學都無可與語，此苦事也。」

十月，《學原》二卷六期發表〈漆園記〉，該文八月中旬寫於浙大。

十一月，由浙大回湖北老家。致書劉公純等，言：「粵中先說來接，今情勢如此急，當不能來。」

冬，答朱進之函云：「吾南還，匆匆一月。家居擾攘不寧，精神散亂，老來歲月，如此虛度，惶懼可知。頃率池生來黃州赤壁寺中，⋯⋯余坐臥讀書於危樓之上，俯瞰大江東去，眞乃海濶天空，西湖無此勝地。故鄉風月宜人，冬暖如春，早起江岸緩步，生趣油然。病軀得此，樂可知矣。自平同來者老友伍庸伯先生亦於茲共處，可謂不孤。」

一九四九年（民國三十八年），己丑，六十五歲

一月十五日，輯成《十力語要初續》，並另卷首語，謂：「余已衰年，而際明夷之運，懷老聃絕學之憂，有羅什哀鸞之感，間不得已而有語，其誰肯聞之而不拒，奚以存爲！」是月，携熊

池生至廣州，住番禺化龍鄉黃艮庸家，時黃艮庸在中山大學任教，不常回來。先生與小女再光、嗣女仲光獨居此處，與外界隔絕（因距廣州有四十多里路，交通又不便），頗感寂寞。

二月，《讀經示要》由正中書局重版發行，線裝三卷三冊。致函張其昀，言繼《新論》、《量論》之後，欲爲《化道》一書，「以儒家思想爲主，參以法墨道農諸子，西洋思想亦當和會，以求至當，備將來人類之需，非爲目前作計」。又云：「南來本緣艮庸約商農場爲休老計，到此覺氣候不適。不久當回故鄉，或入川中依舊好，以度餘年。」

三月，《學原》二卷第十一、十二期合編發表〈環繞「新唯識論」的儒佛諸問題〉一文，署名黃艮庸，實爲先生去歲秋末所作（按，這期雜誌當時已發排，但最後是否印出尚難確證）。函徐復觀，言：「復旦飛函阻吾行，想供給無法。」又作〈徐復觀名字說〉，囑將此文登報，並寄如下諸人：臺大沈剛伯、殷福生，勉仁中學雲頌天，浙大張曉峰、鄭石君，杭州廣化寺體元法師，交張立民轉馬一浮，燕大張東蓀，清華任繼愈，川大教務長葉石蓀，希聖、北海，廈大羅志甫。函王世高，言：「吾急欲回滬，恐也難；欲回鄂，又怕車遇險。」

四月，熊池生編定《困學記》。先生極想去復旦，函徐復觀商量。寫信給留美的韓裕文和柏特教授。

五月，陳應耀請先生爲陳白沙五百二十年紀念之文集作一文，先生因體氣不佳，遂授意仲光寫出。

六月，徐復觀籌劃擬將《十力語要初續》在香港出版。先生函告徐復觀，北碚老友盧子英與勉仁中學想請他入川。又函告殷

海光:「方東美先生來信，云汝事曾有人向校長推薦過，委實無缺候，將來留意云云」。

七月，《暢流》二十一卷十期發表敬園的〈談熊十力與馬一浮〉一文。先生與友人書曰:「力來此，匆匆踰半年。頗不耐熱悶潮濕之苦，春間屢欲往滬，而滬友皆以戰事難免爲阻，故尚滯此間。入夏以來，恒覺熱悶，令人疲困，不得歛其氣而凝其神。用思不能，觀書亦不得。……鄉居言語多不通，艮庸敎於中大，不便常聚。吾日危坐一樓，如老僧入定。兼以氣候苦人，此心每爲境緣所逼，不獲自在。」

八月，與徐復觀、牟宗三、程兆熊、張其昀等人通信聯繫，有赴臺、入川、去印度講學等等動議，但均未實現。

九月，將《語要初續》和《韓非子評論》寄給張丕介和徐復觀，「千懇萬懇立卽馬上付印」。並囑將仲光的《困學記》附在《語要初續》的後面。函告張丕介、徐復觀、胡秋原、唐君毅等，他決意不去臺灣了。在給唐君毅和錢穆的信中，盛贊曾、胡、李、左，而大罵康、梁、吳稚暉、胡適等名士。

十月，董必武與郭沫若聯名打電報給先生，邀其北上。

十二月，《十力語要初續》由香港東昇印務局承印出版。

一九五〇年，庚寅，六十六歲

一月，〈韓非子評論〉在《學原》(已搬至香港)三卷一期上發表。是月下旬，先生由廣州回到武漢。二十八日，董必武致書先生云:「兄所提不作官，能講學，路上要人扶持等，都容易辦，只有找坐北向南房子一事，至今尚未弄妥。非敢緩也，求之實難。」勸熊先生讓仲光出來工作，學一種技能，解決吃飯問題。

又告訴北上車票已請李先念照顧解決。三十日，函黃煒，言「吾因住處煩雜（三家人，小孩又多），來人又時時有之」，故不能靜心看書。

二月，董必武爲先生親租定北京安定門內車輦店胡同五十一號房，房主爲周劉氏，房面南，租金若干擔米。

三月七日，郭沫若致函先生，告訴房子已找好，「已備車票，並電示行期」。是月，由武漢到北京定居。

六月十七日，搬到西城大覺胡同十二號居住，一切用品均由政府安排配置，工資按當時最高標準訂爲八百斤小米。老友董必武、徐特立、李四光、郭沫若，以及梁漱溟、林宰平、張申府、伍庸伯、賀麟、馮文炳等，常來探訪，論學甚密。

夏，在一書攤上偶得《江陵集》，「展讀一過，大有感攝」，遂略述所觸，寫成若干條。

十月，《中國一週》（臺）第五九九期發表周開慶的〈懷熊十力先生〉一文。

仲秋，撰成《與友人論張江陵》一書。「此小册子，本是與友人傅治薌談張江陵之一封信。初無意求多，而寫來不覺漫衍，遂題曰：《與友人論張江陵》。由幾人集資印出二百部，「以便保存」，全書約六萬言，作爲「十力叢書」之一種問世。

十一月，《摧惑顯宗記》由大衆書局幫助出版，印二百部。

是年，與梁漱溟一信，就其《中國文化要義》一書中的某些觀點提出商榷。

一九五一年，辛卯，六十七歲

二月，與董必武晤面，欲談六經。「彼適煩冗，吾弗獲言，退而修函」。「及寫至《周官》，念向來疑此經最多，故今抉擇之

較詳」，遂成一長文，名《與友人論六經》。

五月，《論六經》寫畢，商諸大衆書局郭大中、萬鴻年，印二百餘部，作爲「十力叢書」之一種存之。連寫兩信給梁漱溟，針對《中國文化要義》所述問題展開討論。

六月三十日，致函蒙文通，望能幫助勸銷近兩年所著各書。又言及近況：「吾在此常年常日不出門，亦無人往來。老學生只二三人時一過。」宰平住和內，相距太遠，「漱溟、東蓀不常到此，意思亦不盡同。此外更無相面者。自昭還相面，等是性情人。北大哲系學生有九人之譜，每星期日來授《新論》一次，然往往因開會遊行，不能不多曠缺」。

八月二十日，劉靜窗由張遵驄引介，始與先生通信論學。

十二月十八日，函劉靜窗謂：「吾神經衰，最怕火，又怕多衣，故冬來全不能看書與運思，日夕難過。古人言度日如年，眞有此味。數日前，曾發頭昏倒地一次。」

是年，致書林伯渠、董必武、郭沫若，言：「共和已二年，文教方針宜審愼周詳，學術空氣之提振，更不可緩。余以爲馬列主義畢竟宜中國化，而於中國固有之學術思想，似亦不能謂其無關係」。「中國文化，在大地上自爲一種體系。晚周學術復興運動，此時縱不能作，而搜求晚周墜緒，存其種子，則萬不可無此一段工夫。中國五千年文化，不可不自愛惜」。並建議：「政府必須規設中國哲學研究所，培養舊學人才」。學者在政治上必須和新制度保持一致，「不得違反」；但在學術上可以自述己見，發揮特長，開展有益的批評，「不當持實用之觀點以苛求之」。「馬列主義，研究生必須自習」。另建議恢復南京內學院，由呂秋逸主持；對杭州馬一浮主持的智林圖書館，「酌予資助其刻書事業；

恢復梁漱溟主辦的勉仁書院」。「予確信全世界反帝成功後，孔子六經之道當爲爾時人類所急切需要，吾願政府注意培育種子」。

一九五二年，壬辰，六十八歲

中秋，作〈新唯識論語體文本壬辰刪定記〉，言：「去臘迄今，乃從事刪改。雖文筆粗陋猶昔，然刪削約三分去二，或較前易醒目也。」述思想演變過程及《新論》創作的幾個階段。

十月三十一日，函劉靜窗謂：「近移居北京十刹海鼓樓大金絲套十三號」。又「《新論》文字寫於川，極不好。近刪改，而文旨無易」。

冬，作〈節錄印存上中卷初稿記〉，言《新論》刪削過程：「老來殊少嘉趣，頗難暢意。復爲撙節印費計，時有新悟，亦不增加，但依原本削其煩蕪而已。此書只印二百部，聊待來賢」。

一九五三年，癸巳，六十九歲

中秋，爲刪節本《新唯識論》寫一贅語，云：「此書排版方竣，頗欲補作一序。適患頭暈，不可支，未得寫長篇文字。」只以數語揭其綱要。言：「余平生之學，頗涉諸宗，卒歸本《大易》。七十年來所悟、所見、所信、所守在玆。今衰矣，無復進境，聊存此書，爲將來批判舊學者供一參考資料。」

十月二十三日，函劉靜窗，有不願再居京而意赴滬之打算。

冬，《新唯識論》（刪簡本）由董必武等協助印行。是書線裝一册，仍分上、中、下三卷，計九章，另有附錄一篇，約十九萬字。十二月八日，先生將一册贈予北大圖書館保存。

是年，在這之前因仲光隨齊白石學畫，先生得以與齊結識，常相過從。據說齊很欣賞先生的字，稱「妙不可言」。齊老九十大壽，先生作壽文一篇相賀，齊亦畫一幅中堂作爲答贈。馬一浮

贈詩一首，賀先生七十壽辰，詩云：「孤山蕭寺憶談玄，雲臥林棲各暮年。懸解終須千歲後，生朝長占一春先。天機自發高文在，權教還依世諦傳。利海花光應似舊，可能重泛聖湖船！」陳榮捷著《現代中國宗教之趨勢》由美國哥倫比亞大學出版，該書共六章，其中「知識分子之宗教」一章詳述了熊十力的「新唯識論」，這是熊氏第一次被介紹到西方。

一九五四年，甲午，七十歲

春，開始起草《原儒》之上卷。並提請董必武幫助印刷是書。

七月，《新思潮》（臺）三十九期發表牟宗三的〈現時中國之宗教趨勢〉一文，對環繞「新唯識論」所展開的現代儒佛之爭給予評論。

中秋，《原儒》上卷脫稿。先生要求到滬依兒居住，獲准。

十月二十九日，由劉公純、周朋初陪同，從北京抵上海，相依於子世菩生活，居閘北青雲路169弄91號。

十一月三日，劉靜窗始謁先生問學。此後的七八年間，二人來往頗頻繁。

十二月十五日，致書郭沫若，言：「力出京前，曾肅函上陳毛主席，附及哲學研究所事。略云：社會所需，物質與文化同等重要。力腐儒也，平生致力於文化學術方面。頃到暮年，所注意獨在此。竊幸五年之間國基大定，世界局面隨之轉變，大地人類心理皆仰注於中夏，發揚學術自不容緩。科學院尚未成立，哲學研究所似宜及時創辦。」就中國文化的特質、唯心唯物之辯和如何開展哲學研究工作，提出自己的見解和建議。二十二日，致書

林宰平和黃艮庸，言：「回滬以來，不奈諸孫煩擾何。偶取秋逸〈佛家辯證法〉一文（見《現代佛學》54年一期），匆匆一看，頗有未安」，遂在信中一一駁正。

是年，回滬後，爲看病方便計，由劉靜窗介紹與中醫程門雪相識，常請程爲之診病，先生認爲程「主方甚平穩」。

一九五五年，乙未，七十一歲

二月，將抄校好的《原儒》上卷寄往科學出版社排印。由市統戰部安排到華東醫院檢查身體，並由名醫主診。劉靜窗喪父，先生奉寄奠儀十萬元，「用表敬意」。

春，作〈哀文〉（後收入唐玉虹的《懷珊集》）。

四月二十二日，致書林宰平，謂：「回京四年間所出三、四種小册，皆太隨便。都是偶爾發興，皆不從大體與宏綱處着力。而《原儒》卻是游心千古、極目八荒而爲之，規模確宏遠。」又論及馬一浮和梁漱溟二人的學術。

五月，《原儒》上卷由科學出版社印存一百部。月初，致函劉靜窗云：「四月，病一整個月。先感冒，中間腸胃，後痰與鼻涕帶血，最後上齒根肉腫，作膿而外流，猶未全好也。此房子低淺不可住。找房子太難。」

六月十七日，函劉靜窗云：「覓房數月無結果。爾後欲赴杭，一晤湛翁，兼詢杭可謀宅否。鍾先生亦擬往看痼疾。往返當以三日爲限」。

七月，《暢流》（臺）三十三卷十一期發表了王化棠的〈談熊十力〉。

夏，作〈六經是孔子晚年定論〉一長文（後作爲附錄收入《原儒》下卷）。

十月，開始起草《原儒》下卷。因上海覓房不易，又有回北京的念頭，後爲家人所阻。

一九五六年，丙申，七十二歲

二月四日，作爲特邀代表赴京列席全國政協會議，與梁漱溟、張難先、馬一浮、呂澂等老友會面。這次會上獲增補爲第二屆全國政協委員。並與董必武、郭沫若談妥，繼續幫助印存《原儒》的下卷。

三月十四日，陳毅復信先生，並派市府秘書長管易文出面爲先生安排一所房子，以便休養和寫作。

四月，《湖北文獻》（臺）第三期發表李霜青的〈一代大儒黃岡熊十力思想研究〉一文。

夏初，《原儒》下卷脫稿，交由科學出版社幫助印刷。

六月，在《哲學研究》第三期的「百家爭鳴筆談」欄發表〈談「百家爭鳴」〉一短文。十四日，搬到淮海中路二○六八號小洋樓二層居住，房子寬敞，花園頗大，「日夜有清涼風」，先生甚喜。劉公純陪侍在側，做先生的助手。

初秋，《原儒》下卷印存一百部。

十月二十六日，開始刪改《佛家名相通釋》一書。惜這項工作只完成了正文前的「撰述大意」和卷上的第一個辭條「法」，餘皆未獲繼續。主要是因爲「秋後發病，冬臘甚危」，不得不停止。

十二月，《原儒》上、下兩卷線裝二冊，由上海龍門聯合書局正式出版發行。全書含〈原學統〉、〈原外王〉、〈原內聖〉三大部分，共三十二萬字，印數達五千冊。

是年，北京大學評定先生爲一級教授，月薪三百四十五元，

由任繼愈負責每月領寄。

一九五七年，丁酉，七十三歲

春，爲辛亥至友何自新之夫人作墓誌。

六月二十五日，致林宰平明信片云：「韓君不善細字，寫不了。須封君。」按，是年先生大病，身體奇差，盡全力完成《體用論》一書。時由韓元慬陪侍，而韓不善抄寫，後來《體用論》、《乾坤衍》、《存齋隨筆》三書均是由封用拙工筆抄錄的。

冬，《體用論》脫稿，原擬續寫「明心章」，因病加劇而輟筆。作〈唐世佛學舊派反對玄奘之暗潮〉一文。

一九五八年，戊戌，七十四歲

四月，《體用論》由上海龍門聯合書局石印出版，印存二百部。十三日，北大通知先生，解除他的教授名義，保留原薪，轉由上海市政協發給。

五月，開始起草《明心篇》（即《體用論》的末章，未及寫完者）。

七月二十二日，致函林宰平和梁漱溟，言及近草《明心篇》的情況。就該著之名徵詢林的意見。「擬爲三章，第一章已成五十頁，尙未完」。

十一月，《明心篇》完稿，交書局商印。

十二月二十四日，函劉靜窗云：「患重感冒多日，失眠四、五日後，昨夕至今晨猶然。現只腸胃未好，涕、饞、口水，從上床到起床時，天天不了耳。」

是年，給黃岡家鄉人寫信，讓他們勿浪費糧食，把糙米和米糠留下來備荒。

一九五九年，己亥，七十五歲

一月二十二日，函劉靜窗謂：「今晨得京社來函，書已寄此間辦事處，但紙張以節約之故，須用報紙，不能如前，此亦當然。」

四月，爲劉靜窗之父作一小傳。赴京出席三屆政協一次會議。《明心篇》由上海龍門聯合書局出版，共十五萬字，印存二百部。

六月十三日，赴科技圖書館晤會任鴻雋。

夏，開始起草《乾坤衍》。不久即病發，寫作艱難。

是年，〈唐世佛學舊派反對玄奘之暗潮〉一文收入了科學出版社出版的《中國哲學史論文初集》之中。

一九六〇年，庚子，七十六歲

二月，在住所中煤氣，悶絕一次，經搶救方脫險。但至此後，神經衰弱復加劇，腦神經和眼神經都怕受刺激。

三月九日，函劉靜窗云：「醫院房子皆滿，須與人共房，吾神經要空氣，又咳嗽，於人不便，故不住院也。」姪子逝於德安，先生作祭文。

五月，《讀經示要》由臺北廣文書局重印出版。

是年，以極大毅力抱病寫作《乾坤衍》。

一九六一年，辛丑，七十七歲

一月，《乾坤衍》完稿，寄交科學出版社待印。

二月，先生寄劉靜窗之明信片有詩云：「衰年血氣虧殘盡，斗室橫床已活埋，人生小己何堪執，於小見大遷不遷。生生不住悟眞常，宇宙那有寂靈界。」

三月，作〈記陳營長癸丑德安就義事〉一文，紀念黃岡人陳博平反袁事跡。

六月，致書郭沫若，就《乾坤衍》遲遲未印，甚有責怪，一度生氣欲抽回書稿。後郭回函說明原委。

夏，梁漱溟在海拉爾避暑，編成《熊著選粹》一冊。

秋，《乾坤衍》幾經波折，總算由科學出版社石印出一百餘部。

十一月，梁漱溟作〈讀熊著各書書後〉一長文，約三萬餘字，未發表（按，該文及《熊著選粹》已編入《勉仁齋讀書錄》，人民日報出版社，1988 年 6 月版，第 87—184 頁）。

十二月，《佛家名相通釋》由臺北廣文書局重印出版。

一九六二年，壬寅，七十八歲

一月，《新唯識論》（語體文本）由臺北廣文書局重印出版。

四月，劉靜窗病故，先生親往弔唁。隨後又寫信勉勵靜窗之子。

六月，《十力語要》由臺北廣文書局重印出版。

七月十五日，函王星賢云：「唯年來氣候反常，今歲三春至孟夏，冷得反常，最近熱得反常，老人受不了。」又言中國確無政治思想之書。

十月，赴京出席全國政協會議，董必武等到下榻之民族飯店探望，欵談甚歡。董老與先生合影留念，並書贈條幅，錄傅青主論書法語，以喻先生之崇高品格。

一九六三年，癸卯，七十九歲

一月，開始起草《存齋隨筆》，先寫「略釋十二緣生」一節。於春節作〈自序〉一篇。

十月，《傳記文學》（臺）三卷一期發表居浩然的〈熊十力先生剪影〉一文。

夏，上海奇熱，先生居樓如火宅，汗下如雨，艱難寫作《存齋隨筆》。

秋冬之交，先生自記語：「秋盡冬來，余不堪提筆。近五年中，常為險病所危，精氣虧竭，解悟視從前不必弱，而記憶力大減，寫文辭極窘。余年七十，始來海上，孑然一老，小樓面壁，忽逾十祀，絕無問學之青年，亦鮮有客至。衰年之苦，莫大於孤。五年以前，余猶積義以自富，積健以自強，不必有孤感也。大病以來，年日衰，病日雜，余興趣悉盡矣。」又言：「今年春夏寫此稿，甚苦氣候反常，精力虧竭，或半月不可寫出百餘字。時有要義，未能連日寫完……。」

十二月，《存齋隨筆》完稿。為〈自序〉作一補記，言是書「原擬為語錄體。今第一卷寫成，閱者皆謂當為專著，不應納入隨筆中。余仍列入隨筆中，為正篇。向後，或多有短文，可滙集為雜篇，以次分卷。雜文及語錄有可存者，不妨以外篇名之，亦納入隨筆中」。書稿由封用拙膽正，準備付印，但未果。

冬，為仲光題寫一扇面，錄王民語以勉之。

是年，陳榮捷編譯之《中國哲學資料書》由美國普林斯頓大學出版部印行，其中第四十三章為熊十力的新儒學。

一九六四年，甲辰，八十歲

春夏之交，大病，住華東醫院。

十二月，赴京出席四屆政協一次會議，並列席全國人大三屆一次會議。

一九六五年，乙巳，八十一歲

一月，七日由京返抵上海，九日致書董必武，十六日董老復信，推薦《實踐論》、《矛盾論》、《費爾巴哈和德國古典哲學

的終結》三小冊子給先生閱讀，並言：「兄治哲學之背景，不僅弟理解，吾黨之士亦多能理解也。」

八月，作〈先世述要〉，未完稿。習傳裕赴滬看望先生，先生與之談「權力」，認爲權力卽羣力。批呂政、反美帝；批判封建專制，倡天下大公。香港《人生》雜志發表霍韜晦的〈熊十力先生與新唯識論〉一文。

一九六六年，丙午，八十二歲

文革爆發，天下大亂，先生身心俱受摧殘，被誣蔑爲「反動學術權威」。淮海中路寓所被附近中學的紅衞兵查抄，先生亦被勒令搬出，只得回青雲路與家人同住。此一、二年間，先生病老交瘁，心境悲涼，但求速去。

一九六八年，戊申，八十四歲

春夏之交，先生患肺炎住虹口醫院，病漸癒，乃返家養息。

五月二十四日，清晨開窗受涼，心力衰竭，於九時許與世長辭。

七月十四日，香港新亞書院與東方人文學會聯合爲先生舉行追悼會，新亞校長吳俊升主祭，唐君毅、牟宗三報告先生之生平與學術。香港華僑日報發表徐復觀的〈悼念熊十力先生〉一文。

八月，《傳記文學》（臺）十五卷二期發表居浩然的〈熊十力先生像贊〉。

十二月，臺灣佛教界人士朱世龍撰寫了〈評熊十力哲學〉一文，提交松山寺附設佛學研究會第八次月會討論。十五日，該會以「評熊十力哲學」爲主題舉行討論會，除朱居士外，發言的還有道安法師、黃公偉、程文熙等。

是年，《大英百科全書》新版收入了由哈米頓博士撰寫的熊

十力專條。

　　一九七一年五月，先生夫人韓齔光逝世；九月，先生和夫人
的骨灰被送回黃岡故里安葬。

後　記

　　熊十力哲學為國內學術界所重視和獲得較高的聲望還是近幾
年的事。記得十年前我在北大讀本科時，同宿舍的龔繼遂君從校
圖書館借來了一部線裝本的《新唯識論》，我們粗粗地翻閱了一
下，都覺得艱深難懂，遂未細看，擱置在一邊很久。這是我第一
次接觸到熊先生的著作。當時，同班同學中十有八九都不知道在
現代中國還有熊十力這個人，有一二略識者，也是從《辭海》的
條目上查到的。念哲學系的尚且如此，一般人就更可想而知了。
現在回想起來，那時的情景真是可憐，也很可悲！

　　一九八三年，國內哲學史界掀起了研究中國哲學範疇的熱
潮。對此，本人亦興趣頗濃，欲選定體用範疇作為我碩士學位論
文的研究課題，導師湯一介先生遂推薦了《體用論》一書供我閱
讀參考。沒想到，熊先生的這部著作深深地吸引了我，並且由此
激發了我研究熊十力哲學的強烈志趣，由《體用論》，繼爾《十
力語要》、《新唯識論》……，一本本讀來，興味無窮，覺得自
己進入了一個博大而宏富的哲人心靈的世界。後來便乾脆放棄了
作範疇研究的打算，專心致志地研究起熊十力來。當時的研究工
作，因為原始資料缺乏，亦無前人的路徑可循，故做起來有諸多
困難。在兩年多的時間裏，我一邊搜集整理熊先生的遺著、書
信、年譜資料等，參加《熊十力論著集》的編校工作；一邊摸索
著探究他所構築的那奇特而瑰麗的哲學宮殿。最後，在湯一介先

生的悉心指導下，順利完成了四萬餘字的碩士學位論文：〈試論熊十力的體用觀〉。

　　南來深大任教後，因課務繁重，研究工作時斷時續，使早有規劃的熊十力研究專著遲遲不能了結，常感愧悚。荏苒五載，現利用課餘時間，搜求未竟，綴補新章，幾經努力，終於完成了這部書稿。

　　拙作付梓之際，我首先想到的是我的導師湯一介先生，多年來，他為我的學業付出了極大的心血。假如沒有他的不斷鼓勵和鞭策，這本書也是難以完成的。我的老師張岱年、朱伯崑、鄧艾民、樓宇烈、許抗生等諸位先生，多年來耳提面命，諄諄善誘，益我神智，終身難忘。共同參加編校《熊十力論著集》的蕭萐夫、王守常、郭齊勇諸師友，或示教，或切磋，對我的幫助也很大。在搜集整理資料的過程中，熊先生的故交弟子及其家屬，如梁漱溟、石峻、周輔成、林庚、王星賢、張遵驑、李景賢、田慕周、潘雨廷、熊世菩夫婦、熊幼光夫婦、熊仲光等一大批先生，都對我的研究工作給予了熱忱的支持和幫助。所有這一切，都是我要深深表示感謝的。

　　本書的四、五兩章是在我的碩士學位論文的基礎上，經過大幅修改增補而成的，其餘各章皆為新作。附錄一「熊十力小傳」，曾以涇源筆名發表在《中國文化與中國哲學》一九八六年創刊號上。因本書未立專章敍述熊十力的生平，為便利讀者計，特將此傳作為附錄收入書後，以供參照。附錄二「著作考述」，曾以〈熊十力先生論著考略〉為題發表在《中國哲學史研究》一九八六年第二期上，是與王守常先生合作的，由我執筆。此次收入，又作了大的修正和增補。附錄三「學行年表」，主要以我本人搜集的

材料為主，在寫作時亦參考了郭齊勇先生的《熊十力與中國傳統
文化》（香港天地圖書公司，1988 年版）和蔡仁厚先生的《熊
十力先生學行年表》（臺北明文書局，1987 年版），特此致謝。
限於篇幅，我手上所掌握的大量背景資料和原始材料基本未著錄
於年表之上，這裏只是作了一個簡略的編年。待諸時日，等搜求
的資料更加完備，當勉力為熊先生作一翔實的年譜，是所願矣。

　　最後，對叢書的主編傅偉勳教授和韋政通教授，以及東大圖
書公司，特表示衷心的感謝，如果沒有他們的慧識和相助，拙作
是難以在臺與廣大讀者見面的。

作　　者

一九九〇年十二月於深圳粵海門

參 考 書 目

熊十力： 《心書》，1918年，自印本，北京大學圖書館藏。

《唯識學概論》，1923年，北京大學講義本。

《唯識學概論》，1926年，北京大學印本。

《因明大疏刪注》，1926年，上海商務印書館印本。

《唯識論》，1930年，公孚印刷所印本。

《尊聞錄》，1930年，自印本。

《新唯識論》（文言本），1932年，浙江省立圖書館印本。

《破破新唯識論》，1933，北京大學出版部印本。

《十力論學語輯略》，1935年，北京出版社印本。

《佛家名相通釋》，1937年，北京大學出版組印本。

《中國歷史講話》，1939年，石印本。

《新唯識論》（語體文本），1944年，重慶商務印書館印本。

《讀經示要》，1949年，上海正中書局重印本。

《十力語要》（四卷本），1948年，湖北「十力叢書」印本。

《十力語要初續》，1949年，香港東升印務局印本。

〈韓非子評論〉，1950年，《學原》（香港）三卷一期。

《摧惑顯宗記》，1950年，自印本。

《與友人論張江陵》，1950年，自印本。

《論六經》，1951年，自印本。

《新唯識論》（刪簡本），1953年，自印本。

《原儒》，1956年，上海龍門聯合書局印本。

《體用論》，1958年，上海龍門聯合書局印本。

《明心篇》，1959年，上海龍門聯合書局印本。

《乾坤衍》，1961年，自印本。

《存齋隨筆》，1963年，未刊手抄稿本。

〈先世述要〉，1980年，《明報》（香港）八月號。

《熊十力論著集之一：新唯識論》，1985年，北京中華書局。

劉述先編：《熊十力與劉靜窗論學書簡》，1984年，臺北時報文化出版公司。

黃岡政協編：《回憶熊十力》，1989年，湖北人民出版社。

《玄圃論學集》（熊十力百年誕辰紀念文集），1990年，北京三聯書店。

郭齊勇：《熊十力與中國傳統文化》，1988年，香港天地圖書公司。

蔡仁厚：《熊十力先生學行年表》，1987年，臺北明文書局。

李霜青：〈熊十力〉（載《中國歷代思想家》第十冊，1977 年，臺北商務印書館。）

杜維明：〈探究眞實的存在——略論熊十力〉（載《近代中國思想人物論——保守主義》，1982年，臺北時報出版公司。）

錢穆：《八十憶雙親・師友雜憶》，1986年，長沙岳麓書社。

《黃岡文史資料》（第一輯），1985年，黃岡政協文史資料委員會編印。

賀覺非：《辛亥武昌首義人物傳》，1982年，北京中華書局。

馮契主編：《中國近代哲學史》（下冊），1989年，上海人民出版社。

袁偉時：《中國現代哲學史稿》（上卷），1987年，中山大學出版社。

張岱年：《中國哲學大綱》，1982年，北京中國社會科學出版社。

《中國古典哲學概念範疇要論》，1989年，北京中國社會科學出版社。

林毓生：《中國意識的危機》，1986年，貴州人民出版社。

《中國傳統的創造性轉化》，1988年，北京三聯書店。

李澤厚：《中國古代思想史論》，1986年，北京人民出版社。

《中國現代思想史論》，1987年，北京東方出版社。

賀　麟：《當代中國哲學》，1947年，勝利出版公司。

《文化與人生》，1988年，北京商務印書館。

《哲學與哲學史論文集》，1990年，北京商務印書館。

《現代西方哲學講演集》，1985年，上海人民出版社。

謝幼偉：《現代哲學名著述評》，1947年，正中書局。

馮友蘭：《三松堂學術文集》，1984年，北京大學出版社。

《中國哲學簡史》，1985年，北京大學出版社。

《三松堂全集》（第四、五卷），1986年，河南人民出版社。

金岳霖：《論道》，1985年，北京商務印書館。

《中國哲學範疇集》，1985年，北京人民出版社。

梁漱溟：《東西文化及其哲學》，1987年，北京商務印書館影印。

《勉仁齋讀書錄》，1988年，北京人民日報出版社。

塞西爾：《保守主義》（杜汝輯譯），1986年，北京商務印書館。

泰戈爾：《民族主義》（譚仁俠譯），1982年，北京商務印書館。

施太格繆勒：《當代哲學主流》上卷（王炳文等譯），1986 年，北京
　　　　商務印書館。

湯用彤：《漢魏兩晉南北朝佛教史》，1983年，北京中華書局。

《印度哲學史略》，1988年，北京中華書局。

呂　澂：《印度佛學源流略講》，1979年，上海人民出版社。

《中國佛學源流略講》，1979年，北京中華書局。

《因明入正理論講解》，1983年，北京中華書局。

印　順：《空之探究》，1987年，臺北正聞出版社。

《初期大乘佛教之起源與開展》，1986年，臺北正聞出版社。

任繼愈主編：《中國佛教史》（第一卷），1981年，北京中國社會科學出
　　　　版社。

玉城康四郎主編：《佛教思想》（一、二），1985年，臺北幼獅文化事業

公司。

張曼濤主編: 《佛教與中國文化》(「現代佛教學術叢刊」第二輯之一),
　　　　1987年, 上海書店影印。

渥德爾: 《印度佛教史》(王世安譯), 1987年, 北京商務印書館。

牟宗三: 《佛性與般若》(上、下冊), 1984年, 臺灣學生書局。
　　　　《生命的學問》, 1970年, 臺北三民書局。

石峻等編: 《中國佛教思想資料選編》(三卷九冊), 北京中華書局。

中國佛協編: 《中國佛教》(一、二、三、四), 上海知識出版社。

田光烈: 《玄奘哲學研究》, 1986年, 上海學林出版社。

蘇淵雷: 《佛教與中國傳統文化》, 1988年, 湖南教育出版社。

周中一: 《佛學研究》, 1982年, 臺北東大圖書公司。
　　　　《佛學論著》, 1980年, 臺北東大圖書公司。

楊惠南: 《佛教思想新論》, 1982年, 臺北東大圖書公司。

釋聖嚴: 《從東洋到西洋》, 1987年, 臺北東初出版社。

吳汝鈞: 《佛學研究方法論》, 1983年, 臺灣學生書局。

《名僧錄》, 1988年, 北京中國文史出版社。

褚柏思: 《佛門人物志》, 1979年, 臺北傳記文學出版社。

阿部正雄: 《禪與西方思想》(王雷泉等譯), 1989年, 上海譯文出版社。

項維新等編: 《中國哲學思想論集》(現代篇3), 1978年, 臺北牧童出
　　　　版社。

李匡武主編: 《中國邏輯史》(現代卷), 1989年, 甘肅人民出版社。

殷海光: 《中國文化的展望》, 1988年, 北京中國和平出版社。

李　震: 《中外形上學比較研究》(上、下冊), 1982年, 臺北中央文
　　　　物供應社。

李　杜: 《中西哲學思想中的天道與上帝》, 1978年, 臺北聯經出版事業
　　　　公司。

西田幾多郎: 《善的研究》(何倩譯), 1981年, 北京商務印書館。

中村元：《東方民族的思維方式》（林太等譯），1989年，浙江人民出版社。

朱伯崑：《易學哲學史》（上冊），1986年，北京大學出版社。

《博蘭尼講演集》（彭淮棟譯），1985年，臺北聯經出版事業公司。

博蘭尼等：《意義》（彭淮棟譯），1984年，臺北聯經出版事業公司。

卡普拉：《轉折點》（衛颯英等譯），1988年，四川科學技術出版社。

韋政通：《儒家與現代中國》，1984年，臺北東大圖書公司。

傅偉勳：《批判的繼承與創造的發展》，1986年，臺北東大圖書公司。

《從西方哲學到禪佛教》，1989年，北京三聯書店。

湯一介：《中國傳統文化中的儒道釋》，1988年，北京中國和平出版社。

周陽山等編：《近代中國思想人物論——保守主義》，1980年，臺北時報
　　文化出版公司。

《中國文化的危機與展望 —— 文化傳統的重建》，1982年，臺
　　北時報文化出版公司。

郭穎頤：《中國現代思想中的唯科學主義》（雷頤譯），1989年，江蘇人
　　民出版社。

《中國現代哲學與文化思潮》，1989年，北京求實出版社。

鄭家棟：《現代新儒學概論》，1990年，廣西人民出版社。

景海峰編：《當代新儒家》，1989年，北京三聯書店。

羅義俊編：《評新儒家》，1989年，上海人民出版社。

蔡仁厚：《新儒家的精神方向》，1982年，臺灣學生書局。

《中國哲學》（第十一輯），1984年，北京人民出版社。

（第十四輯），1988年，北京人民出版社。

《中國文化與中國哲學》㈠，1986年，北京東方出版社。

㈡，1988年，北京三聯書店。

張世英：《康德的〈純粹理性批判〉》，1987年，北京大學出版社。

陳奎德：《懷特海哲學演化概論》，1988年，上海人民出版社。

羅素：《我的哲學的發展》（溫錫增譯），1982年，北京商務印書館。

索 引

世界哲學家叢書 (一)

書　　　　　名	作　　者	出 版 狀 況
董　　仲　　舒	韋　政　通	已　出　版
程顥、程頤	李　日　章	已　出　版
王　　陽　　明	秦　家　懿	已　出　版
王　　　　弼	林　麗　真	已　出　版
陸　　象　　山	曾　春　海	已　出　版
陳　　白　　沙	姜　允　明	撰　稿　中
劉　　蕺　　山	張　永　儁	撰　稿　中
黃　　宗　　羲	盧　建　榮	撰　稿　中
周　　敦　　頤	陳　郁　夫	已　出　版
王　　　　充	林　麗　雪	排　印　中
莊　　　　子	吳　光　明	已　出　版
老　　　　子	劉　笑　敢	撰　稿　中
張　　　　載	黃　秀　璣	已　出　版
眞　　德　　秀	朱　榮　貴	撰　稿　中
顏　　　　元	楊　慧　傑	撰　稿　中
墨　　　　子	王　讚　源	撰　稿　中
邵　　　　雍	趙　玲　玲	撰　稿　中
賈　　　　誼	沈　秋　雄	撰　稿　中
孟　　　　子	黃　俊　傑	撰　稿　中
朱　　　　熹	陳　榮　捷	已　出　版
王　　安　　石	王　明　蓀	撰　稿　中
揚　　　　雄	陳　福　濱	撰　稿　中
劉　　　　勰	劉　綱　紀	已　出　版
淮　　南　　子	李　　　增	撰　稿　中
袾　　　　宏	于　君　方	撰　稿　中

世界哲學家叢書 (二)

書　　　　　名	作　　者	出　版　狀　況
永　明　延　壽	冉　雲　華	撰　稿　中
宗　　　　　密	冉　雲　華	已　　出　　版
方　　以　　智	劉　君　燦	已　　出　　版
朱　　舜　　水	張　立　文	撰　稿　中
章　　太　　炎	姜　義　華	已　　出　　版
李　　　　　覯	謝　善　元	已　　出　　版
戴　　　　　震	張　立　文	已　　出　　版
吉　　　　　藏	楊　惠　南	已　　出　　版
惠　　　　　能	楊　惠　南	撰　稿　中
玄　　　　　奘	馬　少　雄	撰　稿　中
龍　　　　　樹	萬　金　川	撰　稿　中
智　　　　　顗	霍　韜　晦	撰　稿　中
竺　　道　　生	陳　沛　然	已　　出　　版
慧　　　　　遠	區　結　成	已　　出　　版
僧　　　　　肇	李　潤　生	已　　出　　版
知　　　　　禮	釋　慧　嶽	撰　稿　中
大　慧　宗　杲	林　義　正	撰　稿　中
世　　　　　親	釋　依　昱	撰　稿　中
道　　　　　元	傅　偉　勳	撰　稿　中
西　田　幾　多　郎	廖　仁　義	撰　稿　中
伊　藤　仁　齋	田　原　剛	撰　稿　中
貝　原　益　軒	岡　田　武　彥	已　　出　　版
山　崎　闇　齋	岡　田　武　彥	已　　出　　版
楠　本　端　山	岡　田　武　彥	排　印　中
山　鹿　素　行	劉　梅　琴	已　　出　　版

世界哲學家叢書 (三)

書　　　名	作　者	出版狀況
吉　田　松　陰	山口宗之	已　出　版
荻　生　徂　徠	劉梅琴	撰　稿　中
富　永　仲　基	陶德民	撰　稿　中
李　　退　　溪	尹絲淳	撰　稿　中
李　　栗　　谷	宋錫球	撰　稿　中
休　　　　靜	金烘泰	撰　稿　中
知　　　　訥	韓基斗	撰　稿　中
元　　　　曉	李箕永	撰　稿　中
狄　　爾　　泰	張旺山	已　出　版
哈　伯　馬　斯	李英明	已　出　版
巴　　克　　萊	蔡信安	撰　稿　中
呂　　格　　爾	沈清松	撰　稿　中
柏　　拉　　圖	傅佩榮	撰　稿　中
休　　　　謨	李瑞全	撰　稿　中
胡　　塞　　爾	蔡美麗	已　出　版
康　　　　德	關子尹	撰　稿　中
海　　德　　格	項退結	已　出　版
洛　　爾　　斯	石元康	已　出　版
史　　陶　　生	謝仲明	撰　稿　中
卡　　納　　普	林正弘	撰　稿　中
奧　　斯　　汀	劉福增	撰　稿　中
洛　　　　克	謝啟武	撰　稿　中
馬　　塞　　爾	陸達誠	撰　稿　中
約　翰　彌　爾	張明貴	已　出　版
卡　爾　巴　柏	莊文瑞	撰　稿　中

世界哲學家叢書㈣

書　　　　　　名	作　　者	出 版 狀 況
赫　　　　　　爾	馮 耀 明	撰　　稿　中
漢 娜 鄂 蘭	蔡 英 文	撰　　稿　中
韋　　　　　　伯	陳 忠 信	撰　　稿　中
奎　　　　　　英	成 中 英	撰　　稿　中
馬 克 斯 ‧ 謝 勒	江 日 新	已　出　版
馬 克 思	許 國 賢	撰　　稿　中
雅 斯 培	黃 　 藿	撰　　稿　中
聖 奧 古 斯 丁	黃 維 潤	撰　　稿　中
聖 多 瑪 斯	黃 美 貞	撰　　稿　中
梅 露 ‧ 彭 廸	岑 溢 成	撰　　稿　中
黑 格 爾	徐 文 瑞	撰　　稿　中
盧 卡 契	錢 永 祥	撰　　稿　中
亞 里 斯 多 德	曾 仰 如	已　出　版
笛 卡 兒	孫 振 青	已　出　版
盧 梭	江 金 太	撰　　稿　中
馬 利 丹	楊 世 雄	撰　　稿　中
柯 靈 烏	陳 明 福	撰　　稿　中
維 根 斯 坦	范 光 棣	撰　　稿　中
魯 一 士	黃 秀 璣	撰　　稿　中
高 達 美	張 思 明	撰　　稿　中
希 克	劉 若 韶	撰　　稿　中
祁 克 果	陳 俊 輝	已　出　版
德 希 達	張 正 平	撰　　稿　中
懷 德 黑	陳 奎 德	撰　　稿　中
史 賓 格 勒	商 戈 令	已　出　版